第三代半导体产业人才发展指南

第三代半导体产业技术创新战略联盟
人才发展工作委员会　组编

机 械 工 业 出 版 社

本书汇集了国内 20 余家行业协会、产业协会、研究机构、高校等顶尖的学者、研究人员、产业人士、技术专家，全景解析了我国第三代半导体产业发展及人才状况，剖析了第三代半导体产业政策，并给出了第三代半导体产业从业人员能力体系、第三代半导体产业贯通人才培养体系、第三代半导体产业从业人员能力提升体系建设的指导方案。最后从宏观上剖析了第三代半导体产业国际化人才培养和第三代半导体产业人才培养案例。

图书在版编目（CIP）数据

第三代半导体产业人才发展指南/第三代半导体产业技术创新战略联盟人才发展工作委员会组编. —北京：机械工业出版社，2022.11

ISBN 978-7-111-71551-1

Ⅰ. ①第…　Ⅱ. ①第…　Ⅲ. ①半导体工业－人才培养－中国－指南　Ⅳ. ①F426.63-62

中国版本图书馆 CIP 数据核字（2022）第 165718 号

机械工业出版社（北京市百万庄大街 22 号　邮政编码 100037）

策划编辑：任　鑫　　　责任编辑：任　鑫

责任校对：郑　婕　王明欣　　　责任设计：马精明

责任印制：常天培

北京铭成印刷有限公司印刷

2022 年 10 月第 1 版第 1 次印刷

169mm×239mm・16.5 印张・293 千字

标准书号：ISBN 978-7-111-71551-1

定价：78.00 元

电话服务　　　网络服务

客服电话：010-88361066　　机　工　官　网：www.cmpbook.com

010-88379833　　机　工　官　博：weibo.com/cmp1952

010-68326294　　金　书　网：www.golden-book.com

封底无防伪标均为盗版　　机工教育服务网：www.cmpedu.com

编辑委员会

联合编写单位

（排名不分先后）

1. 第三代半导体产业技术创新战略联盟
2. 中关村半导体照明工程研发及产业联盟
3. 广东省光电技术协会
4. 江苏省照明学会
5. 宁波市电子行业协会
6. 中国半导体行业协会集成电路分会
7. 深圳市半导体产业发展促进会
8. 厦门市集成电路行业协会
9. 芜湖市半导体行业协会
10. 中山市半导体照明行业协会
11. 亚欧第三代半导体科技创新合作中心
12. 国际固态照明联盟

推荐序

以氮化镓和碳化硅为代表的宽禁带化合物半导体材料被称为第三代半导体材料，它是继 20 世纪 50 年代以硅、锗为代表的第一代半导体和 70 年代以砷化镓、磷化铟为代表的第二代半导体之后于 90 年代发展起来的新一代半导体材料。当前主要包括：Ⅲ族氮化合物的氮化镓、氮化铟和氮化铝及其合金材料；宽禁带Ⅳ族化合物的碳化硅和金刚石薄膜以及宽禁带氧化物半导体的氧化锌等。

近年来，氮化镓和碳化硅技术日趋成熟，产业蓬勃发展，已经在许多产业领域得到成功应用。在光电子领域，作为跨界颠覆性技术，开创了高效节能的白光照明和超越照明、全色 LED 显示和 Micro LED 显示以及固态紫外探测新纪元。在电力电子领域，发展了超越硅和砷化镓的高能效、低功耗、高极端性能和耐恶劣环境的新一代微波射频器件和功率电子器件。因此，以氮化镓和碳化硅为代表的第三代半导体应用技术对当代技术、经济社会发展发挥了重大支撑作用：支撑 5G 时代信息技术高质量发展和可持续发展；支撑应对能源与环境面临的严峻挑战和国家碳中和、碳达峰的战略实施；支撑传统产业智能化变革和数字化转型，推动国家数字经济发展，第三代半导体成为世界各国半导体研究领域的热点，产业发展正驶入快车道。

当前，我国正踏上全面建设社会主义现代化国家、向第二个百年奋斗目标进军的新征程，经济高质量发展是重要的战略支撑。实现第三代半导体产业高质量发展，关键在于培养造就高质量人才。为解决当前第三代半导体产业人才紧缺、教育资源不足的问题，贯彻落实国家深化产教融合的相关部署，围绕产业链构建人才链、赋能创新链，为第三代半导体技术创新和产业发展提供充足的人力资源保障，第三代半导体产业技术创新战略联盟牵头组织相关行业组织、龙头企业和相关院校联合编写了《第三代半导体产业人才发展指南》。本书的出版恰逢其时，具有十分重要的意义。

本书信息量大，内容丰富，系统梳理了当前以氮化镓和碳化硅为主体的第三代半导体的产业发展概况、产业的相关政策及产业人才需求侧和供给侧的现状。在此基础上，绘制了第三代半导体全产业链条人才图谱，构建了关键技术岗位胜任力模型，制定了产教融合的人才培养方案，提出了立体、多元的人才培养模式和知识更新体系。

我相信本书的出版不仅对当前第三代半导体企业人才培养和院校专业人才教育具有现实的指导意义，也将对第三代半导体的技术创新和产业发展产生重大而深远的影响。本书对从事这一领域研究和生产的科技工作者、企业工程技术人员、业界管理者、高等院校大学生和研究生有重要参考价值。

郑有炓

中国科学院院士

2022 年 9 月 12 日

前言

第三代半导体涉及光电子、电力电子、微波射频等多个应用领域，第三代半导体产业支撑国家能源革命，服务“双碳”战略；支撑高铁、新能源汽车等核心动力系统的升级换代；支撑高频、高速、宽带通信系统核心器件的自主可控；支撑光电应用产业高质量发展。可以说，第三代半导体对促进我国经济智能、绿色、可持续发展战略意义非凡，按照我国“十四五”规划，第三代半导体将迎来大发展时代。

由于第三代半导体产业具有产业链长、多学科交叉的特点，一方面对产业升级和技术快速迭代，需要多层级、多元化人才，另一方面却是人才的缺口大。所以围绕产业链构建人才链、赋能创新链，建立产业人才成长成才通道，实施立体式贯通人才培养，构建第三代半导体终身教育体系，培育“领军技术人才、领航管理人才、工程技术人才、工艺制造工匠”等多元化人才，为第三代半导体技术创新和产业发展提供充足人才保障是当前重点工作。

为贯彻落实中央人才工作会议精神，深入实施新时代人才强国战略，加快建设世界重要人才中心和创新高地，自立自强培养战略新兴产业人才，第三代半导体产业技术创新战略联盟牵头组织相关行业组织、行业企业、院校专家编写了《第三代半导体产业人才发展指南》（以下简称《指南》），以期遵循第三代半导体产业发展特点，构建产业导向的人才培养体系、评价鉴定体系，探索“产学研用”融合发展的良性互动模式，促进校校、校企、校地合作，打造产学、产教、产科、产才融合生态，支撑产业健康、可持续、高质量发展。

《指南》内容翔实，第 1 章系统呈现了目前国际及国内第三代半导体产业现状及未来趋势；第 2 章系统梳理了当前我国国家层面及各省市第三代半导体产业政策及人才政策；第 3 章对当前我国第三代半导体产业不同产业链条企业人才需求规模、规格、状况及各级各类院校人才供给与培养状况做了系统梳理与分析；第 4 章系统盘点与梳理了产业人才需求规格，构建了第三代半导体产业全产业链产业人才图谱及关键技术岗位能力规范，对产业界及教育界有较强的参考价值；第 5 章围绕第三代半导体光电子、电力电子、微波射频三个重点应用领域构建了产业导向的贯通人才培养体系，涵盖中职、高职、职教本科、普通本科、研究生，可供已开设及拟开设第三代半导体相关专业（学科）的各级各类院校参考借鉴；第 6 章聚焦行业企业在职人员专项能力提升，构建了技术序列、管理序列等不同类别、不同层次的培训体系，以期系统提升行业从业人员能力与素质；第 7 章则分析了国际先进的半导体/第三代半导体产业人才培养案例与模式，同时也对当前我国半导体/第三代半导体产业国际化人才培养的实践与探索做了呈现；第 8 章案例部分，遴选收录了第三代半导体相关的行业人才培养案例、院校国际化人才培养案例、研究院所产教融合人才培养案例、校企联合人才培养案例，通过不同维度、不同类型的案例以飨读者。

2022 年上半年，由于多种原因，参加编写的专家们工作异常忙碌但他们不畏辛苦，几乎周周加班，几经鏖战完成《指南》书稿，实属不易。可以说《指南》是几十位产业界、教育界专家学者的智慧结晶，更体现了他（她）们对我国第三代半导体产业发展的情怀与责任担当。

本书的编写过程中得到了第三代半导体产业技术创新战略联盟、中关村半导体照明工程研发及产业联盟、广东省光电技术协会、江苏省照明学会、深圳市半导体产业发展促进会、厦门市集成电路行业协会、宁波市电子行业协会、亚欧第三代半导体科技创新合作中心、国际固态照明联盟等单位的大力支持，在此一并表示感谢！

限于编委会专家水平和时间，书中难免存在错误和不足之处，恳请广大读者批评指正。

《第三代半导体产业人才发展指南》编委会

2022 年 8 月 20 日

目 录

第1章

第三代半导体产业发展状况

第三代半导体是指以氮化镓（GaN）、碳化硅（SiC）为代表的宽禁带半导体材料。第三代半导体具有禁带宽度大、击穿电场高、热导率大、电子饱和漂移速度快、介电常数小等独特的性能，使其在光电器件、电力电子器件、射频微波器件、激光器件和探测器件等方面展现出巨大的潜力，从而成为世界各国半导体研究领域的热点。

1.1 全球第三代半导体产业发展状况

自 20 世纪 70 年代末 SiC 单晶生长方法取得突破后，得到世界各国政府、科研人员、产业界人员极大关注，使得产业得到快速发展。以 Wolfspeed 为代表的欧美企业率先实现 SiC 产业化。近年来，世界各个国家和地区对第三代半导体产业进行了全面战略部署，尤其在我国也涌现出了大量的第三代半导体企业。全球主要的第三代半导体公司见表 1-1。

表 1-1 全球主要的第三代半导体公司

产业链	公司	国家	成立时间	简介
单晶衬底	Wolfspeed	美国	1987 年	第三代半导体龙头企业，专门从事 SiC、GaN 等半导体材料与器件的技术研究与生产制造
	II-VI	美国	1971 年	国际知名的 SiC 衬底材料制造商
	SiCrystal	德国	1997 年	国际知名的 SiC 衬底材料制造商，2009 年被罗姆公司收购 74%的股份
	天科合达	中国	2006 年	国内领先的第三代半导体 SiC 衬底材料制造商，研发重点是导电型衬底，也涉及半绝缘衬底
	天岳先进	中国	2010 年	国内领先的第三代半导体 SiC 衬底材料制造商，研发重点是半绝缘衬底，近年也开始布局导电型衬底

（续）

产业链	公司	国家	成立时间	简介
外延	昭和电工	日本	1939年	国际知名的SiC外延制造商，并于2017年收购了SiC制造商新日铁
	Wolfspeed	美国	1987年	第三代半导体龙头企业，专门从事SiC、GaN等半导体材料与器件的技术研究与生产制造
	瀚天天成	中国	2011年	专注于SiC外延晶片
	东莞天域	中国	2009年	专注于SiC外延晶片
	住友电工	日本	1897年	全球第三代半导体GaN射频领域应用的引领者
	Soitec	法国	1992年	专注于半导体材料的领先企业，拥有包括Smart CutTM技术、外延技术和智能堆叠技术在内的三项核心技术；2019年收购了GaN外延硅片材料供应商Epigan
	晶湛	中国	2012年	GaN外延材料生产商
器件模块	英飞凌	德国	1999年	SiC器件领域领军企业，GaN器件已投入量产
	意法半导体	意大利	1987年	国际知名的半导体企业，在第三代半导体领域也非常出名
	罗姆	日本	1958年	国际知名的半导体企业，在第三代半导体领域也非常出名
	Wolfspeed	美国	1987年	第三代半导体龙头企业，专业从事SiC、GaN等半导体材料与器件的技术研究与生产制造
	三菱电机	日本	1921年	SiC功率模块优势显著，积极探索GaN-HEMT
	纳微半导体	美国	2014年	GaN功率芯片设计领军者，推动下一代GaN技术发展
	泰科天润	中国	2011年	国内较早的投资SiC的IDM企业
	能讯	中国	2011年	国内较早投资GaN射频器件的企业
	时代电气	中国	2016年	专注轨道交通领域的SiC器件研究和生产
	国网智能电网研究院	中国	2012年	专注电力系统领域的高压SiC器件研究和生产

市场需求增强，各个国家和地区也纷纷推出第三代半导体重点研发项目，旨在加强第三代半导体技术的研发和产业化，抢占市场。美、日、欧、韩等发达国家和地区已将第三代半导体材料列入国家计划，并展开了全面战略部署，欲抢占战略制高点。通过建立国家级创新中心、协同创新中心、产业联盟等形

式，将企业、高校、研究机构及相关部门等有机地联合在一起，通过协同组织、共同投入，实现第三代半导体技术的加速进步，见表 1-2。

表 1-2　美、欧、日在第三代半导体技术方向的重点研发机构及项目

名　　称	国家/地区	牵头部门	项 目 意 义
下一代功率电子技术国家制造业创新中心	美国	北卡罗来纳州立大学	使美国占领下一代功率电子产业这个正出现的规模大、发展快的新兴市场，并为美国创造出一大批高收入就业岗位
LAST POWER	欧洲	意法半导体	该项目通过研发高性价比且高可靠性的 SiC 和 GaN 功率电子技术，使欧洲跻身于世界高能效功率芯片研究与商用的前沿
下一代功率半导体封装技术开发联盟	日本	大阪大学	共同开发适应 SiC 和 GaN 等下一代功率半导体特点的先进封装技术

为满足持续上涨的半导体需求，以及应对近几年的全球缺芯现状，各国纷纷出台政策，加大对其芯片产业的扶持力度。如表 1-3 所示，2022 年 2 月 4 日，美国通过了《2022 年美国竞争法案》，该项法案称，将为美国半导体行业提供近 520 亿美元的拨款和激励措施，用于加强美国国内供应链、先进技术研发和科学研究。2022 年 2 月 8 日，欧盟委员会正式公布了《欧洲芯片法案》，计划投入超过 430 亿欧元公共和私有资金，以提振欧洲芯片产业。欧盟计划到 2030 年全球的芯片生产份额从目前的 10%增加到 20%。2021 年底，日本批准了 2021 财年预算修正案，其中约 7740 亿日元投向半导体产业。2021 年 5 月，韩国发布“K 半导体战略”，宣布未来十年，韩国将投资 510 万亿韩元；此外，还将在各个大学增加半导体相关专业的录取名额，培养人才，并修订相关法律法规，放松监管，支持半导体产业发展。

表 1-3　美、欧、日、韩“强芯”政策盘点

国家/地区	时　　间	政　　策	具 体 内 容
美国	2022 年 2 月	2022 年美国竞争法案	将为美国半导体行业提供近 520 亿美元（约合人民币 3300 亿元）的拨款和激励措施，用于加强美国国内供应链、先进技术研发和科学研究
欧洲	2022 年 2 月	欧洲芯片法案	计划投入超过 430 亿欧元（约合人民币 2987 亿元）公共和私有资金，以提振欧洲芯片产业。欧盟计划到 2030 年全球的芯片生产份额从目前的 10%增加至 20%

（续）

国家/地区	时　间	政　策	具体内容
日本	2021 年底	2021 财年预算修正案	7740 亿日元（约合人民币 423 亿元）投向半导体产业
	2022 年 2 月	经济安全保证推进法案	将寻求授权对半导体、蓄电池、稀土元素和其他重要产品的供应链进行全面审查，以缓解对外国的依赖
韩国	2021 年 5 月	K 半导体战略	宣布未来十年，将携手三星电子、SK 海力士等 153 家韩国企业，投资 510 万亿韩元（约合人民币 2.9 万亿元），将韩国建设成全球最大的半导体生产基地，引领全球的半导体供应链

1.1.1　全球第三代半导体产业的市场规模

2021 年，“缺芯”的影响贯穿全年，但全球半导体行业总体上保持着高速发展态势。根据 Gartner 数据，2021 年全球半导体收入增长 25.1%，达到 5835 亿美元（WSTS 数据为 5530 亿美元），首次突破 5000 亿美元的门槛。以 SiC 和 GaN 为代表的第三代半导体在新能源汽车、5G、光伏发电、快充等领域不断取得突破，2021 年全球第三代半导体市场总体保持增长态势。

1. 功率半导体市场超 12 亿美元

以 SiC、GaN 为代表的第三代半导体在功率半导体领域深受市场青睐，保持高速增长。综合 Yole、Omida、WSTS 及大西洋市场研究公司等公司数据，2021 年全球 SiC、GaN 功率半导体市场约为 13.66 亿美元，其中 SiC 约为 10.9 亿美元，GaN 约为 2.76 亿美元，市场渗透率为 4.6%～7.3%，较 2020 年提升两个多百分点。综合各机构数据，预计到 2026 年 SiC 电力电子器件市场规模将达 48 亿美元，GaN 电力电子器件市场规模将超过 20 亿美元。

2. 微波射频市场超过 10 亿美元

综合 Yole 及 Trendforce 的数据，2021 年全球 GaN 射频器件及模组市场规模约为 10.5 亿美元，未来几年将保持 18%的增速，到 2026 年市场规模约为 24 亿美元，其中 GaN-on-SiC 占据 90%的市场，并在军事雷达和电信通信领域渗透率较高。

受到运营商寻找合适商业模式等因素影响，除了东亚地区以外，欧美等国家和地区的 5G 发展进度明显落后原定规划，因此预期 2023 年后在移动通信领域、全球 GaN 射频领域的需求将呈现较大增长。全球 Sub 6GHz 高频段与毫米波频段基础建设将自 2023 年起大规模开展。

同时，GaN 功率放大器（PA）已经开始在具有毫米波信号接收功能的手机中试用，随着技术、生态发展，成本及价格下降，移动终端市场也在逐步开启，手机领域或将成为下一波增长的新引擎。

此外，国防航天应用仍然是 GaN 射频器件市场的最重要驱动力量，GaN 射频器件在无线宽带、射频能量、商业雷达等市场均呈现增长态势，2020—2025 年将以 22%的年均复合增长率（CAGR）从 3.4 亿美元增长至超过 11.1 亿美元。

1.1.2 全球第三代半导体产业的结构

第三代半导体产业链环节包括材料、器件、应用三个部分。与 Si 材料不同，SiC 和 GaN 器件不能在单晶衬底上直接制作，必须在衬底上生长高质量外延材料，再在外延层上制造各类器件。

1. 全球第三代半导体 SiC 的产业结构

SiC 产业链主要包含材料（衬底、外延）、器件、模块等环节，各环节的重点企业如图 1-1 所示。从产业链格局来看，美国仅 Wolfspeed 一家公司的 SiC 衬底、外延片产量就占据全球的 60%以上，日本和欧洲紧随其后。日本在 SiC 半导体设备和功率模块方面优势较大，比较典型的企业包括三菱电机、罗姆等。欧洲在 SiC 衬底、外延片等方面优势较大，典型的企业包括瑞典的 Norstel、德国的英飞凌和瑞士的意法半导体。与国外企业相比，国内企业整体竞争力较弱，但在全产业链上都有所布局，且近年来进步十分迅速。在 SiC 衬底方面，山东天岳、天科合达可以供应 3～6 英寸[㊀]单晶衬底，产能亦在不断提升；在 SiC 外延片方面，东莞天域和瀚天天成均能够提供 3～6 英寸的 SiC 外延片；在 SiC 器件方面，以中电科 55 所、三安光电、长飞半导体和中车时代为代表的国内企业均已有较为深厚的积累。

2. 全球第三代半导体 GaN 的产业结构

GaN 产业链包括衬底、外延、器件、模块等环节，各个环节的重点企业如图 1-2 所示。住友电工和 Wolfspeed 是全球 GaN 射频器件领域的龙头企业，市场占有率均超过 30%，其次为科沃和 MACOM。苏州纳维是我国国内唯一一家，国际上少有的几家能批量生产 2 英寸（50mm）GaN 的企业；东莞中镓建成国内首家专业氮化镓衬底生产线，可以制备出 1100μm 的自支撑 GaN 衬底；苏州晶湛、聚能晶源均可以生产 8 英寸（203mm）硅基 GaN 外延片；世纪金光，是涵盖 SiC 和 GaN 单晶、外延、器件、模块研发设计生产销售一体的公司；士

㊀ 1 英寸=0.0254 米，后同。

兰微拥有 6 英寸硅基 GaN 功率器件生产线。

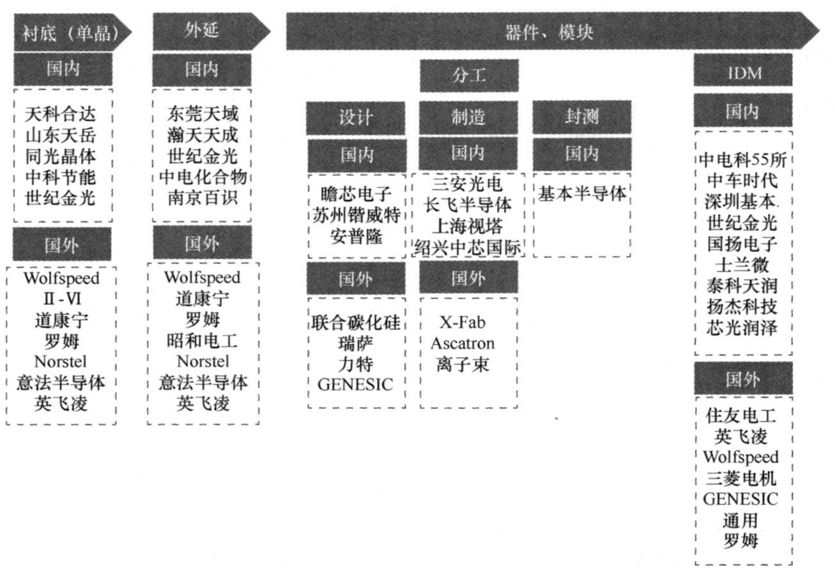

图 1-1　SiC 产业链重点企业

（资料来源：第三代半导体联合创新孵化中心）

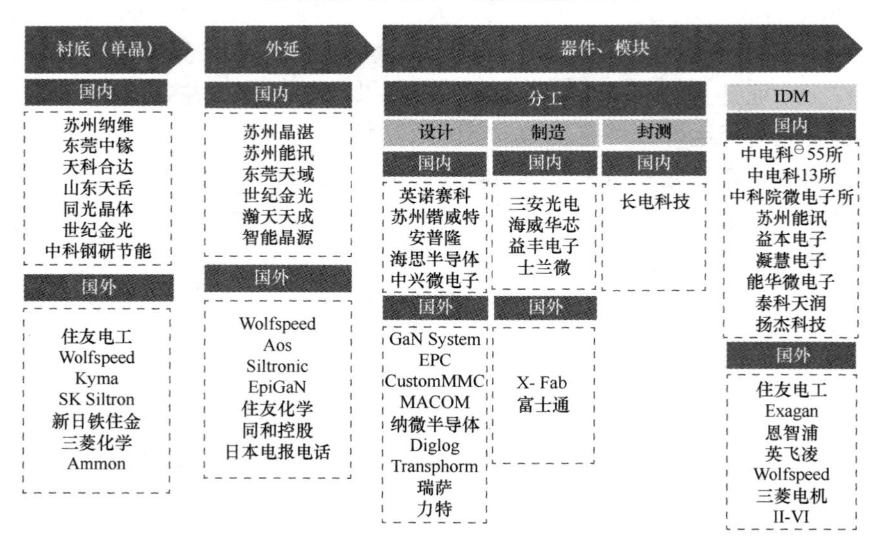

图 1-2　GaN 产业链重点企业

（资料来源：第三代半导体联合创新孵化中心）

⊖ 中电科，全称为中国电子科技集团有限公司，本书中均简称为中电科。

1.2　我国第三代半导体产业发展状况

在第三代半导体产业领域，我国企业受到的阻碍小于传统硅基领域。在传统的硅基半导体领域，技术发展进步已经明显放缓，一些发达国家，依靠着数十年的基础技术研发和布局，积累了足够多的专利，并且掌控着上游关键材料和设备的技术和供应链。而在第三代半导体产业领域，我国企业与国外龙头企业的差距已经明显缩小，可以说我国半导体产业正在迎来追赶和发展的机遇。

SiC 是第三代半导体材料核心，是极限功率器件的理想材料，其电学特性优越，可满足新兴应用需求。其主要用于功率器件，适用 600V 以上高压场景，包括光伏发电、轨道交通、充电桩、新能源汽车、智能电网等电力电子领域。GaN 是 5G 应用的核心关键材料，其拥有类似 SiC 性能优势，是射频器件的合适材料，尤其适合高频应用。

2021 年，我国第三代半导体产业进入快速成长期。2021 年，山东天岳作为第一家以第三代半导体为主营业务的企业成功 IPO，作为国内第三代半导体 SiC 衬底龙头，以较高市盈率的估值上市，市值一度超过 350 亿元，对国内其他第三代半导体企业产生了积极影响。根据第三代半导体产业技术创新战略联盟产业研究院（CASA Research）不完全统计，2021 年 SiC 衬底环节新增投产项目 7 笔，披露新增投产年产能超过 57 万片。国宏中能、同光科技、中科钢研、合肥露笑科技等企业相继宣布进入投产阶段。此外，微芯长江、南砂晶圆、泽华电子三家 SiC 项目宣布主体工程封顶。在 GaN 领域，英诺赛科（苏州）在 2021 年 6 月宣布 8 英寸硅基 GaN 芯片量产；晶湛半导体 8 英寸年产 24 万片 GaN 外延项目开建；中博芯 6 英寸硅基 GaN 外延和 UV-LED 芯片项目投产。

在政策驱动及应用需求升级带动下，国内第三代半导体产业继续取得积极进展，见表 1-4。

表 1-4　2021 年国内主要第三代半导体项目动态

领　域	企　业	发展动态
SiC	三安光电	6 月，湖南三安半导体产业园一期项目 6 英寸 SiC 晶圆投产，全部达产后月产能可达 3 万片
	国宏中能	6 月，SiC 衬底片项目投产，全部达产后预计年产 11 万片
	微芯长江	8 月，主体工程封顶
	同光科技	9 月，4～6 英寸 SiC 单晶衬底项目投产，全部达产后年产能 10 万片
	南砂晶圆	9 月，南砂晶圆总部基地项目封顶

（续）

领　域	企　业	发展动态
SiC	中科钢研	12月，中科钢研SiC产业园项目投产
	天科合达（北京）	11月，“SiC衬底产业化基地”一期项目完成封顶，2022年年初实现投产；二期项目已提上日程
	合肥露笑科技	11月，SiC衬底一期项目进入正式投产阶段。另外，该公司宣称2021年上半年开始陆续送样国内下游客户
	泽华电子	12月，SiC封装项目厂房封顶
GaN	英诺赛科（苏州）	6月，8英寸硅基GaN芯片量产。GaN生产基地正式投产，到2021年底产能达6000片/月，全部达产后将实现年产能78万片8英寸硅基GaN晶圆
	晶湛半导体	11月，8英寸GaN项目开建，年产GaN外延片24万片。其中，6英寸和8英寸GaN外延片年产能均为12万片，用于制造微波功率器件和电力电子功率器件
	中博芯	10月，6英寸硅基GaN外延和UV-LED芯片项目投产

1.2.1 我国第三代半导体产业的市场规模

我国第三代半导体产业在各方力量推动下，各环节都呈现出高速发展状态，衬底、外延及芯片产能加速扩张，成本持续降低，国内外主流厂商都制定了积极进取的市场策略。我国拥有第三代半导体最大的应用市场，在新能源汽车、数据中心、5G、消费电子、轨道交通、充电桩等强劲需求带动下，预计未来几年我国第三代半导体将继续保持高速增长。

据CASA Research统计，2021年我国第三代半导体产业电力电子和微波射频电子两个领域实现总产值超过125亿元，较2020年增长20.4%，如图1-3和图1-4所示。其中，SiC、GaN电力电子领域的产值规模达58亿元，同比增长29.6%，衬底材料约为3.8亿元，外延及芯片约为4.4亿元，器件及模组约为8.9亿元，装置约为40.9亿元。其中衬底环节随着产能陆续开出，增长速度最快。而GaN微波射频电子领域的产值达到69亿元，同比增长约13.5%，较前两年稍有放缓，近两年下游5G基础设施部署已经进入峰值，新部署量基本与前一年持平。其中，衬底约为9.5亿元，外延及芯片为3.7亿元，器件及模组为11.2亿元，装置约为44.6亿元。

未来五年，SiC、GaN电力电子器件市场预计将以40%的年均增速持续增长，到2026年市场规模将达500亿元，如图1-5所示。其中，在中高压领域，新能源汽车及充电基础设施应用将是最大的领域，未来几年占整体市场比重将保持在50%以上。在中压领域，工业电机、光伏逆变器等领域应用前景看好，年度增幅将超过30%。而中低压、小功率电源领域，GaN功率器件借助快充电源作为突破口，完成技术、生态和产业链的搭建，开始向其他消费电子市场进入，这个细分市场已经度过产品导入期，未来几年将进入高速成长期。

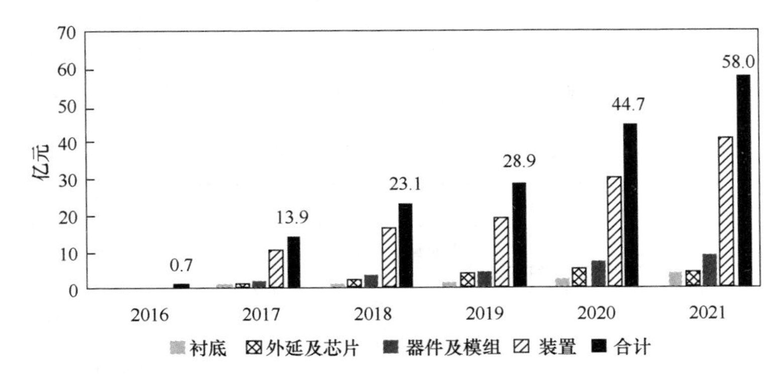

图 1-3　2016—2021 年我国 SiC、GaN 电力电子领域的产值规模（亿元）

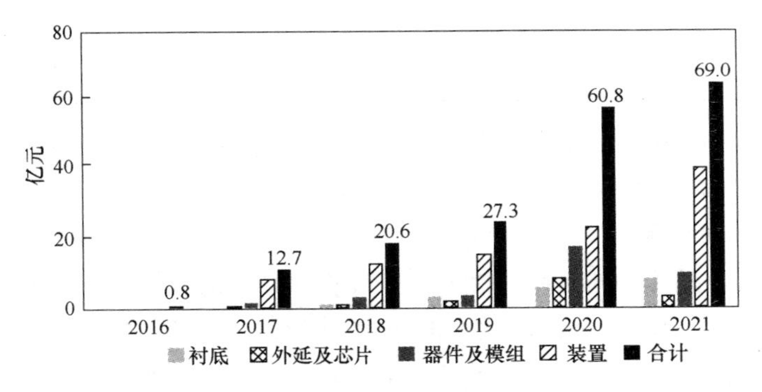

图 1-4　2016—2021 年我国 GaN 射频电子领域的产值规模（亿元）

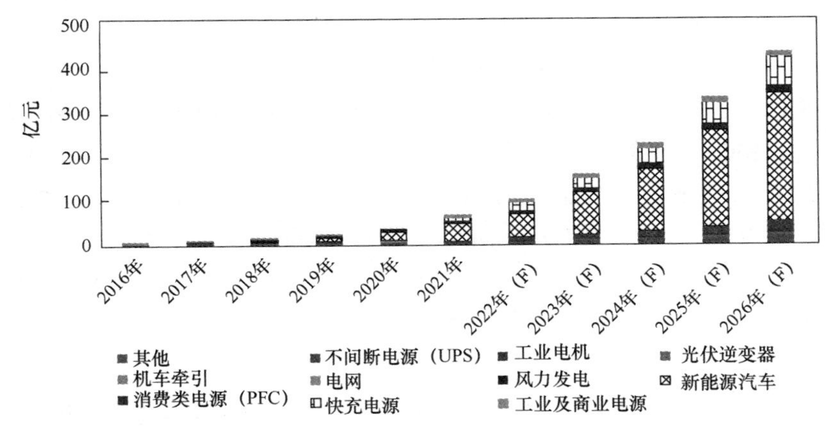

图 1-5　2016—2026 年我国 SiC、GaN 电力电子器件应用市场规模（亿元）

1.2.2 我国第三代半导体产业的结构

1. 我国第三代半导体 SiC 的产业结构

SiC 产业链可分为四个环节：衬底、外延、封装、器件和模块。目前，我国已经初步形成从晶体生长到器件研发制造的产业链，其代表企业见表 1-5。

表 1-5 我国 SiC 产业链代表企业

<table>
<tr><th rowspan="2"></th><th colspan="2">材　料</th><th>器　件</th><th rowspan="2">应　用</th></tr>
<tr><th>SiC 衬底</th><th>SiC 外延</th><th>设计、制造、封测</th></tr>
<tr><td rowspan="2">国内主要参与公司</td><td>天科合达、山东天岳、河北同光、中科节能、露笑科技、国宏中能、中国科学院物理研究所、烁科晶体</td><td>瀚天天成、东莞天域、国民技术、耐威科技、长飞半导体</td><td>泰科天润、士兰微、斯达半导体、新洁能、芯聚能、扬杰科技、燕东微电子、华润微电子、长飞半导体、芯光润泽</td><td rowspan="2">比亚迪、北汽新能源、理想汽车、蔚来汽车等新能源汽车公司</td></tr>
<tr><td colspan="3">三安集成、华大半导体、世纪金光、比亚迪、基本半导体、瞻芯电子</td></tr>
</table>

在 SiC 衬底方面，北京天科合达、山东天岳先进、河北同光、烁科晶体等在 6 英寸导电型 SiC 衬底和高纯半绝缘 SiC 衬底等方面已实现小批量供货。中国科学院物理研究所（以下简称中科院物理所）、烁科晶体等单位已经成功研制出了 8 英寸 SiC 晶体。国内量产的 6 英寸 N 型 SiC 衬底微管密度小于 0.1 个/cm^2，螺位错密度达到 500 个/cm^2；量产的 6 英寸半绝缘 SiC 衬底微管密度小于 0.5 个/cm^2，基平面位错密度为 1500 个/cm^2，螺位错密度达到 500 个/cm^2，电阻率大于 $10^{10}\Omega\cdot cm$。新的 SiC 晶体生长法——液相外延（LPE）法开始中试。

SiC 外延方面，国内的厦门瀚天天成、东莞天域等已批量生产了 6 英寸 SiC 外延片，涵盖了 600～1700V SiC 电力电子器件用材料。

在 SiC 器件方面，国内 6 英寸 SiC 二极管和 MOSFET 芯片工艺产线初步实现贯通。SiC 二极管产品已实现规模化量产，产品覆盖 650～3300V、1～100A 等多款规格，产品包括 TO220、TO247-2、TO247-3、TO247-4、TO252、TO263、DFN、SOD、SMA 等多种塑封和高温封装形式。据 CASA Research 不完全统计，2021 年，国内超过 10 家企业可提供 SiC MOSFET，产品型号超过 130 种，击穿电压覆盖 650V、900V、1200V、1700V，已经逐步完成商业化。

在 SiC 应用方面，SiC 产品应用领域至少包括电网、电力牵引、电源、电动汽车、家用电器、医疗设备和消费类电子等。尤其在未来 SiC 的主要市场——

新能源汽车领域，SiC 电驱产品已经开启“上车”模式。2021 年企业宣称规划达成产能超过 57 万片，北汽、广汽、上汽、小鹏、吉利等多家车企通过直接或战略投资的方式进入了第三代半导体行业。

2021 年，超过 10 万辆比亚迪汉电动汽车使用其自主研发制造的高性能 SiC 三相全桥模块。预计到 2023 年，比亚迪将采用 SiC 半导体全面替代 IGBT。中车时代基于自主 SiC 器件的大功率电驱产品 C-Power 220s 发布，C-Power 220s 系统功率密度不小于 2.75kW/kg，在 CLTC（中国轻型汽车行驶）工况下，产品系统效率最高可达 94%，可将整车续航能力提升 5%。该产品的 SiC 器件、电流传感器分别来自中车时代半导体、宁波中车时代。此外，精进电动推出了 250kW SiC 复合冷却三合一电驱动总成，实现了高输出功率（350V 条件下半轴机械输出功率达 250kW）和超过 95%的高系统效率。

2. 我国第三代半导体 GaN 的产业结构

依据应用领域的不同，GaN 器件主要可分为光电子器件、电力电子器件以及微波射频电子器件三大类。基于不同的应用领域，GaN 产业链的成熟度也有所差异。GaN 用于光电子器件产业起步较早，目前国内已成为全球 LED 产业链的中心。相对来说，GaN 在电力电子器件和微波射频电子器件方面的应用时间还比较短。此外，相比于光电子器件，电力电子器件和微波射频电子器件用 GaN 的制造工艺更为复杂，对性能与可靠性的要求也更高，因而 GaN 电力电子器件及射频电子器件产业链进展相对于 LED 要更为困难。整体而言，在国家政策的大力支持下，我国 GaN 产业链已基本形成，并将不断完善与蓬勃发展，其代表企业见表 1-6。

表 1-6　我国 GaN 产业链代表企业

<table>
<tr><th rowspan="2"></th><th colspan="2">材　料</th><th>器　件</th><th rowspan="2">应　用</th></tr>
<tr><th>衬　底</th><th>外　延</th><th>设计、制造、封测</th></tr>
<tr><td rowspan="2">国内主要参与企业</td><td rowspan="2">苏州纳维、中镓半导体、科恒晶体、天科合达、镓特半导体</td><td>晶湛半导体、聚能晶源、南京百识</td><td>中电科 13 所、中电科 55 所、聚能创芯、芯微谷、量芯微、捷芯微、东科半导体、氮矽科技、芯导电子、镓未来</td><td rowspan="2">华为、小米、安克、倍思、紫米、联通、移动、电信</td></tr>
<tr><td colspan="2">英诺赛科、润芯微、三安集成、能华微电子、华功半导体、闻泰科技</td></tr>
</table>

在 GaN 衬底部分，依据应用领域的不同，所用衬底有较大差异，微波射频电子器件一般采用 SiC 衬底，而考虑到成本问题，电力电子器件一般采用硅衬

底。商业化硅基 GaN 外延向 8 英寸过渡；SiC 基 GaN 外延向 6 英寸过渡；蓝宝石基 GaN 外延主流尺寸为 4 英寸；12 英寸硅基 GaN HEMT 外延技术的已取得突破。

在 GaN 外延方面，国内已经能在 8 英寸硅衬底上生长垂直耐压超过 1000V 的用于功率开关器件的 GaN 外延片，SiC 和蓝宝石衬底的 GaN 外延片的尺寸可达 6 英寸。晶湛半导体通过优化 AlN 成核层和材料应力控制技术，率先在全球发布一系列用于电力电子器件的高质量 12 英寸 GaN-on-Si HEMT 外延片，在满足大规模量产和应用所需的漏电要求前提下，成功覆盖 200V、650V、1200V 等不同击穿电压应用场景需求，厚度不均匀度减小至 0.3%，晶圆翘曲度（Bow）小于 50μm。

在 GaN 器件方面，受益于 PD 快充市场的发展，GaN 功率器件产品快速推出。据 CASA Research 不完全统计，2021 年，国内商业化的 GaN 功率器件达到 43 款。其中最高击穿电压可以达到 1200V，最大导通电流达到 47.2A（安世半导体，650V/47.2A）。英诺赛科的产品种类最多，达到 23 款，最高击穿电压主要集中在 650V 和 100V 左右。

从 GaN 应用来看，GaN 横向器件目前的电压范围都在 650V 以下。在 0～650V 这个电压等级领域，硅基功率器件仍具备很强的竞争力，不管从行业接受度、系统成熟度、外围器件配套、器件和系统成本角度，GaN 目前还很难与 Si 基器件开展直接竞争。与 Si 基超结 MOSFET 器件相比，GaN 器件在硬开关状态下的优势并不明显，但是，其在软开关状态下的性能得到了明显改善。究其原因在于，GaN 器件的开关延时很短，导通损耗和开关损耗低，工作频率高。其主要适合低压（0～400V）、高效率或者小型化领域（如 ITC 电源、笔记本电脑适配器），以及高频应用（如激光雷达驱动、高频无线充电、包络跟踪等）具备优势。

射频应用方面，在国防和军用市场，采用国产 GaN 射频芯片的军用雷达性能处于国际先进水平。在民用市场，华为、中兴已采用国产 GaN 射频芯片进行基站研发和批量生产，国产化率超过 30%。产品方面，产业化的 GaN HEMT 射频器件在 1805MHz～1880MHz 频段内，功率实现了 520W，效率为 61%；在 1800MHz～2200MHz 频段内，功率实现了 120W，效率为 47%；在 2500MHz～2700MHz 频段内，功率实现了 420W，效率为 51%；GaN MMIC 方面，基于 0.25μm 工艺的 6GHz～12GHz MMIC 器件产品已研发成功，实现了 32W@7GHz～13GHz；基于 0.15μm 工艺的 GaN MMIC 产品，实现了 15.8W@14GHz～18GHz。

1.2.3　我国第三代半导体产业的区域状况

1. 我国第三代半导体 SiC 产业链企业的区域分布状况

从我国 SiC 产业链企业分布来看，整体呈现出沿海分布的情况，如图 1-6 所示。其中，代表企业最多的为江苏省、浙江省、广东省，其产业链也最为完善；北京市、安徽省、湖南省、福建省等的代表企业较少，但也基本具备完整的产业链；上海市目前以器件设计制造企业为主，也在布局相关外延与衬底产业。其余省份在 SiC 产业上都有布局，然而龙头企业很少。

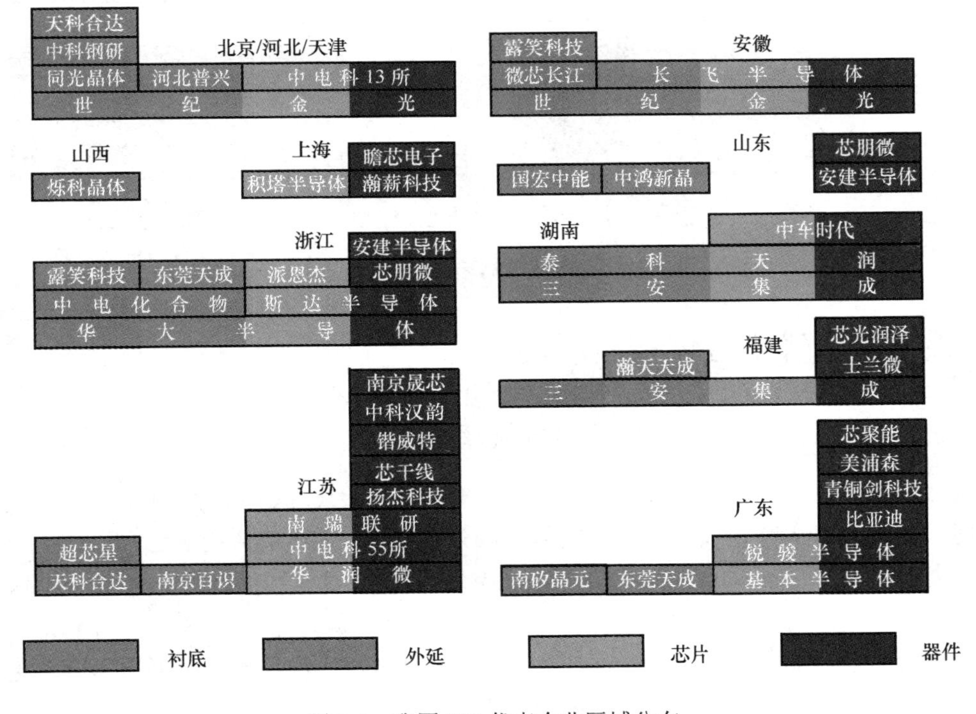

图 1-6　我国 SiC 代表企业区域分布

2. 我国第三代半导体 GaN 产业链企业的区域分布状况

从我国 GaN 产业链企业分布来看，同 SiC 产业类似，整体也呈现出沿海分布的情况，代表企业以江苏省、安徽省最多，如图 1-7 所示。江苏省、安徽省等省份均具备完善产业链，其余省份在 GaN 产业上也都在加大投入，但目前代表性企业很少，距具备完善产业链也仍有较大差距。

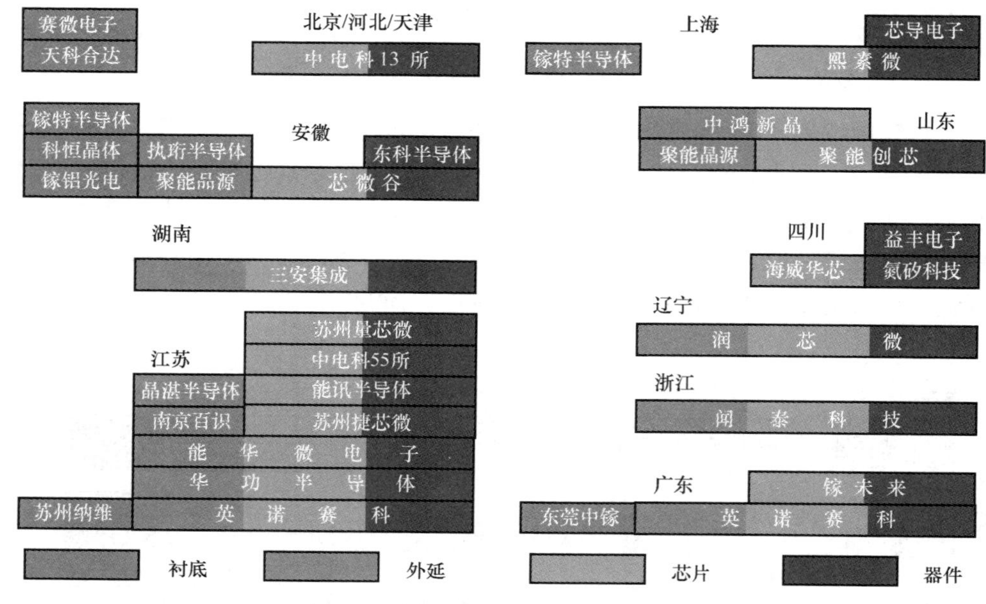

图 1-7 我国 GaN 代表企业区域分布

1.3 第三代半导体技术展望

1.3.1 第三代半导体 SiC 的技术展望

SiC 衬底、外延的技术发展未来会向高质量、大尺寸、低成本加工等方向发展，如攻关 8 英寸单晶衬底、高质量厚膜外延技术；SiC 的应用优势在于高压、超高压器件，目前 600V、1200V、1700V SiC 器件已实现商业化，未来 3300V 和 6500V 级，甚至万伏级以上的应用需求将快速提升，进而对 SiC 厚外延片产生重大需求；SiC 器件朝着耐受更高电压、更高电流密度、更低导通电压降、更高开关频率方向发展。SiC MOSFET 器件具有高温、高频工作的特性，目前常规 SiC MOSFET 的 SiO_2/SiC 界面的界面态密度大致在 $10^{12}eV^{-1}cm^{-2}$ 量级，沟道场效迁移率为 30～50cm^2/（V • s）。未来希望通过新的 SiC 氧化工艺，将界面态密度降至 $5\times10^{11}eV^{-1}cm^{-2}$ 以下，沟道场效迁移率提升到 100cm^2/（V • s）以上。SiC 模块的封装结构、材料、封装形式等方面也在不断改进提升，如采用陶瓷覆铜基板材料、银烧结技术、无引线互连和双面散热技术、高密度三维封装技术等，以最大限度地实现高功率密度、简约设计、低损耗、高可靠、高集成和多功能的目标。

1.3.2 第三代半导体 GaN 的技术展望

GaN 的衬底技术主要发展方向是大直径自支撑衬底材料，目前以 4 英寸为主，采用 HVPE 法制备，6 英寸技术正在研发中，同时国际上也在探索采用低压酸性氨热法，开发 4 英寸 GaN 单晶衬底，以便晶体缺陷达到普通 GaN 衬底的 1/100～1/1000；在硅基 GaN 外延技术方面，在未来 30 年用于 GaN 外延的硅衬底尺寸，将由目前主流的 6 英寸在未来 5 年扩展至 8 英寸，在未来 10～15 年内扩展至 12 英寸，甚至 18 英寸；GaN 同质外延也会得到开发；硅基 GaN 功率器件的耐压水平预计在未来 5～10 年将由目前的 600/650V 提升至 1200V；同时垂直器件技术也将得到发展。

GaN 射频器件的技术发展主要是开发 6 英寸 SiC 基、8 英寸硅基、2～4 英寸金刚石基的 GaN 射频器件和 GaN-Si CMOS 的异质集成芯片。预计在未来 3 年内，6 英寸的 SiC 基 GaN 和 8 英寸的硅基 GaN 技术将趋向成熟，并实现量产。5 年后随着市场对 GaN 射频器件低成本的要求越来越高，8 英寸的 SiC 基 GaN 技术、GaN 射频与 Si CMOS 数字电路的异质集成技术也将逐步走向成熟。金刚石基 GaN 的技术由于在超大功率器件方面的散热优势，未来 5～10 年内也将逐渐成熟并实现商业化。

第2章 第三代半导体产业政策

第三代半导体产业是支撑经济社会发展和保障国家安全的战略性和基础性产业，近年来为加快推进第三代半导体产业的发展，我国多部门陆续出台了一系列政策。

2.1 产业政策发展脉络

第三代半导体具有禁带宽度大、击穿电场强度高、饱和电子迁移率高、热导率大、抗辐射能力强等优点，是半导体产业的新型组成部分，可广泛用于新能源汽车、智能电网、轨道交通、半导体照明、新一代移动通信、消费类电子等领域，具有广阔的应用前景，已经成为全球半导体产业新的战略竞争高地。

自 2016 年以来，我国先后出台了多项政策，在教育、科研、开发、融资、应用等各个方面对“第三代半导体”提供了支持，以实现产业独立自主发展。2016 年国务院发布《“十三五”国家科技创新规划》，提出发展微电子和光电子技术，重点加强极低功耗芯片、新型传感器、第三代半导体芯片和硅基光电子、混合光电子、微波光电子等技术与器件的研发。

中国“科技创新 2030—重大项目”和“十四五”国家重点研发计划已明确第三代半导体为重要发展方向，这必将推动第三代半导体材料、器件和应用技术的快速发展。图 2-1 是我国自 2016 年以来第三代半导体的政策历程图。

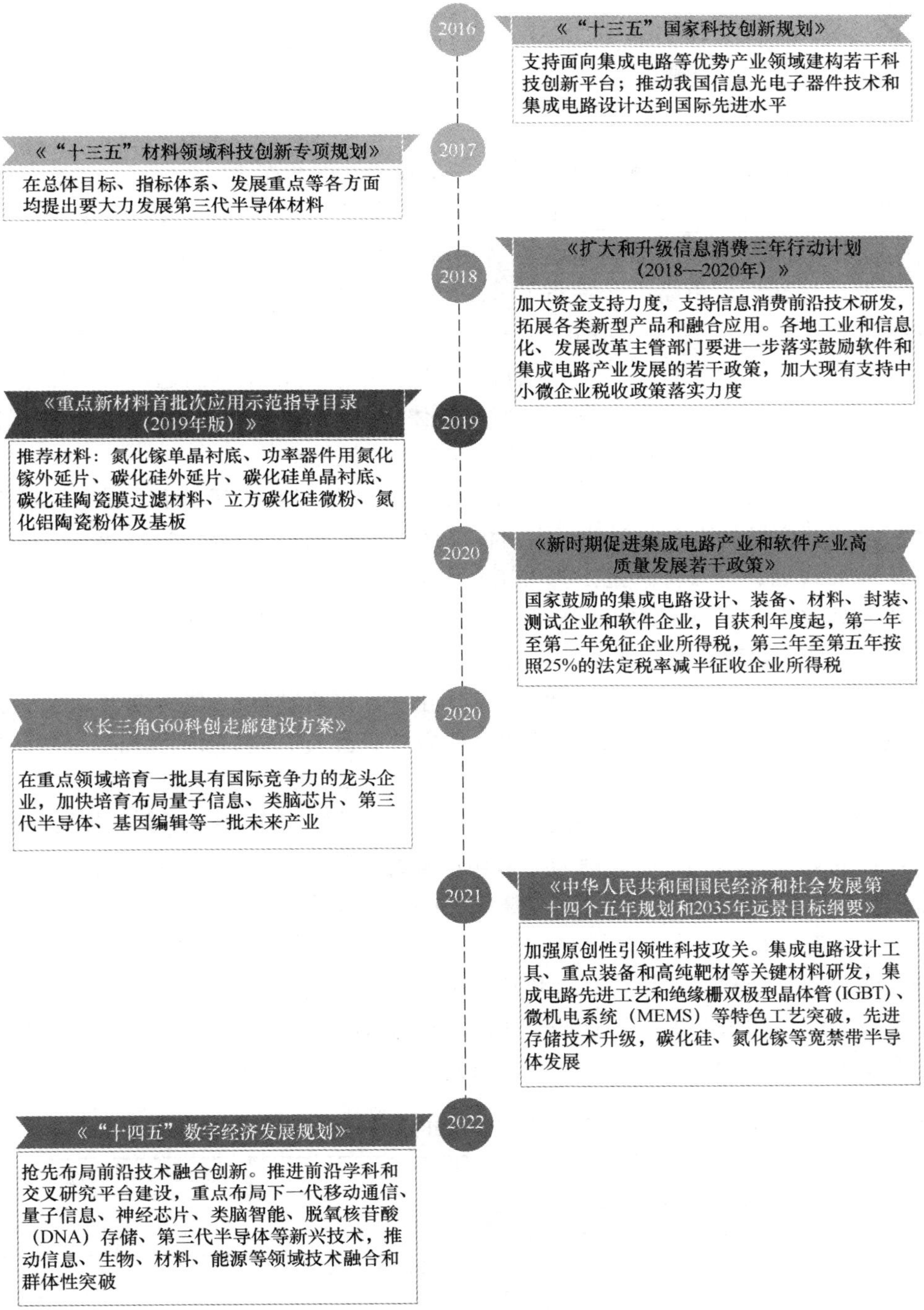

2016

《“十三五”国家科技创新规划》

支持面向集成电路等优势产业领域建构若干科技创新平台；推动我国信息光电子器件技术和集成电路设计达到国际先进水平

2017

《“十三五”材料领域科技创新专项规划》

在总体目标、指标体系、发展重点等各方面均提出要大力发展第三代半导体材料

2018

《扩大和升级信息消费三年行动计划（2018—2020年）》

加大资金支持力度，支持信息消费前沿技术研发，拓展各类新型产品和融合应用。各地工业和信息化、发展改革主管部门要进一步落实鼓励软件和集成电路产业发展的若干政策，加大现有支持中小微企业税收政策落实力度

2019

《重点新材料首批次应用示范指导目录（2019年版）》

推荐材料：氮化镓单晶衬底、功率器件用氮化镓外延片、碳化硅外延片、碳化硅单晶衬底、碳化硅陶瓷膜过滤材料、立方碳化硅微粉、氮化铝陶瓷粉体及基板

2020

《新时期促进集成电路产业和软件产业高质量发展若干政策》

国家鼓励的集成电路设计、装备、材料、封装、测试企业和软件企业，自获利年度起，第一年至第二年免征企业所得税，第三年至第五年按照25%的法定税率减半征收企业所得税

2020

《长三角G60科创走廊建设方案》

在重点领域培育一批具有国际竞争力的龙头企业，加快培育布局量子信息、类脑芯片、第三代半导体、基因编辑等一批未来产业

2021

《中华人民共和国国民经济和社会发展第十四个五年规划和2035年远景目标纲要》

加强原创性引领性科技攻关。集成电路设计工具、重点装备和高纯靶材等关键材料研发，集成电路先进工艺和绝缘栅双极型晶体管（IGBT）、微机电系统（MEMS）等特色工艺突破，先进存储技术升级，碳化硅、氮化镓等宽禁带半导体发展

2022

《“十四五”数字经济发展规划》

抢先布局前沿技术融合创新。推进前沿学科和交叉研究平台建设，重点布局下一代移动通信、量子信息、神经芯片、类脑智能、脱氧核苷酸（DNA）存储、第三代半导体等新兴技术，推动信息、生物、材料、能源等领域技术融合和群体性突破

图 2-1　2016 年以来第三代半导体政策历程图

2.2 国家层面的政策

2.2.1 产业政策

自 2000 年开始，我国按照每十年一个周期，已经连续出台了多项鼓励集成电路和软件产业发展的政策，政策力度不断加大，鼓励和优惠的范围更加宽泛，措施更加有力。2020 年，在新时期国内外产业发展阶段和背景下，国家为了培育半导体集成电路产业发布了《新时期促进集成电路产业和软件产业高质量发展若干政策》（国发〔2020〕8 号），从税收、投融类、人才、市场等多方面对集成电路产业给予优惠政策和扶持。政策力度空前、站位高远，将集成电路产业从“战略新兴产业”上升至“新举国体制”的战略高度。第三代半导体作为其中一个子类，产业链企业均可享受相关的政策优惠。

2021 年，正值“十四五”开局之年，国家先后出台了《中华人民共和国国民经济和社会发展第十四个五年规划和 2035 年远景目标纲要》《“十四五”数字经济发展规划》等政策，提出强大国家战略科技力量，支持长江三角洲区域一体化发展并上升为国家战略，全面加大了对第三代半导体产业的支持和投入力度，第三代半导体迎来了发展新机遇。

现今，全球数字经济加速崛起。2022 年初，国家发布了《“十四五”数字经济发展规划》，提出增强关键技术创新能力。瞄准传感器、量子信息、网络通信、集成电路、关键软件、大数据、人工智能、区块链、新材料等战略性前瞻性领域，发挥我国社会主义制度优势、新型举国体制优势、超大规模市场优势，提高数字技术基础研发能力。实施产业链强链补链行动，加强面向多元化应用场景的技术融合和产品创新，提升产业链关键环节竞争力，完善 5G、集成电路、新能源汽车、人工智能、工业互联网等重点产业供应链体系。《2022 年政府工作报告》中提出，培育壮大集成电路、人工智能等数字产业，提升关键软硬件技术创新和供给能力。这些政策的加码让第三代半导体行业迎来了发展的热度升级。表 2-1 是 2020—2022 年国家发布的第三代半导体政策。

表 2-1 2020—2022 年国家发布的第三代半导体相关政策[①]

序号	政策名称	发布单位	发布时间	政策领域
1	《新时期促进集成电路产业和软件产业高质量发展若干政策》国发〔2020〕8 号	国务院	2020 年 7 月	全产业链
2	《关于扩大战略性新兴产业投资 培育壮大新增长点增长极的指导意见》发改高技〔2020〕1409 号	国家发展改革委、科技部、工业和信息化部、财政部	2020 年 9 月	全产业链

（续）

序号	政策名称	发布单位	发布时间	政策领域
3	《关于促进集成电路产业和软件产业高质量发展企业所得税政策的公告》财政部　税务总局　发展改革委　工业和信息化部公告 2020 年第 45 号	财政部、国家税务总局、国家发展改革委、工业和信息化部	2020 年 12 月	全产业链
4	《中华人民共和国国民经济和社会发展第十四个五年规划和 2035 年远景目标纲要》	第十三届全国人民代表大会第四次会议	2021 年 3 月	全产业链
5	《长三角 G60 科创走廊建设方案》国科发规〔2020〕287 号	科技部、国家发展改革委、工业和信息化部、人民银行、银保监会、证监会	2020 年 10 月	全产业链
6	《“十四五”数字经济发展规划》国发〔2021〕29 号	国务院	2021 年 12 月	全产业链
7	《2022 年政府工作报告》	第十三届全国人民代表大会第五次会议	2022 年 3 月	全产业链

①数据来源：CASA Research 根据公开资料整理。

2020—2022 年国家层面第三代半导体产业相关政策及特点：

1. 国家“十四五”规划布局第三代半导体

“十四五”布局第三代半导体。2021 年 3 月，《中华人民共和国国民经济和社会发展第十四个五年规划和 2035 年远景目标纲要》（以下简称“《纲要》”）公布。《纲要》明确指出推动集成电路领域要取得“集成电路设计工具、重点装备和高纯靶材等关键材料研发，集成电路先进工艺和绝缘栅双极型晶体管（IGBT）、微机电系统（MEMS）等特色工艺突破，先进存储技术升级，碳化硅、氮化镓等宽禁带半导体发展”。

第三代半导体支撑“双碳”目标实现。2021 年中共中央、国务院印发了《关于完整准确全面贯彻新发展理念做好碳达峰碳中和工作的意见》，其中明确提出，二氧化碳排放力争于 2030 年达到峰值并稳中有降，于 2060 年前实现“碳中和”。第三代半导体器件相比硅器件可降低 50%以上的能量损失，并减小 75%以上的装备体积，可显著提升能源转换效率，是助力节能减排并实现“碳中和”目标的重要支撑。

2. 强化区域联动发展，共同打造世界级产业集群

2019 年 5 月 13 日，中共中央政治局会议审议通过《长江三角洲区域一体化

发展规划纲要》，指出依托交通大通道，以市场化、法治化方式加强合作，持续有序推进 G60 科创走廊建设，打造科技和制度创新双轮驱动、产业和城市一体化发展的先行先试走廊。长三角 G60 科创走廊已上升为长三角一体化发展国家战略的重要组成部分。2021 年 10 月 27 日，科技部、国家发展改革委、工业和信息化部、人民银行、银保监会和证监会联合发布了《长三角 G60 科创走廊建设方案》（简称《建设方案》）。《建设方案》提出，在重点领域培育一批具有国际竞争力的龙头企业，加快培育布局量子信息、类脑芯片、第三代半导体、基因编辑等一批未来产业。

3. 以新型全产业链引导和扶持半导体产业

碳化硅（SiC）、氮化镓（GaN）等第三代半导体材料应用于功率电子、微波射频领域优势明显，是半导体材料的核心技术方向之一。在国家的大力支持下，在全行业的共同努力下，我国第三代半导体行业在探索中不断前进。2020 年 5 月习近平总书记在山西太原考察调研时听取了山西综合改革示范区建设和运营情况介绍，观看了创新产品展示；8 月习近平总书记在扎实推进长三角一体化发展座谈会上明确提出创新主动权、发展主动权必须牢牢掌握在自己手中。

2020 年 7 月 27 日，国务院发布《新时期促进集成电路产业和软件产业高质量发展若干政策的通知》（国发〔2020〕8 号）（以下简称《通知》），在财税、投融资、研究开发、进出口、人才、知识产权、市场应用、国际合作等 8 个方面出台鼓励引导性政策。《通知》中，不仅丰富了间接融资手段、拓展了直接融资渠道，突出强调了关键核心技术攻关新型举国体制，同时也强调了构建全链条覆盖的关键核心技术研发布局，第三代半导体企业均可享受相关政策优惠。

国家布局“新基建”，第三代半导体器件是关键核心器件。早在 2018 年底召开的中央经济工作会议上就明确了 5G、人工智能、工业互联网、物联网等“新型基础设施建设”的定位，随后“加强新一代信息基础设施建设”被纳入《2019 年政府工作报告》。2020 年，在国务院常务会议、中央全面深化改革委员会第十二次会议等重要会议上多次提出推进新型基础设施建设。我国新型基础设施建设进入高层布局。

新基建包含 5G 基建、特高压、城际高速铁路和城际轨道交通、新能源汽车充电桩、大数据中心、人工智能和工业互联网等七大领域，涉及通信、电力、交通、数字等多个社会民生重点行业。

以 SiC、GaN 第三代半导体材料为基础制备的电子器件是支撑“新基建”建设的关键核心器件。GaN 基射频器件及其模块是 5G 基站核心装备之一，氮化镓基发光二极管（GaN 基 LED）可见光通信是 5G 通信的重要组成部分，5G 基建将直接促进 Mini/Micro-LED 4K/8K 高清显示及增强现实/虚拟现实（AR/VR）技术等数据高容量存储、大流量传输和快速度响应有强烈需求的相关产业的发展。碳化硅肖特基势垒二极管（SiC 基 SBD）、金属-氧化物半导体场效应晶体管（Metal-Oxide-Semiconductor Field-Effect Transistor, MOSFET）及氮化镓高电子迁移率晶体管（GaN 基 HEMT）是特高压输电、轨道交通和新能源汽车、大数据中心的核心器件。

4. 国家重点研发计划滚动部署第三代半导体

“十二五”期间，863 计划重点支持了“第三代半导体器件制备及评价技术”项目。项目重点围绕第三代半导体技术中的关键材料、关键器件以及关键工艺进行研究，开发出基于新型基板的第三代半导体器件封装技术，满足对应高性能封装和低成本消费级封装的需求，研制出高带宽 GaN 发光器件及基于发光器件的可见光通信技术，并实现智能家居演示系统的试制；开展第三代半导体封装和系统可靠性研究，形成相关标准或技术规范；制备出高性能 SiC 基 GaN 器件。通过项目的实施，我国在第三代半导体关键的 SiC 和 GaN 材料、功率器件、高性能封装以及可见光通信等领域取得突破，自主发展出相关材料与器件的关键技术，有助于支撑我国在节能减排、现代信息工程、现代国防建设上的重大需求。

第三代半导体成为国家材料领域科技规划部署的重点领域。2019 年，科技部启动“面向 2035 年的材料领域科技发展战略研究报告——新型电子材料方向”编制研究工作，其中 Micro LED 显示技术、深紫外 LED、第三代半导体等核心技术作为未来部署的重要方向，得到高度重视。

2021 年，国家重点研发计划启动实施“新型显示与战略性电子材料”重点专项，该重点专项总体目标是：面向国家产业安全、战略产品及重大工程建设需求，以满足关键领域重点电子材料急需为目标，突破新型显示产业应用关键核心技术，打通创新链，突破战略性电子材料制备与应用各环节的共性关键技术，保障我国信息、能源、交通、高端装备等领域核心电子材料和器件的自主供给。“新型显示与战略性电子材料”重点专项 2021 年度项目申报指南部署遵循“基础研究、共性关键技术、典型应用示范”全链条创新设计、一体化组织实施原则，拟围绕新型显示材料与器件、第三代半导体及前沿电子材料与器件、大功率激光材料与器件 3 个技术方向，启动 30 个指南任务。其中，与第三代半导体有关的项目占了近 50%。表 2-2 是与第三代半导体有关的国家重点研发计划2021年度拟立项项目清单。

表2-2 国家重点研发计划2021年度拟立项项目清单（与第三代半导体有关）

序号	项 目 名 称	项目牵头承担单位	项目实施周期/年
1	Micro-LED显示外延与芯片关键技术	厦门大学	4
2	高亮度高对比度全彩Micro-LED显示关键技术研究	佛山市国星光电股份有限公司	3
3	面向大数据中心应用的8英寸硅衬底上氮化镓基外延材料、功率电子器件及电源模块关键技术研究	英诺赛科（珠海）科技有限公司	4
4	新结构、新功能微小尺寸LED材料与器件及其在通信/传感领域的应用	南京大学	4
5	大尺寸SiC单晶衬底制备产业化技术	北京天科合达半导体股份有限公司	4
6	高性能忆阻材料与红外智能感知器件研制	复旦大学	4
7	新型自旋轨道矩材料与高性能存内计算器件	中国科学院微电子研究所	4
8	基于氮化物半导体的纳米像元发光器件研究	南京大学	4
9	中高压SiC超级结电荷平衡理论研究及器件研制	西安电子科技大学	4
10	晶圆级Si（100）基GaN单片异质集成关键技术研究	中国科学院上海微系统与信息技术研究所	3
11	GaN单晶新生长技术研究	中国科学院苏州纳米技术与纳米仿生研究所	4

5. 从基础研究到产业化应用形成系列配套政策

为了配套衔接国务院对于半导体产业的政策要求，扩大战略性新兴产业投资、培育壮大新增长点增长极，2020年9月，国家发展改革委、科技部、工业和信息化部、财政部等四部门联合印发了《关于扩大战略性新兴产业投资 培育壮大新增长点增长极的指导意见》（发改高技〔2020〕1409号）（以下简称“意见”），明确指出，加大5G建设投资，加快5G商用发展步伐，将各级政府机关、企事业单位、公共机构优先向基站建设开放，研究推动将5G基站纳入商业楼宇、居民住宅建设规范。加快基础材料、关键芯片、高端元器件、新型显示器件、关键软件等核心技术攻关，大力推动重点工程和重大项目建设，积极扩大合理有效投资。

半导体和集成电路产业所得税优惠政策落地。2020年12月，财政部、国家税务总局、国家发展改革委、工业和信息化部四部委共同发布《关于促进集成电路产业和软件产业高质量发展企业所得税政策的公告》（2020 年第 45 号），指出国家鼓励的集成电路设计、装备、材料、封装、测试企业和软件企业，自获利年度起，第一年至第二年免征企业所得税，第三年至第五年按照 25%的法定税率减半征收企业所得税。国家鼓励的重点集成电路设计企业和软件企业，自获利年度起，第一年至第五年免征企业所得税，接续年度减按 10%的税率征收企业所得税。

科技部从研发项目到平台建设支持第三代半导体发展。全面部署“十四五”重点研发计划。2021 年，科技部“十四五”重点研发计划在 SiC 单晶等第三代半导体材料、Micro-LED、车用 SiC 功率器件、第三代半导体核心装备制造等方面进行了布局。

工业和信息化部继“强基计划”后，再推电子元器件产业发展。在前期实施“强基计划”的基础上，2021 年 1 月，工业和信息化部印发《基础电子元器件产业发展行动计划（2021—2023 年）》，指出要“重点发展高频率、高精度频率元器件，耐高温、耐高压、低损耗、高可靠半导体分立器件及模块等电路类元器件”，“面向智能终端、5G、工业互联网等重要行业，推动基础电子元器件实现突破，增强关键材料、设备仪器等供应链保障能力，提升产业链供应链现代化水平”。

2.2.2　人才政策

近年来，随着物联网、人工智能、汽车电子等领域的应用持续增长以及 5G 的到来，集成电路产业发展正迎来新的契机；加之集成电路屡次被写入政府工作报告，以及国家大基金的注入和全国各省市对产业的持续投入，整个集成电路产业一片欣欣向荣。随着国家“十四五”规划和 2035 年远景目标纲要的提出，以及一系列半导体产业政策的出台，第三代半导体产业将迎来爆发期。

随着第三代半导体产业的快速增长，高质量的专业人才缺口已经成为产业亟待解决的问题，实际人才问题已经成为制约第三代半导体产业发展的主要因素。

面对新形势和新要求，“十四五”科技人才工作紧紧围绕实现高水平科技自立自强的要求，统筹国际、国内两种人才资源，以打造适应新时代社会主义现代化建设需求的科技人才队伍为目标，以优化结构、提升质量为主线，以发现、培养、使用、评价、激励链条一体化部署为核心，深化科技人才体制机制改革，构建具有国际竞争力的科技人才制度优势，为跻身创新型国家前列和建设人才强国、科技强国提供坚实人才支撑。为此国家出台了一系列的人才政策促进集成电路、第三代半导体产业的发展。表 2-3 是 2020—2022 年国家发布的和第三代半导体产业有关的人才政策。

表 2-3　2020—2022 年国家发布的和第三代半导体产业有关的人才政策

序号	政策名称	发布部门	发布时间	主要内容
1	新时期促进集成电路产业和软件产业高质量发展若干政策	国务院	2020 年 7 月	（1）进一步加强高校集成电路和软件专业建设，努力培养复合型、实用型的高水平人才；（2）支持高校联合企业开展集成电路人才培养专项资源库建设，引进国外师资和优质资源，联合培养集成电路和软件人才；（3）表彰和奖励在集成电路和软件领域做出杰出贡献的高端人才，完善股权激励机制，加大力度引进顶尖专家和优秀人才及团队；（4）引导集成电路和软件人才合理有序流动，避免恶性竞争
2	关于扩大战略性新兴产业投资培育壮大新增长点增长极的指导意见	国家发展改革委、科技部、工业和信息化部、财政部	2020 年 9 月	深入推进国家战略性新兴产业集群发展工程，综合运用财政、土地、金融、科技、人才、知识产权等政策，协同支持产业集群建设、领军企业培育、关键技术研发和人才培养等项目
3	关于进一步加强高技能人才与专业技术人才职业发展贯通的实施意见	人力资源和社会保障部	2021 年 1 月	适应技术技能人才融合发展趋势，以高技能人才为重点，打破专业技术职称评审与职业技能评价界限，创新技术技能导向的评价机制，拓宽技术技能人才发展通道，促进两类人才融合发展。推进职称制度与职业资格、职业技能等级制度有效衔接
4	中华人民共和国国民经济和社会发展第十四个五年规划和 2035 年远景目标纲要	第十三届全国人民代表大会第四次会议	2021 年 3 月	培养造就高水平人才队伍；激励人才更好发挥作用；优化创新创业创造生态
5	长三角 G60 科创走廊建设方案	科技部、国家发展改革委、工业和信息化部、人民银行、银保监会、证监会	2021 年 6 月	引进高层次人才，产业高端人才加快集聚，吸引和培养关键人才，突破一批“卡脖子”关键核心技术，建立全球专家资源库，优化创新人才工作生活环境

（续）

序号	政策名称	发布部门	发布时间	主要内容
6	关于支持女性科技人才在科技创新中发挥更大作用的若干措施	科技部、全国妇联等	2021 年 6 月	培养造就高层次女性科技人才；大力支持女性科技人才创新创业；完善女性科技人才评价激励机制；支持孕哺期女性科技人才科研工作；加强女性后备科技人才培养；加强女性科技人才基础工作
7	“十四五”数字经济发展规划	国务院	2022 年 1 月	鼓励将数字经济领域人才纳入各类人才计划支持范围，积极探索高效灵活的人才引进、培养、评价及激励政策
8	2022 年政府工作报告	第十三届全国人民代表大会第五次会议	2022 年 3 月	加快建设世界重要人才中心和创新高地，完善人才发展体制机制，弘扬科学家精神，加大对青年科研人员支持力度，让各类人才潜心钻研、尽展其能

2.3　各省市层面的政策

2.3.1　产业政策

在中国“科技创新 2030—重大项目”和“十四五”国家重点研发计划已明确第三代半导体是重要发展方向的大背景下，地方政府根据本省市自身发展特点相继出台了相关政策与规划推动着各地第三代半导体产业的集聚和发展。据统计，2021—2022 年我国各地发布的第三代半导体相关政策近 50 项，覆盖了 25 个省、市，政策内容涵盖了“十四五”顶层设计到具体行动计划和财政补贴细则。

在规划层面，多省市“十四五”规划纲要中提到促进半导体行业发展，其中，北京市、广东省、浙江省等多地的“十四五”规划中明确提出发展集成电路、第三代半导体、碳化硅产业；广东省、福建省、重庆市等则在先进制造业“十四五”规划中，将第三代半导体、新型显示、5G 等领域纳入了先进制造业的范畴进行支持。

在执行层面，湖北省和山西省出台了半导体领域专项行动计划和指导意见，以推动碳化硅、砷化镓等化合物半导体产业发展；山东省发布了集成电路产业财政补贴细则，明确提出对集成电路流片给予补贴，且对第三代半导体流片的补贴比例适当上浮；苏州市发布了促进集成电路产业高质量发展的若干措施，将全面落实国家关于集成电路企业税收政策，扩大政策宣传，简化办税流程。

2021—2022年各省市第三代半导体相关政策见表2-4。

表2-4　2021—2022年各省市第三代半导体相关政策

省市	政策名称	发布时间	政策领域	主要内容
北京市	北京市国民经济和社会发展第十四个五年规划和二〇三五年远景目标纲要	2021年1月	全产业链	顺义区聚焦新能源智能汽车、第三代半导体、航空航天等领域，加强关键共性技术研发、重大技术集成与应用示范。顺义新城聚焦发展新能源智能汽车、第三代半导体、航空航天等创新型产业集群
	北京市"十四五"时期高精尖产业发展规划	2021年8月	全产业链	构建集设计、制造、装备和材料于一体的集成电路产业创新高地，打造具有国际竞争力的产业集群
	北京市高精尖产业发展资金管理办法	2021年9月	税收政策	高精尖资金采用贷款贴息、保险补贴、融资租赁补贴、转型升级奖励、拨款补助等支持方式
	北京市"十四五"时期国际科技创新中心建设规划	2021年11月	全产业链	第三代半导体板块围绕碳化硅、氮化镓等高品质材料、器件、核心设备，打造高端产业链
	关于做好2022年享受税收优惠政策的集成电路企业或项目、软件企业清单制定工作的通知	2022年3月	税收政策	对集成电路设计领域和重点软件领域等企业，可申报享受企业所得税优惠政策
天津市	天津市产业链高质量发展三年行动方案（2021—2023年）	2021年5月	材料、设备	发挥集成电路（IC）设计领域优势，夯实集成电路制造、计算机零部件及外围设备制造等领域基础，重点推动新一代CPU、大规模集成电路晶圆生产线、先进封测生产线、化学机械抛光（CMP）设备、第三代半导体材料等项目建设，引进和研制图形处理器、存储器、第五代移动通信（5G）技术芯片、刻蚀机等高端项目和产品
	天津市制造业高质量发展"十四五"规划	2021年6月	材料	扩大8～12英寸硅单晶抛光片和外延片产能，加快6英寸半绝缘砷化镓等研发生产
	天津市科技创新"十四五"规划	2021年8月	材料	开展满足先进制程的大尺寸硅单晶、宽禁带和超宽禁带半导体材料、芯片封装材料、新型显示材料、电子特气、光刻胶、金属靶材等研究

（续）

省市	政策名称	发布时间	政策领域	主要内容
河北省	河北省国民经济和社会发展第十四个五年规划和二〇三五年远景目标纲要	2021 年 2 月	全产业链	培育壮大半导体器件产业，大力发展第三代半导体材料及器件
	河北省建设全国产业转型升级试验区“十四五”规划	2021 年 11 月	全产业链	加快碳化硅单晶及外延材料、砷化镓、磷化铟和单晶锗等第三代半导体新材料研发及产业化
山东省	山东省集成电路产业财政奖补政策实施细则	2021 年 5 月	财政补贴	以第三代半导体碳化硅晶片作为衬底的流片，补贴比例可适当上浮；对新材料推广应用、重点企业技术改造等有助于推动我省集成电路产业发展的项目，积极纳入相关资金政策予以支持
	“十强产业”2022 年行动计划	2022 年 4 月	全产业链	提升碳化硅衬底生产技术水平和市场规模，构建第三代半导体领域新优势
上海市	中国（上海）自由贸易试验区临港新片区集成电路产业专项规划（2021—2025）	2021 年 3 月	全产业链	推进 6 英寸、8 英寸 GaAs、GaN 和 SiC 工艺线建设，面向 5G、新能源汽车等应用场景；积极引进国内外光刻胶、掩膜板、第三代半导体等材料企业，加强关键材料的本地化配套能力
	上海市先进制造业发展“十四五”规划	2021 年 7 月	全产业链	加快第三代化合物半导体发展；加强装备材料创新发展，突破光刻设备、刻蚀设备、薄膜设备、离子注入设备、湿法设备、检测设备等集成电路前道核心工艺设备
浙江省	浙江省新材料产业发展“十四五”规划	2021 年 3 月	材料	围绕大尺寸集成电路硅片、第三代半导体材料、蓝宝石晶体及衬底材料、高纯金属靶材、半导体封装材料等领域培育 5～10 家国内领先的新材料企业
	浙江省知识产权发展“十四五”规划	2021 年 5 月	知识产权	加快集成电路产业链发展。开展第三代半导体芯片、专用设计软件、专用设备与材料、关键射频器件、高端光器件等关键领域知识产权攻关
	浙江省全球先进制造业基地建设“十四五”规划	2021 年 7 月	全产业链	谋划布局人工智能、区块链、第三代半导体、类脑智能、量子信息、柔性电子、深海空天、北斗与地理信息等颠覆性技术与前沿产业

（续）

省市	政策名称	发布时间	政策领域	主要内容
江苏省	江苏省国民经济和社会发展第十四个五年规划和二〇三五年远景目标纲要	2021年3月	全产业链	重大产业创新载体：第三代半导体技术创新中心（苏州）
	江苏省“十四五”数字经济发展规划	2021年8月	全产业链	支持骨干企业和科研机构协同开展第三代半导体材料芯片制备、大规模生产技术的研发攻关与产业化，打造国内领先、国际先进的第三代半导体产业创新高地
	江苏省“十四五”制造业高质量发展规划（2021—2025年）	2021年8月	材料	加快电子高纯材料、第三代半导体等先进电子材料的关键技术突破。打造综合实力国际先进的高端新材料集群
	江苏省“十四五”科技创新规划	2021年9月	全产业链	优先支持开展基于碳化硅（SiC）、氮化镓（GaN）、金刚石等第三代半导体材料芯片制备、大规模生产技术的研发攻关与产业化，加强高质量大尺寸三代半材料衬底、外延等关键核心技术研发突破，重点支持推进大尺寸、高质量第三代半导体单晶衬底生产装备、光电子器件/模块、电力电子器件/模块、射频器件/模块、化合物半导体等新技术新产品的研发应用与规模化生产
	无锡高新区（新吴区）现代产业“十四五”发展规划	2021年3月	全产业链	前瞻布局人工智能、氢燃料电池、第三代半导体等前沿技术领域未来产业。到“十四五”期末，全区“6+2+X”产业规模预计超过一万亿元，形成8个超千亿级产业集群。第三代半导体2025年产业规模突破50亿元
	苏州市促进集成电路产业高质量发展的若干措施	2021年4月	全产业链	重点支持第三代半导体技术创新中心建设，加大创新投入，突破一批第三代半导体衬底材料、外延片等核心技术
安徽省	安徽省“十四五”科技创新规划	2022年1月	设备、材料	新一代半导体技术。研发氮化镓、碳化硅、氧化镓、氧化锌、金刚石宽禁带半导体材料、工艺、器件及芯片
	安徽省“十四五”新材料产业发展规划	2022年4月	材料类	重点发展大尺寸硅片等第一代半导体材料，高纯磷化铟（InP）衬底材料、氮化镓材料等第二/三代半导体材料以及封装测试材料等

（续）

省市	政策名称	发布时间	政策领域	主要内容
广东省	广东省国民经济和社会发展第十四个五年规划和2035 年远景目标纲要	2021 年 4 月	全产业链	要加快建设粤港澳大湾区国家技术创新中心。在新型显示、第三代半导体、生物医药、天然气水合物等重点领域组建一批国家和省级创新中心、工程研究中心等
	广州市半导体与集成电路产业发展行动计划（2022—2024 年）	2022 年 3 月	全产业链	布局发展宽禁带半导体。支持碳化硅、氮化镓等宽禁带半导体衬底、外延、设计及制造全产业链发展
	珠海市国民经济和社会发展第十四个五年规划和二〇三五年远景目标纲要	2021 年 4 月	全产业链	打造华南地区第三代半导体发展示范区，做强软件和集成电路设计省级战略性新兴产业基地和软件产业国家高技术产业基地
	东莞市国民经济和社会发展第十四个五年规划和2035 年远景目标纲要	2021 年 2 月	全产业链	大力发展新型显示、第三代半导体、先进照明、石墨烯、关键微电子等电子信息产业关键材料，打造新型半导体材料和电子新材料集聚区
福建省	福建省“十四五”制造业高质量发展专项规划	2021 年 6 月	材料、设备	加速化合物半导体研发和应用，加强砷化镓射频芯片、氮化镓/碳化硅高功率芯片制造
	福建省“十四五”战略性新兴产业发展专项规划	2021 年 10 月	全产业链	依托省内龙头企业，发展以氮化镓、碳化硅、钙钛矿为代表的第三代半导体材料
	福建省做大做强做优数字经济行动计划（2022—2025 年）	2022 年 4 月	全产业链	持续壮大集成电路和光电产业、计算机和网络通信、软件和信息服务业等千亿产业集群
	福州市“十四五”工业和信息化产业发展专项规划	2022 年 1 月	材料	依托福晶、高意、兆元光电等细分领域龙头企业发展第二代、第三代半导体材料
	厦门市先进制造业倍增计划实施方案（2022—2026 年）	2022 年 3 月	全产业链	在新型消费、集成电路与半导体、大数据等领域培育一批核心技术能力突出的“独角兽”企业和“瞪羚”企业
	加快泉州市数字经济发展若干措施	2022 年 1 月	全产业链	重点支持集成电路设计产业发展
	泉州市“十四五”数字泉州专项规划	2022 年 2 月	全产业链	做强集成电路、半导体产业链，前瞻2035 年锻造电子信息五千亿级产业集群
湖北省	关于促进半导体产业创新发展的意见	2022 年 1 月	全产业链	到 2025 年，第三代半导体产业初具规模。布局第三代半导体衬底及外延制备

（续）

省市	政策名称	发布时间	政策领域	主要内容
湖南省	关于实施强省会战略支持长沙市高质量发展的若干意见	2022年4月	全产业链	大力发展以工程机械为主的高端装备制造产业、以先进储能材料为主的新材料产业、以智能终端和第三代半导体为主的新一代电子信息产业，到2026年，形成3个两千亿级产业，湘江新区工业总产值达到1.5万亿元
河南省	河南省“十四五”数字经济和信息化发展规划	2021年12月	材料	积极布局半导体材料产业，发展以碳化硅、氮化镓为重点的第三代半导体材料，提升大尺寸单晶硅抛光片、电子级高纯硅材料、区熔硅单晶研发及产业化能力。推进第三代化合物半导体生产线建设
陕西省	西安市“十四五”科技创新发展规划	2022年1月	材料	重点打造光电子、第三代半导体等产业链，助力西安打造千亿级电子信息产业集群。加快碳化硅（SiC）和氮化镓（GaN）等第三代半导体材料生长和表征技术、光电芯片等自主可控技术转化
重庆市	重庆市战略性新兴产业发展“十四五”规划（2021—2025年）	2022年1月	全产业链	研究大硅片及氮化镓、碳化硅等宽禁带半导体提纯、制备及其衬底、外延材料生长等关键核心技术。开展碳基纳米材料、锑化镓、铟化砷等超宽禁带半导体材料研究
四川省	四川省十四五企业技术改造（征求意见稿）	2021年6月	全产业链	重点发展12英寸集成电路生产线设备，刻蚀机、光刻机、薄膜设备清洗设备、工艺检测等设备；大尺寸硅单晶生长设备，截断、滚圆、研磨、倒角、抛光等晶圆材料加工设备；6～8英寸碳化硅单晶炉设备
山西省	山西省“十四五”新装备规划	2021年4月	检测装备	重点发展砷化镓第二代半导体、碳化硅与氮化镓第三代半导体等产品生产及检测装备，提高半导体工艺及产品良品率
山西省	关于促进半导体产业高质量发展引导集成电路产业健康发展的指导意见	2021年6月	材料、设备	聚焦低缺陷砷化镓晶体材料、高纯半绝缘碳化硅单晶衬底材料、氮化镓材料等第二/三代半导体材料。前瞻布局新一代半导体材料研发

（续）

省市	政策名称	发布时间	政策领域	主要内容
甘肃省	甘肃省国民经济和社会发展第十四个五年规划和二〇三五年远景目标纲要的通知	2021 年 2 月	全产业链	大力发展半导体材料。发展以氮化镓为代表的第三代半导体材料制造。推动新型半导体材料与器件关键技术研发和成果转化
	甘肃省"十四五"数字经济创新发展规划	2021 年 9 月	全产业链	大力发展智能终端、集成电路、光电、区块链、AR/VR（增强现实/虚拟现实）等数字产业

2.3.2　2020—2022 年重点产业集群建设情况

在政策和需求的推动下，我国第三代半导体产业链蓬勃而起。据统计，截至 2020 年年底，全国多家第三代半导体企业基本覆盖了第三代半导体产业链全链条，产生了一定的集聚效应，如衬底领域的山东天岳、天科合达、同光晶体、中科钢研、纳维科技、山西烁科晶体等，外延片方面的瀚天天成、天域等；模块/器件/IDM 领域则拥有中电科旗下 2 所/13 所/55 所、中车时代、世纪金光、泰科天润、芯光润泽、基本半导体、英诺赛科、中科汉韵、海特高新等。2021 年以来，我国各地已签约多个相关产业项目，与此同时，一大批重大项目也迎来了新的进展，全国各地共有近 50 个在建重点项目，其中，江苏省、浙江省和广东省三省的第三代半导体重点项目接近全国总量的 50%。表 2-5 是 2021—2022 年各省市第三代半导体重点产业集群建设情况。

表 2-5　2021—2022 年各省市第三代半导体重点产业集群建设情况

省市	时间	投资金额/亿元	产业链	主要内容
北京市	2020 年 2 月	4	SiC 器件	泰科天润半导体科技（北京）有限公司整体迁入顺义区，泰科天润的落户不仅有利于完善顺义区第三代半导体产业链，同时也能起到示范带动作用，为顺义区打造第三代半导体集聚区奠定良好基础
	2020 年 8 月	9.5	SiC 衬底	天科合达第三代半导体 SiC 衬底产业化基地落户大兴区，新建一条 400 台/套 SiC 单晶生长炉及其配套切、磨、抛加工设备的 SiC 衬底生产线
	2021 年 6 月	—	基地建设	位于中关村顺义园区的北京第三代半导体材料及应用联合创新基地建设项目完成竣工验收，为下一步建设第三代半导体工艺线，实现核心芯片产业化打下坚实基础

（续）

省市	时　间	投资金额/亿元	产　业　链	主　要　内　容
天津市	2022 年 4 月	10	研发中心和整合制造工厂	元旭半导体科技股份有限公司在天津高新区新建第三代半导体高端显示芯片研发中心和垂直整合制造工厂
河北省	2021 年 3 月	—	—	天达晶阳 SiC 单晶体项目正在进行无尘车间改造，2021 年 4 月底投入生产
	2021 年 5 月	10	SiC 衬底	同光晶体 SiC 单晶衬底项目发布消息，其基础建设超计划实施，厂房建设完成封顶，2021 年 8 月项目一期投产，2022 年 4 月满产运行
山东省	2020 年 4 月	111	SiC 单晶生产线	中鸿新晶第三代半导体产业集群项目落地济南
上海市	2020 年 6 月	29	GaAs（砷化镓）芯片	华通芯电第三代化合物半导体项目正式落户金山
	2021 年 8 月		4 英寸 GaN 晶圆	上海瀚镓半导体科技有限公司将在浦东建设 4 英寸 GaN 高质量自支撑晶圆的研发及中试
浙江省	2020 年 7 月	10	SiC 衬底、Mini/Micro-LED 显示技术的大尺寸蓝宝石衬底	博蓝特第三代半导体 SiC 及蓝宝石衬底产业化项目在浙江金华开工
	2020 年 8 月	—	化合物半导体生产线	中芯集成电路制造（绍兴）有限公司化合物半导体生产线项目签约落户浙江绍兴
	2020 年 8 月	2.2	全 SiC 功率模组生产线和研发测试中心	嘉兴斯达半导体股份有限公司投资建设全 SiC 功率模组产业化项目，投资建设年产 8 万颗车规级全 SiC 功率模组生产线和研发测试中心
	2020 年 9 月	25	GaN 射频及功率器件	博方嘉芯 GaN 射频及功率器件项目在浙江嘉兴南湖区开工
	2020 年 10 月	43	GaAs/GaN 微波射频集成电路芯片	杭州立昂微电子股份有限公司在浙江海宁市设子公司——海宁立昂东芯微电子有限公司，预计年产 36 万片 6 英寸 GaAs/GaN 微波射频集成电路芯片
	2020 年 11 月	6.95	SiC 衬底	露笑科技在浙江绍兴的 SiC 衬底片项目开工建设，建成后形成年产 8.8 万片 SiC 衬底片的生产能力

（续）

省市	时　间	投资金额/亿元	产　业　链	主　要　内　容
浙江省	2021 年 5 月	—	SiC 功率器件	江苏中科汉韵半导体有限公司举行 SiC 功率器件项目通线仪式。该项目的正式通线，标志着我国大陆企业突破了 SiC 芯片设计和工艺制造国产化中的一系列重大“卡脖子”技术
	2021 年 7 月	100	锗硅、GaAs 第三代半导体、化合物半导体衬底片制造	台州市椒江区百日大会战重大项目集中签约仪式举行，签约项目包括锗硅、GaAs 第三代半导体、化合物半导体衬底片制造等项目，预计可实现年产值 90 亿元，年税收 10 亿元
江苏省	2021 年 1 月	63	SiC 功率半导体模块封测	徐州宣布落地 5G 高频滤波器项目和 SiC 功率半导体模块封测及封装材料研发项目，围绕 5G 高频滤波器、SiC 功率半导体模块封测、先进封装材料构建第三代半导体产业链
		—	基地建设、全产业链	国家第三代半导体技术创新中心（南京）落地南京江宁开发区，是南京市打造全国乃至全球第三代半导体产业基地的重要布局，项目未来将聚焦行业共性技术和重大瓶颈，从源头技术供给着手，支撑产业向中高端迈进，全力促进全产业链健康发展
	2021 年 4 月	—	基地建设	科技部批复支持苏州工业园区建设国家第三代半导体技术创新中心，创新中心由深圳市人民政府、江苏省人民政府联合支持建设，设置深圳平台和江苏平台，江苏平台以位于苏州工业园区的江苏第三代半导体研究院为建设实施单位
	2021 年 5 月	—	—	苏州高新区新签约第三代半导体、MEMS 传感器等项目
	2021 年 5 月	10	第三代大功率半导体器件 IGBT 模组	扬州港信光电科技有限公司在徐州睢宁县投资第三代半导体器件生产项目，项目包括生产第三代大功率半导体器件 IGBT 模组、场效应晶体管、双极型晶体管、晶闸管等应用产品
	2021 年 7 月	2	第三代功率半导体 SiC 模块封装	无锡利普思半导体有限公司投资建设第三代功率半导体 SiC 模块封装线项目，计划引进 2 条自动化程度较高的先进第三代功率半导体 SiC 模块封装生产线

（续）

省市	时　　间	投资金额/亿元	产　业　链	主 要 内 容
江苏省	2021年8月	—	GaN 共封装器件	徐州致能半导体有限公司灿科半导体功率器件项目将新上线一条 GaN 共封装器件生产线，可年产 GaN 共封装器件2亿颗、GaN 晶圆6万片，年产值可达到12亿元
	2021年10月	—	全产业链	无锡高新区（新吴区）举行集成电路产业重大项目集中签约，总投资达303.4亿元的19个集成电路重大项目落地。第三代半导体相关项目有晶湛半导体 GaN 外延材料研发和产业化项目，基本半导体车规级第三代半导体研发制造总部项目
	2021年11月	0.28	GaN 外延片	苏州晶湛半导体进行扩建，建成后年产 GaN 外延片24万片
安徽省	2020年3月	100	SiC 晶体生长、衬底制作、外延生长	露笑科技 SiC 项目落户安徽合肥，包括但不限于 SiC 等第三代半导体的研发及产业化项目，建设包括 SiC 晶体生长、衬底制作、外延生长等的研发生产基地
	2020年5月	—	SiC 衬底和芯片	世纪金光6英寸 SiC 衬底和芯片项目落户合肥，开展 SiC 单晶生长和芯片加工
	2020年6月	13.50	SiC 晶圆片	安徽微芯长江半导体 SiC 项目落户铜陵，建成后预计年产4英寸 SiC 晶圆片3万片、6英寸12万片
	2020年8月	—	SiC 和 GaN 晶圆片	启迪半导体芜湖第三代半导体产线贯通，芜湖第三代半导体工程中心将具备从材料、芯片到模块封装与测试的整体化解决能力，可年产5万片 SiC 和 GaN 晶圆
广东省	2020年3月	—	蓝宝石衬底片	东莞松山湖中图半导体的第三代半导体衬底及装备产业化项目建设，将实现图形化蓝宝石衬底年产量约6120万片（2英寸）
	2020年6月	9	SiC 衬底片	南砂晶圆 SiC 单晶材料与晶片生产项目于2020年7月动工，达产后预计年产 SiC 衬底片20万片
	2021年1月	—	基地建设	深圳青铜剑第三代半导体产业基地完成奠基仪式，将建设总部、研发中心和车规级 SiC 功率器件封装线等
	2021年3月	—	半导体封测	佛山市蓝箭电子股份有限公司举行了二期厂房奠基仪式，该厂房主要用于半导体封装测试扩建项目，开展宽禁带半导体器件以及制造工艺研发创新

（续）

省市	时　　间	投资金额/亿元	产　业　链	主 要 内 容
广东省	2021年4月	3.32	—	志橙半导体SiC材料研发制造总部项目通过了广东省投资项目在线审批监管平台的复核，项目计划于2025年量产
	2021年7月	32.7	SiC单晶衬底和外延片	深圳市重投天科半导体有限公司建设第三代半导体产业链项目，该项目将建设SiC单晶和外延片生产线，将有效弥补国内6英寸SiC单晶衬底和外延产能缺口
	2021年12月	150	衬底、芯片、模组封装等	广东光大第三代半导体项目在松山湖科学城举行签约仪式，主要从事Mini/Micro LED显示产业化项目
福建省	2021年4月	—	SiC晶圆基片生产线	位于晋安湖“三创园”的福州高意首条第三代半导体SiC晶圆基片生产线进入规模量产，预计年产10万片，产值可达5亿元
	2021年6月	—	基地建设	福州高新区第三代半导体数字产业园主体基本封顶。该项目是2021年福建省重点项目，项目建成后，将与海西园的数字经济产业园呼应，形成大园区和特色产业园相结合的产业格局
	2021年11月	60	GaN功率器件	第三代半导体GaN项目在福州长乐落地，将充分利用福州区域优势，整合第三代半导体的材料、外延、封测、器件、设备等行业上下游，实现产业集聚，推动产业升级
湖北省	2021年4月	120	Micro LED和Mini LED芯片	湖北三安光电Ⅲ-V族化合物半导体项目第一批晶圆片正式投料，标志着湖北三安光电Micro LED（微发光二极管）和Mini LED（亚毫米发光二极管）芯片生产线投产
湖南省	2020年6月	160	全产业链	三安光电第三代半导体产业园项目落户湖南长沙，项目包括研发、生产及销售6英寸SiC导电衬底、4英寸半绝缘衬底、SiC二极管外延、SiC MOSFET外延、SiC二极管外延芯片、SiC MOSFET芯片、SiC器件封装二极管、SiC器件封装MOSFET
	2020年9月	15	SiC电力电子器件	泰科天润SiC芯片及器件项目落户浏阳，建设国内第一条国际先进水平的6英寸半导体SiC电力电子器件生产线

（续）

省市	时　间	投资金额/亿元	产 业 链	主 要 内 容
湖南省	2021年11月	—	基地建设	国家第三代半导体技术创新中心（湖南）揭牌仪式在湖南长沙启动，中心多个共建单位签约《国创湖南中心共建协议》，拟紧扣国家重大战略和区域科技需求，聚焦共性技术和重大瓶颈，突破核心技术，支撑第三代半导体产业向中高端迈进
河南省	2020年6月	—	全产业链	中国航天科技集团第九研究院第七七一研究所SiC生产线落户郑州，在航空港实验区建设第三代化合物半导体SiC生产线、高可靠集成电路封装生产线、工业模块电源生产线，打造集集成电路设计、芯片制造、先进封装为一体的产业生态体系
陕西省	2020年7月	18	SiC半导体材料制造	咸新区空港新城在北京与中科钢研节能科技有限公司、国宏中晶集团有限公司共同就SiC半导体新材料及激光陀螺仪制造两个“高精尖”项目正式签订投资协议。此次签约的SiC半导体材料制造和激光陀螺仪制造项目，建成后年产值约16亿元
重庆市	2021年7月	8	第三代半导体芯片及器件	中铁建集成电路产业园项目以大数据智能化应用为牵引，聚焦“功率半导体封测”特色主体、“第三代半导体芯片及器件”和“高端封装”两翼，大力开展招商引资，做强封测、做大应用，重点突破、补链成群，形成规模效益明显的集成电路产业集聚区，提升在重庆乃至全国集成电路产业版图中的权重和地位
四川省	2020年6月	15	全产业链	中微科技化合物半导体材料研究中心（独角兽工场）项目落户成都，重点围绕化合物半导体全产业链进行项目建设、研发、测试和产业化应用建设的科技创新平台
山西省	2020年6月	—	SiC衬底	中国电科（山西）SiC材料产业基地已经实现4英寸SiC衬底大批量产，6英寸高纯半绝缘SiC单晶衬底也已经开始工程化验证，为客户提供小批量的产品试用
	2021年6月	19.03	GaN外延片	山西阿斯卡新材料公司拟在原平建设10条GaN产线，年生产4英寸GaN外延片220000片，该项目已于2021年9月开工

（续）

省市	时　间	投资金额/亿元	产　业　链	主 要 内 容
江西省	2020 年 6 月	50		康佳集团第三代化合物半导体项目落户江西南昌
	2021 年 6 月	50	全产业链	“第三代半导体与面射型激光芯片制造、封测及芯片切割设备先进制造项目”在江西省赣州龙南市举行了重大项目集中签约仪式，该项目主要生产经营范围为第三代半导体与面射型激光芯片制造、封测及芯片切割设备的研发、生产、销售

2.3.3　人才政策

半导体产业是现代信息社会的基石，是支撑当前经济社会发展和保障国家安全的战略性、基础性和先导性产业。第三代半导体作为半导体产业的重要组成部分，其发展壮大对国民经济、国防安全、国际竞争、社会民生等均具有重要战略意义，是当前世界各国科技竞争的焦点之一。

我国政府高度重视第三代半导体产业的发展，从 2004 年开始对第三代半导体领域进行了一系列的部署和研究，并启动了一系列重大研究项目。近二十年来，从国家到地方出台了一系列利好政策支持第三代半导体发展，随着政策倾斜力度的不断加大，第三代半导体在国内正迎来发展的窗口期。我国第三代半导体已列入 2030 年国家新材料重大项目七大方向之一，正处于研发及产业化发展的关键期。第三代半导体产业在快速发展的同时也面临着许许多多的难题，除了技术亟待突破，人才支撑也是一大短板。为了不让人才稀缺成为制约第三代半导体产业发展的掣肘之一，各省市在制定产业政策规划的同时也相继部署人才政策，纷纷提出要激发人才活力，全面优化升级人才政策体系，建设更具吸引力的人才高地，不断提升人才吸附力，吸引更多的人才向各地聚集，见表 2-6。

表 2-6　2020—2022 年各省市第三代半导体人才政策

省市	年　份	政 策 名 称	内　容
北京	2021 年	关于进一步加强中关村海外人才创业园建设的意见	扩大人才引进自主权，支持留学人员在京落户，支持符合条件的海外人才申报中关村“高聚工程”“雏鹰计划”
	2021 年	北京市国民经济和社会发展第十四个五年规划和二〇三五年远景目标纲要	集聚全球顶尖人才，大力吸引培育青年人才，充分激发人才创新活力，优化人才服务管理

（续）

省市	年份	政策名称	内容
北京	2021年	北京市“十四五”时期国际科技创新中心建设规划	加大国际化人才引进力度，进一步突出青年人才的聚集和培育，持续优化人才发展生态环境，构建从战略科学家到领域顶尖人才、专业人才、青年科技人才的多层次创新人才梯队，提高人才的宽度、高度和厚度，激发人才活力，加快形成集聚国际化人才的科研创新高地
天津	2021年	关于深入实施人才引领战略加快天津高质量发展的意见	支持留学回国人员创新创业，创新人才和团队引进方式，加快培养创新创业领军人才，广泛储备创新后备人才，建立更加顺畅的人才流动机制
		天津市产业链高质量发展三年行动方案（2021—2023年）	打造“海河英才”行动计划升级版，以10条产业链重点企业需求为导向，加大对引进海内外高层次人才的资助力度，不断提升人才吸附力。进一步完善细化人才政策，在随迁落户、住房就医、子女入学等方面提供有力保障
		天津市制造业高质量发展“十四五”规划	发挥十大产业人才创新创业联盟作用，加强创新型、技术型、应用型人才培养。着力引进高端产业需求的领军人才。加强企业家队伍建设
石家庄	2021年	关于高质量建设人才强市的实施意见	拓展人才绿卡服务对象；提高领军人才支持标准；提高博士租房购房补贴标准；调整“市高层次人才支持计划”入选者支持标准；提高重大科技创新平台支持标准；加强对创新创业人才金融支持；完善公积金贷款购房政策
青岛	2022年	青岛市加快集成电路产业发展的若干政策（征求意见稿）	支持引进掌握集成电路领域关键核心技术、引领产业发展的顶尖人才（团队），全职引进的，给予500万元安家费。支持企业（项目）引进集成电路领域具有较强影响力的产业高端人才，全职引进的，连续三年按照上年度企业实际给付计缴所得税年度薪酬总额的30%给予奖励。对驻青高校增设集成电路紧缺专业、重点企业与在青高校科研院所联合培养应用型硕博研究生，成效突出的，可给予最高300万元奖补。支持集成电路企业引进全球TOP200高校、自然指数前100名高校、科研院所以及“双一流”建设高校的毕业生，按每名本科生3000元、硕士生5000元、博士生10000元标准给予一次性培养经费补贴

（续）

省市	年　份	政策名称	内　容
上海	2021 年	中国（上海）自由贸易试验区临港新片区集成电路产业专项规划（2021—2025）	积极引进集成电路领域国际顶尖人才，鼓励通过兼职、短期聘用等灵活方式吸引更多国内外高端人才为新片区服务；完善人才培养体系，推进集成电路产教融合创新平台等产学研合作人力资源建设，支持企业人才梯度建设；鼓励创新、创业，创新人才激励政策，落实购（租）房、落户等人才政策，研究实施更具竞争力的个人所得税激励政策，营造产业创新、创业氛围，建立国内外人才创新、创业的绿色通道等
		关于新时期促进上海市集成电路产业和软件产业高质量发展的若干政策	优化研发设计人员和企业核心团队奖励政策；加大境外高端紧缺人才扶持力度；支持企业引进人才；加强企业人才住房保障
浙江	2021 年	浙江省新材料产业发展“十四五”规划	集聚万名博士和青年英才，形成新材料领域人才高地；大力实施“鲲鹏行动”计划；加强新材料领域工匠培育，启动“金蓝领”职业技能提升行动；构建产教融合、协同育人的“新材料+”复合型人才培养体系
宁波	2021 年	关于加快集成电路产业人才引进培养的暂行办法	加大企业引才补助；校企联合培养扶持；科研平台建设扶持；人才举荐支持；人才猎头扶持；创业创新团队扶持；创业金融支持；人才工作津贴；安家补助和购房补贴；人才租房补助；人才子女就学保障；人才交通补助
绍兴	2021 年	绍兴市加快推进集成电路产业发展若干政策（试行）	对企业核心团队（具体由企业自行界定）按企业年度营业收入规模，经专业机构认定，分类给予奖励。集成电路企业引进符合条件的高层次人才直接纳入我市人才支持范围，享受子女教育、医疗安居政策。鼓励头部企业在符合城市规划前提下自建人才住房并享受优惠政策
南京	2020 年	关于促进自贸区人才发展、优化升级“创业江北”人才计划十策实施办法	拓展海外人才引进渠道；大力引进海内外优秀博士后人才；支持企业引才主体作用发挥；加大高层次人才举荐力度；扩大高层次人才奖励范围；建立企业高层次人才职称评审“绿色通道”；扩大青年大学生集聚效应；加强人才公共服务
南通	2021 年	南通市市区企业高水平创新型人才享受生活津贴和购房补贴实施细则	一、补贴对象 自 2021 年 1 月 1 日起，南通市区（崇川、通州、海门、开发区、苏锡通、通州湾）企业（不含金融、供电、烟草等中央、省属企业）从南通行政区域外全职新引进的高学历以及专技人才、技能人才

（续）

省市	年　份	政策名称	内　容
南通	2021年	南通市市区企业高水平创新型人才享受生活津贴和购房补贴实施细则	二、补贴标准 （一）生活津贴。具有博士研究生学历学位或正高职称的，给予每人每月3000元的生活津贴，累计不超过36个月；具有硕士学位或副高职称、高级技师职业资格（技能等级）的，给予每人每月2000元的生活津贴，累计不超过36个月 （二）购房补贴。具有博士研究生学历学位或正高职称的，购房自住的，给予30万元一次性购房补贴。具有硕士研究生学历学位或副高职称、高级技师职业资格（技能等级）的，购房自住的，给予15万元一次性购房补贴
无锡	2021年	无锡高新区关于进一步加快推进集成电路产业高质量发展的政策意见（试行）	对企业新招聘的关键骨干、研发人才给予安家费，对在集成电路企业工作的副总经理以上管理人员和研发人员给予薪酬补贴
苏州	2021年	苏州市促进集成电路产业高质量发展的若干措施	支持重点人才引进。对符合条件的集成电路产业人才在人才落户、子女入学、医疗保健、住房保障等方面给予保障。支持产业人才培养
昆山	2021年	关于加快国家一流产业科创中心建设的若干政策措施	聚焦打造人才集聚、产才融合、平台赋能、人才服务“四大高地”，创新推出20项举措，增强人才资源“虹吸”效应，为高质量发展注入强劲动能
徐州	2021年	关于加快集成电路产业人才队伍建设的若干政策	对市外引进的领军人才、专门人才，分别按照30万元、20万元的标准，给予集成电路企业引才奖补。对全职在徐工作的领军人才、专门人才、大学毕业生，分别给予每人每年不高于10万元、5万元、2万元的生活补贴，同一人累计享受时间不超过3年。对集成电路企业聘用的、并在徐州市缴纳个人所得税的、年薪30万元以上的集成电路各类人才发放岗位补贴，用于在徐购（租）房、购车、装修、家具家电购置、培训、未成年子女教育方面的消费支出。参照标准为：三年内按实缴个税地方留成部分等额补贴，之后两年减半补贴。首次在徐州市购房的，按照领军人才、专门人才、大学毕业生类别和层次，分别给予实际购房金额的50%、15%、10%，最高不超过120万元、40万元、15万元的一次性购房补贴，每人只能申领一次补贴。由企业所在县（市）区安排公办优质中小学、幼儿园学位，专项用于保障集成电路各类人才子女就学

（续）

省市	年　份	政策名称	内　容
合肥	2020 年	合肥市加快集成电路产业人才队伍发展的若干政策	鼓励引进高层次专业人才；引导高层次人才稳定就业；加大紧缺人才生活补贴力度；多渠道保障人才安居；优化专业人才服务保障
深圳	2022 年	关于加快培育壮大市场主体的实施意见	强化企业人才支撑，专精特新“小巨人”企业聘用的具有高级管理或者技术职务的人员，按规定纳入境外高端紧缺人才个人所得税政策申报范围。支持大专院校、职业院校、技工学校与专精特新企业合作培养高技能人才，建设学生实训基地
广州	2022 年	广州市半导体与集成电路产业发展行动计划（2022—2024 年）	深入实施“广聚英才计划”，积极引进一批国内外半导体与集成电路领域的创新创业人才、高端研发人才、海归高端人才、工程技术人才及团队，落实国家、省有关个税优惠政策，在创新创业、入户、人才绿卡、住房、医疗、子女教育、个税补贴等方面按政策规定落实相关待遇
珠海	2022 年	珠海高新区促进集成电路产业发展若干政策措施	建立产业人才库；支持人才引进；加强人才培养；加强安居保障；加强人才服务
福建	2022 年	福建省做大做强做优数字经济行动计划（2022—2025 年）	深入实施省引才“百人计划”“八闽英才”培育工程等重点人才计划，加快引进数字经济领域海内外战略型人才、科技领军人才、创新团队，促进人才与技术交流落地
厦门	2022 年	厦门市先进制造业倍增计划实施方案（2022—2026 年）	细化高层次人才配偶安置、子女入学、住房保障、医疗保健等服务保障措施,全方位支持企业引才聚才用才。对列入先进制造业倍增计划企业的中层以上管理及技术岗位人才按个人贡献给予适当奖励
泉州	2022 年	泉州市高层次人才认定和团队评审及政策支持规定	（一）泉州市高层次人才认定后，即可在认期内享受住房保障、子女入学、配偶和子女就业、医疗保健等一揽子政策待遇。属于引进高层次人才的，另给予安家补助和工作经费支持以及税收奖励、工龄计算、编制周转使用等待遇 （二）确认为福建省引进的特级和 A 类、B 类、C 类人才，在享受省级安家补助基础上，比照享受市引进高层次人才工作经费支持；但同一人才只能享受一次安家补助（含省、市、县级，及不同认期内），按“就高从优不重复”原则执行

（续）

省市	年　份	政策名称	内　容
泉州	2022年	泉州市高层次人才认定和团队评审及政策支持规定	（三）确认为近3年引进的市高层次人才团队，根据团队和项目评估情况，给予工作经费、金融支持、用地支持等创新创业支持。团队成员同时被确认为市引进高层次人才的，可享受引进高层次人才安家补助，但工作经费支持不重复享受。 （四）对有突出贡献和重大影响力的市高层次人才和团队，可根据实际情况，“一事一议”追加支持
		加快泉州市数字经济发展若干措施	培育引进5G专家人才。鼓励高校院所针对企业的技术需要和发展需要，结合企业技术攻关课题，重点培养一批高素质5G工程技术人才；建立泉州市5G专家库，为我市5G建设、应用和产业发展提供智力支撑。按泉州市有关人才政策办理
湖北	2022年	关于促进半导体产业创新发展的意见	推进实施国家、省、市、区的高层次人才计划，探索建立高层次人才柔性流动与共享机制，从薪资、购房、职业发展、家属安置、教育医疗等各个方面提升人才政策的激励力度和覆盖范围
武汉	2020年	武汉东湖新技术开发区“3551光谷人才计划”暂行办法	加大3551人才项目融资扶持；支持3551人才企业发展壮大；打造高水平创新创业平台；建设国际人才交流及服务平台；加强3551人才生活保障
	2021年	关于推动人才创新创造支撑东湖科学城建设的若干措施的通知	提升“3551光谷人才计划”；支持重大创新平台和重点产业人才引进；实施人才收入奖励；设立光谷合伙人投资引导基金；开展“双百”光谷产业教授行动；设立中国光谷奖学金；便捷外籍人才跨境流动；落实人才安居暖心行动
西安	2022年	西安市“十四五”科技创新发展规划	组织实施“西安英才计划”；加大海外人才引进力度；健全青年科技人才引培体系；释放科技人才巨大效能
重庆	2022年	重庆市战略性新兴产业发展“十四五”规划（2021—2025年）	造就高水平人才队伍；培养青年科技人才生力军；加快引进高层次人才；通过完善人才管理政策、完善收益分配机制激励人才更好发挥作用
长沙	2021年	中国（湖南）自由贸易试验区长沙片区人才聚集发展若干措施	加速引进高层次人才和海外人才；积极储备青年人才；创新人才分类认定；加强引才主体激励；加强创新创业支持；实施人才（企业）贡献奖励；提升人力资源服务；推进海外人才出入境和居留便利；强化人才工作生活保障；做好人才家属服务
甘肃	2021	甘肃省“十四五”数字经济创新发展规划	实施甘肃省“数字人才计划”，将数字经济高层次人才纳入全省急需紧缺高层次人才引进计划，加快引进一批数字经济领域学科带头人、技术领军人才和高级管理人才

第3章

第三代半导体产业人才状况

3.1 我国第三代半导体产业人才亟待解决的问题

1. 第三代半导体产业人才供需现状不平衡

作为半导体产业的细分领域，第三代半导体产业近年来的发展速度相比硅工业更快，人才需求增长迅速，人才培养机制尚未完全建立，在需求量最大的本科阶段未设置对应专业，造成了新就业的毕业生进入企业后，需要进行一定的专业性培养才能上岗，形成了人才供需严重失衡的现状。

2. 行业领军和高端人才紧缺，对人才吸引力不足

国际范围内的高端人才争夺异常激烈。目前我国国内握核心技术的关键人才紧缺，须从产业发展成熟度较高的国家和地区引进。尽管国内部分企业已从海外引进了一些高层次人才，但与产业发展的需求仍相去甚远。

3. 企业间挖角现象普遍，导致人才流动频繁

由于行业的高技术属性及人才培养周期较长等因素，目前人才供给短期内难以满足产业发展需求，导致行业普遍存在较为严重的挖角现象，而这种现象主要集中在研发类、关键技术类、高级管理类等岗位。

4. 人才培养师资和实训条件支撑不足，产教融合有待增强

师资队伍和实训基地条件等在很大程度上决定了人才培养的质量。目前，我国院校掌握国际前沿理论和技术、具备实战能力的师资力量较为缺乏；受限于昂贵的实训设备及严苛环境，校内实训基地条件较难满足人才实践需求。而校企推动“双导师制”和校外实践基地也因企业生产工艺及进程等原因，在学生培养中发挥的作用有限。

3.2 第三代半导体产业人才需求

3.2.1 第三代半导体产业人才需求概况

新一轮科技革命与产业变革正在创造历史性机遇。第三代半导体具备高效、高频、耐高压、耐高温等特性，是推动移动通信、新能源汽车、高速列车、智能电网等产业创新发展和基础能力提升的新引擎，是实现“双碳”目标和保障国家产业安全的重要支撑。虽然面临复杂的外部环境，但还有多种因素促使我国第三代半导体产业逆势上涨。2021 年第三代半导体产业驶入发展“快车道”。尽管仍存在供应链风险等诸多问题，但在新能源汽车、工业互联、5G 通信、消费类电子等多重需求的强力拉动下，第三代半导体材料、器件正在快速实现从技术研发到规模化量产。

硅作为集成电路最基础的材料，构筑了整个信息产业的最底层支撑。自 20 世纪 50 年代以来，其取代了电子管，促进了以集成电路（IC）为核心的微电子领域的迅速发展。第三代半导体的制程与硅半导体相似，但发展历史仅为硅的一半，目前在诸多领域有广泛的应用需求，受发展速度和发展阶段的影响，第三代半导体产业人才相对硅产业更加紧缺。

国内院校特别是本科以下院校，针对第三代半导体产业这个细分领域，尚未建立专门的人才培养学科专业。现阶段人才需求的满足途径主要有两个方面：一方面是硅产业人才转型，由于两种工艺制程相似，这是满足产业人才需求的主要来源；另一方面是院校毕业生的培养，又可分为在校培养和进入第三代半导体企业后的培养。企业内的人才来源主要包括：国内同行企业、海外顶尖技术专家、院校和科研机构。需求与供给之间呈现需求大、供给小、培养周期长的总体态势。

企业是对产业人才需求量最大的群体，通过对第三代半导体产业 30 余家重点企业进行调研，结合华职产教融合研究院提供的大数据可以看出，产业人才在产品研发工程师、工艺工程师、测试工程师、研发工程师（器件）等的需求量较大，其中工艺工程师指芯片工艺制造工程中所涉及的工程师，研发工程师（器件）包括人才图谱（见表 4-2）中的研发工程师（器件设计）和研发工程师（电路设计）。关键岗位需求规模如图 3-1 所示。

从图 3-1 可以看出，产品研发工程师（应用）的需求量明显高于其他种类的工程师，这主要是由于在应用端针对每个应用领域（如光电子、电力电子、微波射频）都需要布局不同的工程师进行产品开发，甚至细分到每个产品，如快充应用、电源应用、基站应用、LED 应用等，都有其特定产品及应用技术需要开发，因此产品研发工程师（应用）的需求数量较大。

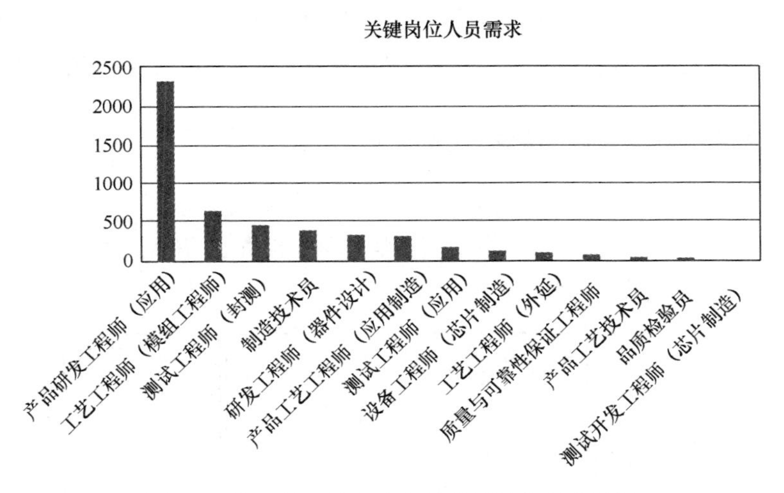

图 3-1　第三代半导体产业的关键岗位需求规模

结合企业调研结果，从 120 个岗位类别、近 5000 个岗位需求中，筛选出工艺工程师、分析测试工程师、封装工程师、产品研发工程师、工艺整合工程师等 40 个关键岗位样本，这 40 个关键岗位的学历需求规模如图 3-2 所示。

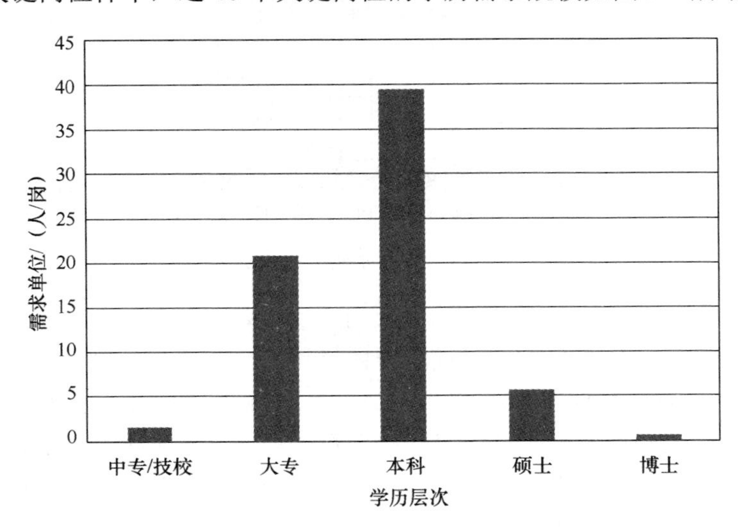

图 3-2　第三代半导体产业人才关键岗位学历需求规模

从图 3-2 可以看出，本科学历的人才需求量占比最高，达到 57.14%。而在工艺开发、芯片设计以及产品开发的研发岗，通常会要求硕士以上的学历，主要原因是针对关键开发岗，需要更多的专业技能，本科阶段的学习面较为宽泛，对于某项专业技术的钻研程度不如获得硕士研究生以上学历的人才深入。而大专学历的人才一般从事的工作专业性相对较弱，岗位胜任度相对低一些。

3.2.2 第三代半导体产业链人才需求状况

第三代半导体产业链与硅半导体产业链的模式类似，一般分为衬底、外延、设计、制造、封装、应用等六个流程，同样也存在 IDM 模式，实现了设计制造的一体化，如图 3-3 所示。

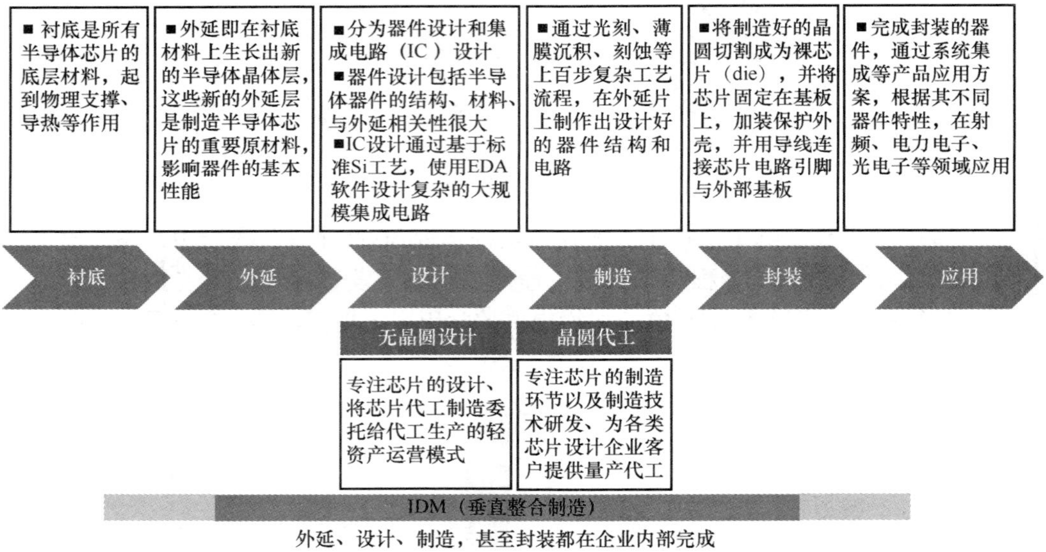

■ 衬底是所有半导体芯片的底层材料，起到物理支撑、导热等作用

■ 外延即在衬底材料上生长出新的半导体晶体层，这些新的外延层是制造半导体芯片的重要原材料，影响器件的基本性能

■ 分为器件设计和集成电路（IC）设计
■ 器件设计包括半导体器件的结构、材料、与外延相关性很大
■ IC设计通过基于标准Si工艺，使用EDA软件设计复杂的大规模集成电路

■ 通过光刻、薄膜沉积、刻蚀等上百步复杂工艺流程，在外延片上制作出设计好的器件结构和电路

■ 将制造好的晶圆切割成为裸芯片（die），并将芯片固定在基板上，加装保护外壳，并用导线连接芯片电路引脚与外部基板

■ 完成封装的器件，通过系统集成等产品应用方案，根据其不同器件特性，在射频、电力电子、光电子等领域应用

衬底 → 外延 → 设计 → 制造 → 封装 → 应用

无晶圆设计：专注芯片的设计、将芯片代工制造委托给代工生产的轻资产运营模式

晶圆代工：专注芯片的制造环节以及制造技术研发、为各类芯片设计企业客户提供量产代工

IDM（垂直整合制造）
外延、设计、制造，甚至封装都在企业内部完成

图 3-3 第三代半导体产业链示意图

通过图 3-3 对产业链的划分和定义可以看出，衬底和外延是半导体器件的基础，可将这两部分合并为第三代半导体材料部分；设计、制造、封装都是围绕器件制备，因此将这三部分合并为第三半导体器件部分；在器件制备完成后，针对不同的器件特性，可将器件应用在光电子、电力电子、微波射频等领域，因此将后期产品应用部分定义为第三代半导体应用部分。下面就从材料、器件、应用三方面分别阐述第三代半导体产业人才的需求状况。

需要说明的是，这里需求状况的分析主要针对技术型人才，而通用的职能岗位（如 EHS、厂务工程师、财务、IT、人力资源等）不在分析范围内。

1. 第三代半导体材料部分的人才需求状况

通过对产业链中主要单位人力资源负责人的调研，结合华职产教融合研究院给出的大数据进行分析可知，第三代半导体材料产业人才的核心岗位主要有工艺工程师（晶体生长）、清洗工程师、工艺工程师（外延）、分析检测工程师、设备工程师等。从同一岗位的职责进行分析，技术岗位还可以细分为技术研发岗和技术工程岗，其中技术研发岗主要从事新产品、新结构的开发，着力提升衬底或者外延的性能指标；技术工程岗的主要职责为提高良率和生产效率等，主要是为了保证生产的稳定性和成本的降低。第三代半导体材料部分核心岗位需求状况，如图 3-4 所示。

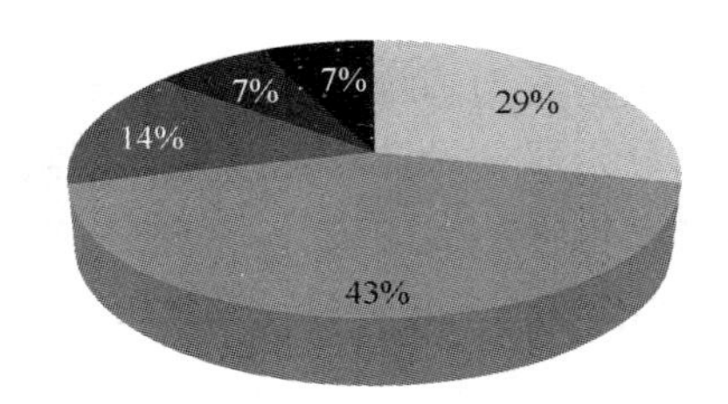

■工艺工程师（晶体生长）■工艺工程师（外延）■清洗工程师（外延/晶体生长）
■分析检测工程师（外延）■设备工程师

图 3-4　第三代半导体材料部分核心岗位需求状况

第三代半导体材料的制备（晶体和外延生长），在很大程度上需要依靠大型复杂设备进行，因此相关岗位需要对晶体和外延的生长设备有所了解，这是企业在招聘过程中重点考察的内容之一。

除衬底/外延结构开发及良率提升的工程师外，分析检测工程师也是每个从事第三代半导体材料制备企业必须设置的岗位，其主要职责为使用相关检测仪器产品进行测试，编写测试报告进行汇报，发现异常进行反馈。该岗位主要是对测试设备的使用和数据的汇总，对于学历和专业的要求不高，但需具有一定的工作经验，熟悉各种测试设备及报告工具的使用。

由于材料制备的目的是用于器件加工，熟悉器件相关理论可更好地指导晶体以及外延材料的开发，因此熟悉芯片设计/加工工艺是该领域企业招聘工程师时的加分项。

第三代半导体材料部分核心岗位所需的专业，主要包括材料科学与工程、凝聚态物理、电子科学与技术等专业。从相关企业发布的招聘要求中发现，物理学、材料学、化学等为需求的主要专业，见表 3-1。

表 3-1　第三代半导体材料部分关键岗位专业及学历需求

岗　位	专业（大类）	学　历
工艺工程师（晶体生长）	材料科学与工程、物理学	本科、硕士研究生
工艺工程师（外延）	物理学、材料科学与工程、化学工程与技术、光学工程、集成电路科学与工程	本科、硕士研究生
清洗工程师（外延/晶体生长）	集成电路科学与工程、材料科学与工程、物理学、化学工程与技术	硕士研究生
分析检测工程师（外延）	电子科学与技术、集成电路科学与工程、材料科学与工程、物理学、化学工程与技术	本科、硕士研究生

2. 第三代半导体器件部分人才需求状况

第三代半导体器件产业主要为芯片设计、晶圆制造、封装测试，属于产业链的中游。芯片设计可以分为器件设计和电路设计，其中器件设计一般指晶体管设计，主要工作内容是晶体管结构的设计，包括版图设计工程师、管芯模型工程师等。芯片设计还包括在单片集成电路（MMIC）应用形式中的电路设计。因此芯片设计阶段需要的岗位包括：器件设计和电路设计工程师，对应第三代半导体产业从业人员岗位职位为研发工程师（器件设计）和研发工程师（电路设计）；测试工程师，对芯片进行测试，分析异常，如果测试工作量较大，也可以成立单独的测试部门，对应图谱中的职位为测试开发工程师（芯片制造）。

第三代半导体的晶圆制造与硅工艺制程有较大的相似性，该过程可分为光刻、薄膜、刻蚀、扩散及湿法等各环节工艺，需要具备相应能力的工艺工程师。同时，工艺工程师也可以根据其主要职责分为研发类和工程类，其中研发类工程师主要进行新工艺的开发，而工程类工程师主要工作目标为稳定工艺、提升生产效率、提升良率。此外，单个工艺的开发最终也需要工艺整合工程师来对整个工艺流程的合理性进行整合，建立新的工艺标准，负责新产品的流片，验证关键制程的工艺标准，并进行有效的监控。测试工程师是对芯片制程的结果进行测试，确保设计、流片目标的一致性，以及分析存在的异常和差距。良率提升工程师主要负责产品缺陷的监控与原因分析，降低缺陷以达成良率提升的目标，并需要熟练使用各种工具进行工艺异常的分析。

封测一般包括封装和测试两个部分。封装的核心岗位主要包括封装研发工程师、封装工艺工程师。测试工程师的主要职责是完成封装过程中以及成品的测试工作。

从各企业的需求岗位来看，工艺工程师、测试工程师的需求量最大。这是由于第三代半导体器件制备过程中涉及工艺制程的环节多，而测试贯穿于整个设计、工艺制程和封装过程，所以测试工程师的需求量同样较大。第三代半导体器件类核心岗位需求状况，如图 3-5 所示。

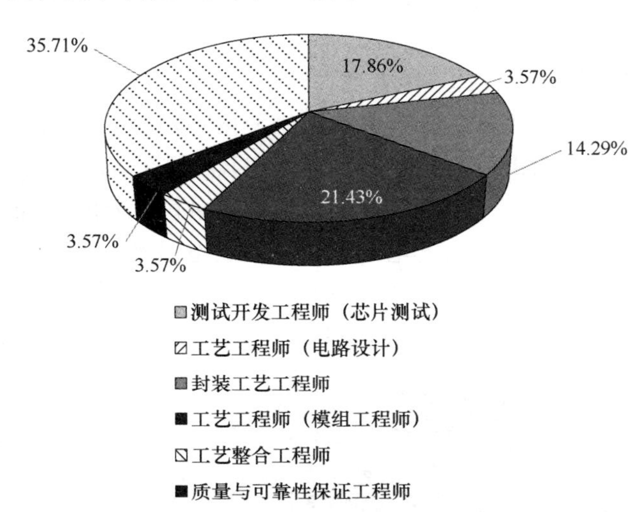

图 3-5　第三代半导体器件部分核心岗位需求比例

第三代半导体器件产业岗位所需的专业，主要包括电子科学与技术、集成电路科学与工程、物理学等专业。从相关企业发布的招聘要求中发现，电子科学与技术、材料科学与工程、物理学等为主要需求的专业，对应我国高校所设专业，企业所需专业和学历见表 3-2。

表 3-2　第三代半导体器件部分关键岗位专业及学历需求

岗　位	专业（大类）	学　历
结构、版图、工艺研发工程师（器件设计）	电子科学与技术、集成电路科学与工程、物理学、材料科学与工程	本科、硕士研究生
工艺工程师（模组工程师）	材料科学与工程、物理学、化学工程与技术、集成电路科学与工程、信息与通信工程	本科、硕士研究生
测试开发工程师（芯片测试）	测控技术与仪器、微电子科学与工程、集成电路科学与工程、物理学、材料科学与工程	本科、硕士研究生
封装工艺工程师	机械设计制造及其自动化、微电子科学与工程、电子科学与技术	大专、本科
质量与可靠性保证工程师	微电子科学与工程、电子科学与技术	本科、硕士研究生

3. 第三代半导体应用部分人才需求状况

应用部分的工作内容是在完成第三代半导体芯片的制备及封测之后，面向光电子、微波射频、电力电子等应用方向，需要不同的应用技术岗位，即如何将器件在不同的应用领域发挥性能优势，形成对应的产品。

应用技术岗位需求主要包括产品研发工程师、产品工艺工程师、测试工程师等，对应产业人才图谱中岗位有：产品研发工程师（应用）、工艺整合工程师（应用）、产品工艺工程师（应用制造）、测试工程师（应用）。而具体到应用方向，产品工艺工程师有可分为光电制造、功率制造以及射频制造，其主要职责为产品应用开发、调试以及客户端的沟通，确保器件顺利应用于各领域。第三代半导体应用类核心岗位需求状况，如图 3-6 所示。

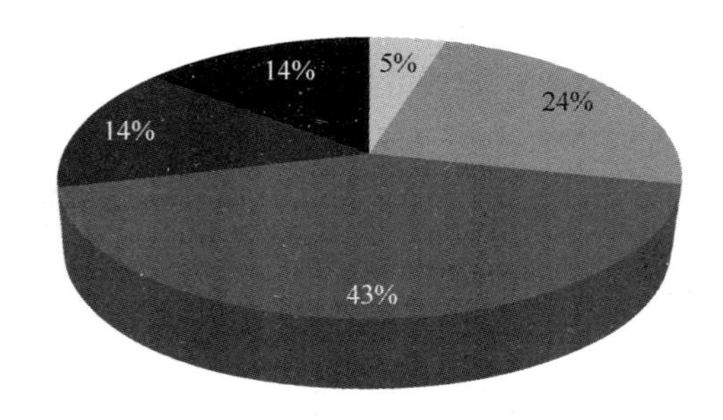

图 3-6　第三代半导体应用部分核心岗位需求比例

从材料到器件制造诸多工艺存在相通点，可以通过工艺流程集中生产，而在应用部分，需要面向各种不同的客户和应用场景进行匹配，应用的发散性导致相应的工程师需求量也将扩大。从图 3-6 中可以看出，产品研发工程师（应用）的需求占比最大。如何将器件性能更好地应用在产品端是产品研发工程师（应用）需要解决的问题，从而为器件的推广提供重要技术支撑。从目前应用端工程师的薪酬高于器件和材料端工程师的现状来看，不难得出该领域内的工程师的需求和缺口情况。

第三代半导体应用产业岗位所需的专业，主要包括电子科学与技术、集成电路科学与工程、微电子科学及工程、光学工程、信息与通信工程等专业，见表 3-3。

表 3-3　第三代半导体应用部分关键岗位专业及学历需求

岗　位	专业（大类）	学　历
产品研发工程师（应用）	电子科学与技术、集成电路科学与工程、信息与通信工程	硕士
产品工艺工程师（光电制造）	光学工程、电子科学与技术	硕士
产品工艺工程师（功率制造）	电子科学与技术、微电子科学与工程、电子信息科学与技术	本科、硕士
产品工艺工程师（射频制造）	微电子科学与工程、集成电路科学与工程、电子科学与技术	本科、硕士
测试工程师（应用）	电子科学与技术、微电子科学与工程、半导体物理、信息与通信工程	本科、硕士
质量与可靠性保证工程师（封装测试）	电子科学与技术、微电子科学与工程	本科

3.2.3　第三代半导体产业人才通用能力素养要求

企业在招聘过程中，除了要考察应聘者的专业技术能力之外，通用能力素养也是一个重要的考察项。专业技术能力一般考察的是求职者是否能胜任该技术岗，而通用能力决定该岗位的应聘者是否能更好地推进工作。如果通用能力素养不合格，该人才的专业技能也不能充分发挥，甚至会影响工作的完成。由此可见，通用能力素养在产业人才职业素养中占据重要位置。

通用能力一般指适用于企业全体员工的工作胜任能力，它是企业文化的表现，是企业内对员工行为的要求，体现企业公认的行为方式。能力素质划分为五个层次：知识、技能、自我概念、特质和动机。不同层次的能力素质在个体身上的表现形式不同。人的能力素质可以形象地描述为漂浮在海面上的冰山（冰山理论），知识和技能属于海平面以上的浅层次的部分，而自我概念、特质、动机属于潜伏在海平面以下的深层次的部分。相关研究表明，真正能够把优秀人员与一般人员区分开的是深层次的部分。

人才的知识和技能很重要，但在团队工作中，团队协作能力、沟通协调能力、学习创新能力以及过硬的职业素养在产品开发等方面发挥着不可替代的作用。即使知识和技能有所欠缺，但是具有较强的学习创新能力、责任心和敬业精神，也可以弥补专业技术上的不足，通过团队协作，高效完成任务。

通过对第三代半导体行业 20 余家企业的人力资源负责人进行调研，从 70 余个核心岗位需求样本中得出第三代半导体产业人才的通用能力排名前六位的依次是：团队协作能力、沟通协调能力、责任心、学习创新能力、执行力、职业素养和敬业精神。另外，细心严谨、抗压能力、分析理解能力、英语表达能力也有所要求。

3.2.4 第三代半导体产业人才薪酬及福利状况

1. 第三代半导体产业关键岗位的薪酬状况

薪酬水平的影响因素，究其根本是由个人能力所决定的。企业一般通过岗位性质、教育背景、工作背景等进行综合评价。岗位性质可分为岗位需要达成的工作目标以及紧缺度，工作目标越关键、越精确，对应的薪酬就越高。随着教育精细化的推进，教育背景越来越成为企业选用人才的标准。部分岗位如芯片设计工程师，一般要求具有硕士研究生以上学历，甚至直接要求博士研究生学历。

通过对华职产教融合研究院给出的大数据进行分析，以及与相关企业负责人进行访谈和调研，目前第三代半导体企业人才需求紧缺度靠前的岗位，主要有工艺工程师、软件开发工程师、测试工程师、研发工程师、电子工程师、硬件工程师以及产品经理等。根据相关大数据给出的岗位平均薪酬，第三代半导体产业关键紧缺岗位的薪酬范围，见表 3-4。

表 3-4 第三代半导体产业关键紧缺岗位的薪酬范围

岗位性质	岗位名称	薪酬范围/（万元/年）
技术开发岗	研发工程师（外延）	16～30
	研发工程师（器件设计）	20～36
	工艺工程师（模组工程师）	18～30
	产品研发工程师（应用）	18～26
	封装工艺工程师	13～21
生产运营岗	工艺整合工程师（芯片制造）	15～25
	测试开发工程师（芯片制造）	14～27
	设备工程师（芯片制造）	13～20
品质保证岗	质量工程师	11～18
	可靠性工程师	15～24

2. 第三代半导体产业企业福利状况

企业要提高在人才竞争中的优势，优厚的薪酬无疑是关键，而在薪酬基本相同的前提下，福利则体现了企业的文化以及对员工的人文关怀，也是企业吸引人才的重要手段。薪酬是员工因向所在的组织提供劳务而获得的各种形式的酬劳。一般而言，薪酬包括基本薪酬（即本薪）、奖金、津贴和福利。为了提高企业在人才招聘过程中的优势，企业往往会根据行业情况和企业所处的发展阶段等，进行薪酬所包含类别的扩充。

通过对 20 余家第三代半导体企业相关负责人调研，得出目前第三代半导体行业的薪酬基本包括：薪资、奖金、五险一金、餐补、通信补贴、全勤奖、员工互助金、股权激励等多个方面。值得一提的是，股权激励作为一种成本相对较低、作用显著的人才吸引策略，被越来越多的企业所采用。在给予员工未来承诺的同时，也是对核心员工的一种肯定，鼓励员工和企业一起成长。

3.3　第三代半导体产业人才供给

3.3.1　第三代半导体产业相关院校概况

基于前面提出的第三代半导体产业相关岗位对应的院校专业需求，按照专业大类划分，主要包括物理类、材料类、化学类、电子信息类、微电子类、集成电路类、自动化类、机械类等。这些专业有的是理工科中的传统专业，有的是近年来发展起来的新兴专业，由于覆盖面广、需求量大、就业率高，目前全国绝大多数理工科院校和部分综合类院校都开设了上述专业。从宏观的基本面来看，人才供给较为充足。

从中遴选与第三代半导体产业强相关专业所在的院校，按照不同地理区域划分，可以统计出第三代半导体产业相关院校的数量分布情况。

依据相关地理区域的划分方法，可将我国部分省份划分为六大地区，分别如下：

1）华北地区（北京市、天津市、河北省、山西省、内蒙古自治区）。

2）东北地区（辽宁省、吉林省、黑龙江省）。

3）华东地区（上海市、江苏省、浙江省、安徽省、福建省、江西省、山东省）。

4）中南地区（河南省、湖北省、湖南省、广东省、广西壮族自治区、海南省）。

5）西南地区（重庆市、四川省、贵州省、云南省、西藏自治区）。

6）西北地区（陕西省、甘肃省、青海省、宁夏回族自治区、新疆维吾尔自治区）。

下面针对高等教育本科院校（简称本科院校）和高等职业教育院校（简称高职院校），分别进行统计分析。

3.3.2 第三代半导体产业相关院校的数量分布

1. 相关本科院校在全国各区域的数量分布

依据前面提出的相关专业大类，统计得到开设与第三代半导体产业强相关专业的本科院校数量分布情况，如图 3-7 所示。

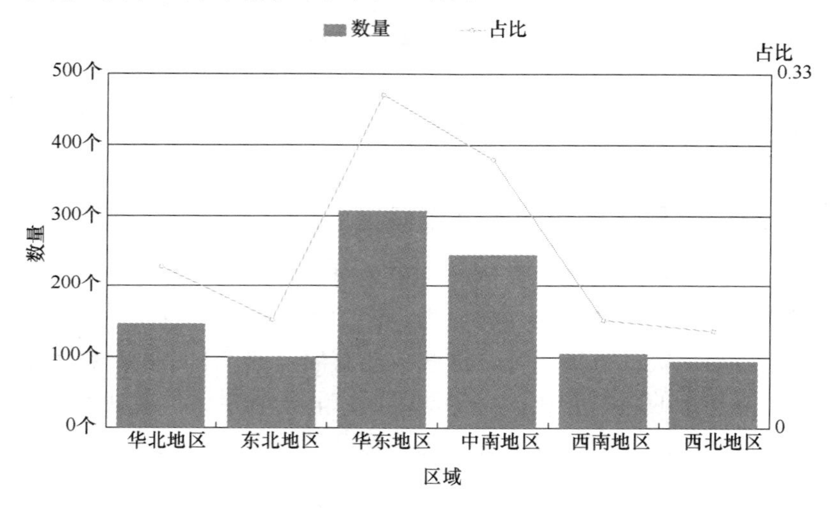

图 3-7 第三代半导体产业相关本科院校的数量分布及比例

从图 3-7 可以发现，华东地区的相关本科院校数量最多，达到 306 所，占比约为 31%；其次是中南地区，有 245 所，占比约 25%。这两个地区遥遥领先其他地区，主要原因是华东地区包含的省份最多（六省一市），而且均为经济、教育和科技发达的省份，尤其是其中包含了长三角地区，这正是众所周知的第三代半导体产业企业最为集中的地区之一，产业链完整，所以为产业输送人才的院校也云集于此，且入选国家“双一流”的本科院校数量众多。中南地区的情况也较为相似，区域内包含了珠三角所在的广东省，还有湖北省和湖南省这两个高等教育大省和强省，可为第三代半导体产业源源不断地输送大量高素质人才，提供有力的人才资源和智力支撑。

排在第三位的是华北地区，有相关本科院校 146 所，占比 15%，华北地区的本科院校主要集中在北京市和天津市。首都北京是我国高等教育第一城，拥有以北京大学、清华大学、中国科学院大学为代表的一大批顶尖院校，且与第三代半导体产业相关的学科专业门类齐全、实力雄厚。

其他的区域，拥有的相关本科院校数量大体相当，均在 100 所左右。这与东北地区、西南地区和西北地区的经济发展水平、高等教育规模和科技创新能力等方面基本匹配。同时，由于地理位置等原因，这些地区本科院校培养的第三代半导体产业人才均有不同程度的流失，主要流向京津、长三角、珠三角等第三代半导体产业人才需求旺盛的地区。

2. 相关高职院校在全国各区域的数量分布

依据前面提出的专业大类，统计得到开设第三代半导体产业相关专业的高职院校数量分布情况，如图 3-8 所示。

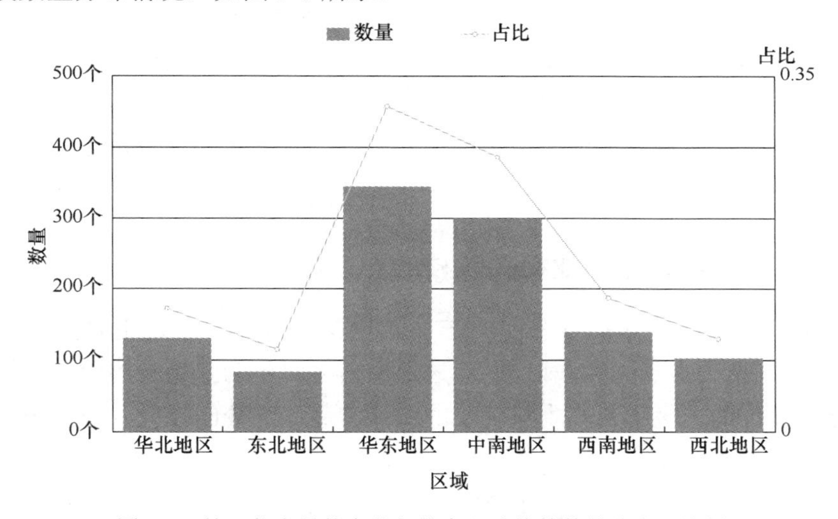

图 3-8　第三代半导体产业相关高职院校的数量分布及比例

从图 3-8 可以发现，依然是华东地区的相关高职院校数量最多，达到 344 所，占比约为 32%；其次是中南地区，有 298 所，占比约为 27%。这两个地区遥遥领先其他地区，主要原因与本科院校的分布原因相一致，且这个地区入选国家“双高计划”的高职院校数量众多。中南地区的情况也较为相似，区域内包含了珠三角所在的广东省，还有河南省、湖北省和湖南省这几个职业教育大省，能够为第三代半导体产业源源不断地输送大量高水平的技能型人才，提供有力的人才资源和智力支撑。

排在第三位的是西南地区，这个排位与本科院校的情况略有区别。西南地区拥有高职院校 137 所，占比 13%。西南地区以成都市和重庆市为中心的成渝经济圈，正逐渐成为我国又一重要的经济增长极，经济发展速度和科技创新水平日益提高，职业教育规模不断壮大。区域内第三代半导体产业较为发达，对相应的技能型人才需求旺盛，开设第三代半导体相关专业的高职院校具有较大的发展空间。

排在第四位的是华北地区，有相关高职院校 128 所，占比 12%。虽然华北地区的本科院校主要集中在北京市和天津市，但这两个城市拥有的高职院校比例相对不高。尤其是北京，作为我国高等教育第一城，以“985”和“211”为代表的本科院校规模庞大、实力雄厚，但是职业教育的体量有限。而河北省集中了为数不少的高职院校，在第三代半导体产业相关的职业教育方面可以持续发力，未来上升潜力较大。

东北地区和西北地区拥有的相关高职院校数量大体相当，均在 100 所以内。这与这两个地区的经济发展水平、职业教育规模和科技创新能力等方面基本匹配。同时，由于地理位置等原因，这些地区高职院校培养的第三代半导体产业人才均有一定程度的流失，主要流向京津、长三角、珠三角等第三代半导体产业人才需求旺盛的地区。

3.3.3 第三代半导体产业相关院校的专业设置情况

基于第三代半导体的各个产业链（如材料、器件）以及主要的应用领域（如光电子、电力电子、微波射频），遴选出与之对应的强相关的学科专业，这里区分研究生的一级学科、本科院校的专业和高职院校的专业，分别进行统计分析。需要说明的是，研究生的一级学科源自教育部公布的《学位授予和人才培养学科目录》（2018 年 4 月更新版），本科院校的专业源自教育部公布的《普通高等学校本科专业目录》（2020 年版），高职院校的专业源自教育部公布的《职业教育专业目录》（2021 年版）中的高等职业教育专科专业。

1. 各产业链及应用领域对应的研究生一级学科设置情况

基于学科专业对口的原则，遴选出第三代半导体各产业链和主要应用领域强相关的研究生一级学科，分别见表 3-5 和表 3-6，一级学科名称后的括号里注明了该学科的代码。

材料、器件等产业链，以及光电子、电力电子、微波射频等应用领域对应的研究生一级学科，有部分是相同的。基于不重复统计的原则，上述表格中包含的研究生一级学科共有 10 个。每个一级学科的全国研究生培养单位（包括院校和科研院所）数量，如图 3-9 所示。

表 3-5　第三代半导体不同产业链对应的研究生一级学科

产业链	材料	器件		
	衬底、外延	芯片设计与研发	芯片制造	封装测试
一级学科名称及代码	材料科学与工程（0805）	电子科学与技术（0809）	材料科学与工程（0805）	材料科学与工程（0805）
	物理学（0702）	集成电路科学与工程（1401）	物理学（0702）	电子科学与技术（0809）
	化学工程与技术（0817）	信息与通信工程（0810）	机械工程（0802）	集成电路科学与工程（1401）
	电子科学与技术（0809）		电子科学与技术（0809）	仪器科学与技术（0804）
	集成电路科学与工程（1401）		集成电路科学与工程（1401）	
			光学工程（0803）	

表 3-6　第三代半导体主要应用领域对应的研究生一级学科

应用领域	光电子	电力电子	微波射频
一级学科名称及代码	光学工程（0803）	电气工程（0808）	电子科学与技术（0809）
	电子科学与技术（0809）	电子科学与技术（0809）	信息与通信工程（0810）
		集成电路科学与工程（1401）	集成电路科学与工程（1401）

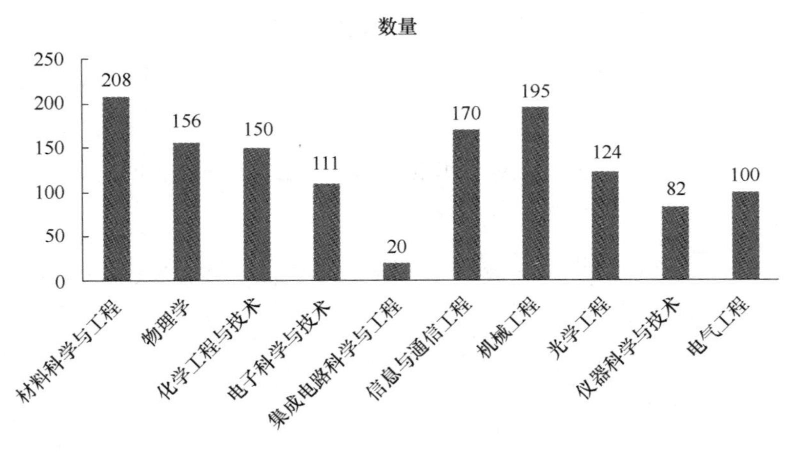

图 3-9　我国具有第三代半导体相关一级学科的研究生培养单位数量

从图 3-9 可以看出，材料科学与工程、机械工程、信息与通信工程是开设最多的研究生一级学科，分别达到了 208 所、195 所、170 所。它们作为传统的工科，历史悠久、体量大、覆盖面广、综合性强，但若考虑与第三代半导体产业的精准匹配度，还取决于它们下辖的二级学科，甚至是更为细致的研究方向。

接下来，物理学、化学工程与技术、光学工程、电子科学与技术等一级学科，全国开设的院校数量也较多，均在 100 所以上。这些学科都从不同侧面为第三代半导体产业发挥了重要的支撑作用。尤其是电子科学与技术，实际上是第三代半导体产业的核心学科，始终贯穿于第三代半导体产业的各个产业链和主要应用领域，其下辖的几个二级学科均与第三代半导体产业具有很高的匹配度，发挥了不可替代的作用。此外，电气工程、仪器科学与技术等学科，体量相对不大，主要对应于第三代半导体产业的特定应用领域或具体的产业链，同样起到了不可或缺的支撑作用。

这里需要指出的是，只有 19 家研究生培养单位的集成电路科学与工程学科，是国务院学位委员会 2020 年 12 月批准设立的一级学科，设立在新增的交叉学科门类下面。在此之前，它是电子科学与技术下辖的二级学科，是从电子科学与技术中独立出来的，单独成为一级学科，充分体现了国家对于集成电路产业的高度重视，有助于尽快弥补上下游产业链的人才短缺，有效解决“卡脖子”问题。2021 年 11 月，教育部公布了全国首批集成电路科学与工程一级学科博士学位授权点名单，共有 18 所院校入选。同时，还有 1 所院校获批硕士学位授权点。再加上前期已试点建设该一级学科的复旦大学，目前全国共有集成电路科学与工程一级学科的研究生培养单位 20 家。可以预见，未来人才培养单位数量会持续增长，第三代半导体产业人才培养规模也会不断壮大。

2. 各产业链及应用领域对应的本科院校的专业设置情况

基于专业对口的原则，遴选出第三代半导体各产业链和主要应用领域强相关的本科院校的专业，分别见表 3-7 和表 3-8，专业名称后的括号里注明了该专业的代码。

表 3-7　第三代半导体不同产业链对应的本科院校的专业

产业链	材　料	器　件		
	衬底、外延	芯片设计与研发	芯 片 制 造	封 装 测 试
专业名称及代码	材料科学与工程（080401）	电子信息工程（080701）	应用物理学（070202）	材料科学与工程（080401）
	材料物理（080402）	电子科学与技术（080702）	材料物理（080402）	材料成型及控制工程（080203）

（续）

产业链	材　料	器　件		
	衬底、外延	芯片设计与研发	芯片制造	封装测试
专业名称及代码	材料化学（080403）	通信工程（080703）	材料化学（080403）	焊接技术与工程（080411T）
	金属材料工程（080405）	微电子科学与工程（080704）	金属材料工程（080405）	电子科学与技术（080702）
	无机非金属材料工程（080406）	光电信息科学与工程（080705）	无机非金属材料工程（080406）	微电子科学与工程（080704）
	材料成型及控制工程（080203）	集成电路设计与集成系统（080710T）	机械设计制造及其自动化（080202）	电子封装技术（080709T）
	应用物理学（070202）	电子信息科学与技术（080714T）	材料成型及控制工程（080203）	测控技术与仪器（080301）
	应用化学（070302）		电子科学与技术（080702）	
	化学工程与工艺（081301）		微电子科学与工程（080704）	
	电子科学与技术（080702）		光电信息科学与工程（080705）	
	微电子科学与工程（080704）			

表 3-8　第三代半导体主要应用领域对应的本科院校的专业

应用领域	光电子	电力电子	微波射频
专业名称及代码	光电信息科学与工程（080705）	新能源汽车工程（080216T）	电磁场与无线技术（080712T）
	光源与照明（080603T）	新能源材料与器件（080414T）	电波传播与天线（080713T）
	电子科学与技术（080702）	电子科学与技术（080702）	通信工程（080703）
		微电子科学与工程（080704）	物联网工程（080905）
		光电信息科学与工程（080705）	电子信息科学与技术（080714T）
		电子封装技术（080709T）	电子信息工程（080701）
		集成电路设计与集成系统（080710T）	电子科学与技术（080702）
		电子信息科学与技术（080714T）	微电子科学与工程（080704）
			集成电路设计与集成系统（080710T）

材料、器件等产业链，以及光电子、电力电子、微波射频等应用领域对应的本科院校的专业，有部分是相同的。基于不重复统计的原则，上述表格中包含的本科院校的专业共有 26 个。每个专业的全国本科院校开设数量，如图 3-10 所示。

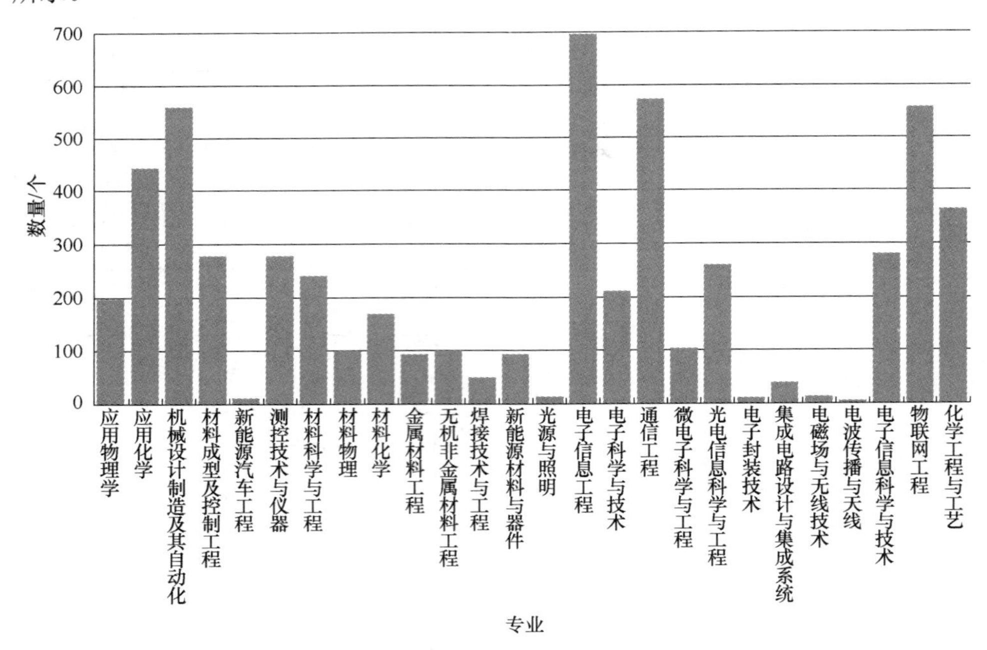

图 3-10 全国开设第三代半导体相关专业的本科院校数量

从图 3-10 可以看出，电子信息工程是开设最多的本科院校的专业，全国有 696 所本科院校开设了该专业。这是由于电子信息工程属于一个宽口径专业，通用性强、就业面广，但若考虑与第三代半导体产业的精准匹配度，还取决于该专业的具体细分方向。

处于第二梯队的是通信工程、机械设计制造及其自动化、物联网工程等专业，开设的本科院校分别有 561 所、557 所。通信工程、机械设计制造及其自动化这两个专业，与电子信息工程专业类似，都属于通用性强、覆盖面广、社会需求量大的宽口径专业。而物联网工程则是近年来开设的新专业，是一个横跨多个学科、软件和硬件兼顾、综合性很强的应用型专业。

接下来，应用化学、化学工程与工艺、材料成型及控制工程、测控技术与仪器、电子科学与技术、光电信息科学与工程、材料科学与工程等本科院校的专业，全国院校开设的数量也较多，都达到 200 所以上。它们有的是理工科中的传统专业，有的是就业率高的热门专业，都从不同侧面为第三代半导体产业发挥了重要的支撑作用。

需要指出的是，全国本科院校开设数量较少的专业，包括光源与照明、电子封装技术、微电子科学与工程、集成电路设计与集成系统、电磁场与无线技术、电波传播与天线等本科院校的专业，恰恰是与第三代半导体产业匹配度最高的专业。由于专业性强、门槛相对较高，目前开设的本科院校数量偏少，但随着第三代半导体产业的蓬勃发展和国家相关政策的扶持，未来将有越来越多的院校开设这些急需的本科专业，不断充实和壮大第三代半导体产业人才培养力量。

3. 各产业链及应用领域对应的高职院校的专业设置情况

基于专业对口的原则，遴选出第三代半导体各产业链和主要应用领域强相关的高职院校的专业，分别见表 3-9 和表 3-10，专业名称后的括号里注明了该专业的代码。

表 3-9　第三代半导体不同产业链对应的高职院校的专业

产业链	材　料	器　件		
	衬底、外延	芯片设计与研发	芯片制造	封装测试
专业名称及代码	材料工程技术（430601）	电子信息工程技术（510101）	材料工程技术（430601）	材料工程技术（430601）
	光伏材料制备技术（430606）	应用电子技术（510103）	机械制造及自动化（460104）	材料成型及控制技术（460107）
	硅材料制备技术（430607）	嵌入式技术应用（510210）	材料成型及控制技术（460107）	智能焊接技术（460110）
	应用化工技术（470201）	集成电路技术（510401）	应用电子技术（510103）	工业产品质量检测技术（460119）
	应用电子技术（510103）	微电子技术（510402）	电子产品制造技术（510104）	理化测试与质检技术（460120）
	电子产品制造技术（510104）		集成电路技术（510401）	计量测试与应用技术（460311）
	集成电路技术（510401）		微电子技术（510402）	电子信息工程技术（510101）
	微电子技术（510402）			应用电子技术（510103）
				电子产品检测技术（510105）
				集成电路技术（510401）
				微电子技术（510402）

表 3-10　第三代半导体主要应用领域对应的高职院校的专业

应用领域	光电子	电力电子	微波射频
专业名称及代码	光电显示技术（510110）	电力系统自动化技术（430105）	现代通信技术（510301）
	智能光电技术应用（510109）	电力系统继电保护技术（430106）	现代移动通信技术（510302）
	应用电子技术（510103）	电子信息工程技术（510101）	卫星通信与导航技术（510304）
	电子信息工程技术（510101）	集成电路技术（510401）	通信系统运行管理（510306）
		微电子技术（510402）	智能互联网络技术（510307）
		工业过程自动化技术（460307）	物联网应用技术（510102）
		工业自动化仪表技术（460308）	电子信息工程技术（510101）
		汽车智能技术（510107）	集成电路技术（510401）
		建筑智能化工程技术（440404）	微电子技术（510402）

材料、器件等产业链，以及光电子、电力电子、微波射频等应用领域对应的高职院校的专业，有部分是相同的。基于不重复统计的原则，上述表格中包含的高职院校的专业共有 31 个。每个专业的全国高职院校开设数量，如图 3-11 所示。

从图 3-11 可以看出，物联网应用技术是开设最多的高职院校的专业，全国有 687 所高职院校开设了该专业。这是由于物联网应用技术是近年来开设的新专业，是一个横跨多个学科、软件和硬件兼顾、综合性很强的应用型专业，通用性强、就业面广、社会需求旺盛，同时与第三代半导体产业的结合较为紧密。

处于第二梯队的是机械制造及自动化、电子信息工程技术、应用电子技术等高职院校的专业，开设的高职院校分别有 495 所、420 所、380 所。这三个专业都属于通用性强、覆盖面广、社会需求量大的宽口径专业，但若考虑与第三代半导体产业的精准匹配度，还取决于这些专业的具体细分方向。

接下来，应用化工技术、智能焊接技术、现代通信技术、现代移动通信技术、电力系统自动化技术、汽车智能技术、建筑智能化工程技术等高职院校的专业，全国高职院校开设的数量也较多，都达到 100 所以上。它们有的是理工科中的传统专业，有的是就业率高的热门专业，有的是面向前沿技术的新兴专业，都可以从不同侧面为第三代半导体产业发挥重要的支撑作用。

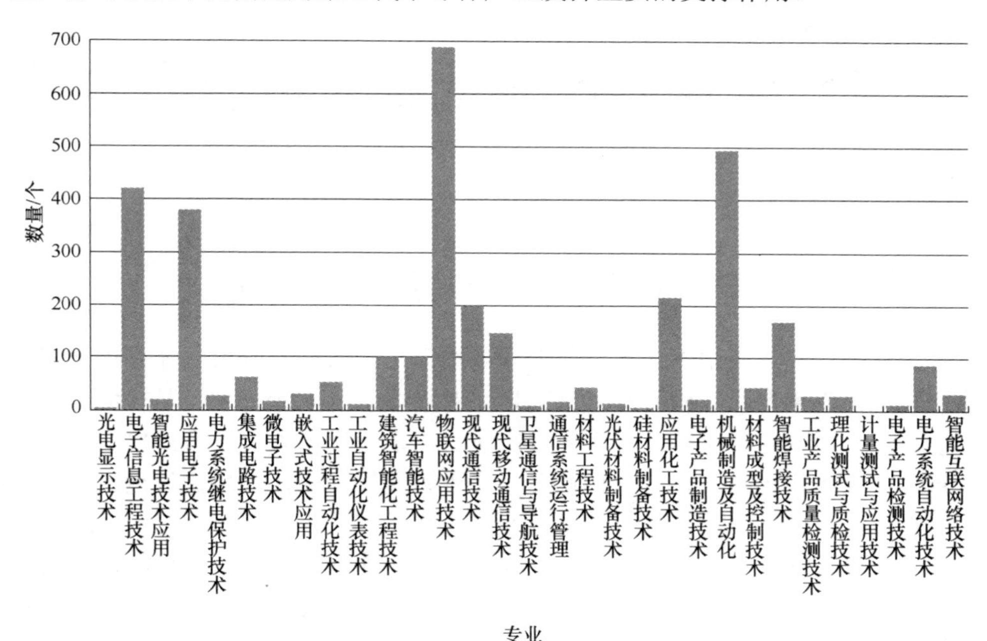

图 3-11　全国开设第三代半导体相关专业的高职院校数量

需要指出的是，全国高职院校开设数量较少的专业包括光电显示技术、智能光电技术应用、电力系统继电保护技术、集成电路技术、微电子技术、嵌入式技术应用、工业自动化仪表技术、卫星通信与导航技术、光伏材料制备技术、硅材料制备技术、电子产品制造技术、工业产品质量检测技术、电子产品检测技术等，这些恰恰是与第三代半导体产业匹配度最高的专业。造成上述局面主要是由于这些专业专业性强、门槛相对较高，高职院校师资力量相对薄弱，相信随着第三代半导体产业的蓬勃发展和国家相关政策的扶持，未来将有越来越多的院校开设这些急需的专业，不断充实和壮大第三代半导体产业人才培养力量。

第4章 第三代半导体产业从业人员能力体系

4.1 第三代半导体产业从业人员能力体系构建

习近平总书记在中央人才工作会议上强调深入实施新时代人才强国战略，加快建设世界重要人才中心和创新高地。强调要坚持党管人才，坚持面向世界科技前沿、面向经济主战场、面向国家重大需求、面向人民生命健康，深入实施新时代人才强国战略，全方位培养、引进、用好人才，加快建设世界重要人才中心和创新高地，为2035年基本实现社会主义现代化提供人才支撑，为2050年全面建成社会主义现代化强国打好人才基础。实现我们的奋斗目标，高水平科技自立自强是关键。国家发展靠人才，民族振兴靠人才。在关键核心技术领域拥有一大批战略科技人才、一流科技领军人才和创新团队，要培养大批卓越工程师，努力建设一支爱党报国、敬业奉献、具有突出技术创新能力、善于解决复杂工程问题的工程师队伍。

第三代半导体应用广泛，具有产业链长、多学科交叉的特点，要解决第三代半导体产业的“卡脖子”问题，培养各层次、各类别，高素质的专业人才刻不容缓。为贯彻落实中央人才工作会议精神，深入实施新时代人才强国战略，加快建设世界重要人才中心和创新高地，第三代半导体产业技术创新战略联盟（后文简称联盟）组织了行业企业、院校专家构建了产业不同层次、不同类别人员的能力体系，以求自主培养第三代半导体产业领军人才、战略科技人才、创新团队及各级各类人才，满足产业快速增长的人才需求，支撑产业可持续、高质量发展。

第三代半导体产业不同层次、不同类别人员的能力框架体系见表4-1。

针对第三代半导体产业需求庞大的卓越工程师、工匠型技师及高素质技能型人才序列，联盟组织高校、科研院所、企业相关人员，开展了第三代半导体产业从业人员的岗位及典型岗位职业能力调研，构建了第三代半导体产业从业人员岗位图谱，确立了典型岗位职业能力体系，搭建了第三代半导体产业的行业企业用人端和学校培养人才端的沟通桥梁，为满足第三代半导体产业的人才需求奠定了基础。

表 4-1　第三代半导体产业不同层次、不同类别人员的能力框架体系

层　次	领域/类别	能力及素养	
		专 业 能 力	创 新 能 力
战略科学家	未来前沿与关键领域	细分领域专业能力国际领先水平 可带领团队实现面向国家重大需求的从零到一的突破	具有深厚的科学素养，宽广的视野和跨技术领域理解力 具有国际化视野 具有前瞻性判断力和颠覆性技术创新的开拓力
科技领军人才	未来前沿领域与当前重点领域	细分领域专业能力达到国际水平 可带领团队实现面向国家重大需求的工程技术创新	可将本领域精深洞察力和跨领域学科交叉的系统方法有机融合，掌握技术、系统进化规律，并具有面向未来的前瞻判断力 能够颠覆性地解决复杂挑战性难题
卓越工程师	当前重点领域	细分领域专业技能 电气自动化技术、工业互联网技术等实操能力	具备利用跨领域知识突破性解决本领域工程技术难题的能力
工匠型技师、高素质技能型人才	当前重点领域	细分领域专业技能，培养数字化技术、电气自动化技术、工业互联网技术等实操能力	能够利用创新方法解决生产制造过程中的工艺技术难题

第三代半导体产业工程师及高素质技能人员能力体系包括从业人员岗位图谱、典型岗位职业能力、晋升通道等。核心是从产业、企业的角度出发，分析第三代半导体产业中产业链不同环节的重要岗位设置、不同岗位从业人员的职业能力。第三代半导体产业从业人员能力体系的构建对于行业企业选人和用人、高校人才培养、从业人员进行职业生涯规划具有重要的参考价值。

4.1.1　术语定义

为了便于行业企业、高校、科研院所及相关从业人员能够快速读懂第三代半导体从业人员能力体系的内容，以下针对典型术语界定了其含义，主要包括岗位职业能力、岗位专业能力、素质模型等。

1. 岗位职业能力

职业能力界定为能完成一定职业任务所具备的能力。岗位职业能力界定为胜任一种具体职业岗位而必须要具备的能力，表现为从事具体职业岗位的工作项目、工作任务时，需要具备的核心技能（即关键技能），以及通用素质能力。通用素质能力包括从事具体职业岗位所需要具备的职业素质，例如沟通交流、责任意识等。

2. 岗位专业能力

专业能力界定为个体将所学的知识、技能和态度在特定的活动和情境中进行类化迁移与整合所形成的能完成一定任务的能力。岗位专业能力包括从事某种岗位所需要的知识、技能和素质。

3. 素质模型

素质模型界定为个体为完成某项工作、达成某一绩效目标所应具备的多种素质要素组合，包括内在动机、知识技能、自我形象与社会角色特征等几个方面。这些行为和技能是可衡量、可观察、可指导的，并根据重要性赋予一定的分值，形成网格图，从而清晰直观地判断不同素质要素在某种岗位中的重要程度。

4.1.2 能力体系构建的意义

能力，是指完成一定活动的本领，是一个人面对竞争，进入目标职业的决定条件，是能否胜任职业工作的主观条件。这里所说的能力，是指半导体产业从业者从事半导体产业相关生产活动的能力，亦指职业工作能力。

每个人职业能力并不是与生俱来的，同样需要学习和实践的历练来培养，职业兴趣和能力两者是相互促进和提高的要素。兴趣给出方向来培养能力，在能力的提高或者发展过程中又来调整兴趣，在实践的过程中不断反省和总结。因此在选择长期、稳定的职业生涯时，不仅需要知道自己有兴趣从事什么样的工作，还需要知道自己具备与哪类工作相匹配的职业能力。只有将能力和兴趣结合起来考虑，才更有可能做好职业发展规划并取得职业生涯的成功。

第三代半导体产业在新一代信息技术蓬勃发展的大背景下快速发展，更需要长期、稳定的人才从事相关工作，因此在高校各层次教育阶段就要做好职业能力体系的规划，这无论是对学生还是产业而言，都具有十分重要的意义。

1. 职业能力的重要性

职业能力的重要性体现在如下几个方面：

1）随着市场经济的不断完善和市场竞争的日趋激烈，全社会对人才的认识正在发生着微妙的变化，这种变化就是从注重学历向注重实际能力转变，半导体产业更是如此。

2）人才市场最近出现一种概念：由原来的具备高学历、高职称的就是人才，转向“满足需求的才是人才”。

3）学历高，但缺乏专业能力、专业素养能力或者操作能力的人，并不受市场欢迎；同时，那些能力与技能高超的人则身价大涨。人们开始认识到学历高代替不了能力强；专业能力强、专业素质高、技能水平高的人才，正是第三代半导业产业发展以及实际工作中适用和急需的人才。

4）对国家而言，科技工作者科研水平、专业从业者素质和企业竞争力的提高，无疑是经济发展、社会进步的最大推动力量，也是第三代半导体产业发展的重要基石。

2. 职业发展规划的重要性

半导体企业在发展过程中，员工激励主要由三个基本方面组成，即薪酬、氛围及职业发展。对于不同类别、不同层级的员工，这三个维度的激励强度不同。操作层面的员工对薪酬激励更敏感，技术研发层面的员工则对职业发展和氛围更加敏感。所以，越来越多的企业为了留住人才、培养人才，开始注重职业发展通道的建立，为员工提供更为广阔和更为通畅的晋升条件和路径。

而在教育阶段帮助广大教育工作者、学生或学员了解和建设半导体产业的职业发展体系，无疑会对产业高层次人才和知识型人才增强对半导体产业的兴趣，并积极投入到半导体产业中来，持续为半导体产业做出贡献，起到促进作用。

3. 职业能力与职业发展体系构建的目的

职业能力与职业发展体系构建的根本目的是为了更高效地实现院校人才培养、专业建设以及产业人才发展和企业人力资源规划。

基于国家产业相关战略，各院校和企业需要根据自身实际情况并结合产业发展规划与趋势等，制定和调整本单位的整体人才培养、专业建设以及产业人才发展和企业人力资源体系，以便更清晰、明确地知道需要培养和“选用育留”具有什么样能力的人才。职业发展体系给行业企业提供了可以选择需要的人才的通道，给高校提供了可以培养人才的参考标准。同时，基于产业、企业人才发展及人才培养一系列措施，可为现有人才提供能力提升的系统化培育路径；通过人才盘点，既可对现有人才的能力进行盘点，其结果又可作为新一阶段的人才培养与人力资源规划的输入起点。

4. 职业能力与职业发展体系构建的意义

对企业来说，职业能力与职业发展体系可以帮助企业构建人才“选用育留”的高效举措和机制，解决以下问题：

1）需要什么样的队伍？

2）具体的要求是什么？

3）如何培养或挑选出合适的人才？

4）如何结合产业和企业实际来设计企业人才的晋升通道和职业发展规划，从而达到“留住”人才的目的，增强企业人才的稳定性。

对院校来说，可以提供具有鲜明特色和高素质、强能力学生的人才培养模式与专业建设规划。具体如下：

1）需要什么样的教师队伍和人才培养的教学方案？

2）产业人才具体的要求是什么？

3）如何培养出适应产业发展需求的人才？

4）如何结合产业和企业实际来设计学生的职业能力和职业发展教育，从而达到高素质人才的培养目标。

对学生或员工来说，注重于清晰了解第三代半导体产业的方向和要求，主要包括：

1）在第三代半导体产业整体通道中，我在哪里？

2）我可以往哪里走（发展）？

3）去往那里的要求是什么（标准/要求）？

4）推动员工有效选择并主动追求职业成长，推动高价值员工的留用。

4.2　第三代半导体产业工程师及高素质技能人员岗位体系分析

联盟组织相关人员对第三代半导体产业链不同环节的龙头企业开展了详细的岗位调研，调研方法包括调研问卷、在线访谈、征求意见等。涉及的企业包括了我国第三代半导体产业全产业链不同环节的龙头企业。产业链涉及衬底、外延、芯片设计、芯片制造、封装测试、系统集成及应用。系统集成及应用环节主要根据当前产业的发展状况，涉及光电子器件、功率器件、射频器件三个方面。

4.2.1　应用领域岗位需求调研

通过发布调研问卷的方式，收集了 23 家企业的 89 份不同典型岗位的人才需求调查表。第三代半导体企业人才需求调查表的主要内容包含岗位名称、岗位现有人数、岗位人数需求、岗位未来 2～3 年需求数、薪资待遇、岗位职责、岗位任职资格、素质能力等。

从调查表中抽取岗位、岗位职责、素质能力等数据进行分析，获得了初步的第三代半导体产业企业的核心岗位及其应具备的相应的职业能力、素质能力，作为开展核心龙头企业、企业专家调研访谈的基础。

4.2.2　第三代半导体产业工程师及高素质技能人员岗位图谱

经过多轮的调研、访谈，听取了不同企业专家的意见，最终按照产业链方向及系统集成应用方式确立了第三代半导体产业的工程师及高素质技能人员岗位图谱，包含产业链不同节点的主要职业岗位，如研发类人员、制造类人员（生产管理人员、技术员/操作员）。不同的企业根据实际情况，如企业业务类型、企业架构、人员数量等方面设置了从业人员岗位图谱中的部分节点岗位。不同企业根据规模大小和业务范围，在部分相邻岗位的职责设置上有交叉，但核心岗位均有涉及。

第三代半导体产业的工程师及高素质技能人员中的岗位较多，为了便于查阅，将不同类型的岗位进行了编码。研发类人员编码为 RE，生产管理类人员编码为 ME，技术员/操作员编码为 MO。

第三代半导体产业的工程师及高素质技能人员岗位图谱见表 4-2。

表 4-2　第三代半导体产业的工程师

			材料													芯片设计与研发	
			衬底							外延						芯片设计与研发	
			晶体生长				晶片加工	清洗	外延			清洗	测试		器件设计	电路设计
			研发	工艺	测试		生产	加工	清洗	研发	工艺	生产	清洗	检测/测试	品质管理	结构、版图，工艺	工艺设计
器件（通用）	工程师	研发类	RE01研发工程师（晶体生长）		测试	品质管理		研发工程师（晶片加工）		RE02研发工程师（外延）						研发工程师（器件设计）	研发工程师（电路设计）
器件（通用）	工程师	生产管理类		ME01工艺工程师（晶体生长）	ME02分析检测工程师（晶体生长）	质量与可靠性保证工程师（晶体生长）	设备工程师（晶体生长）	ME03工程师（衬底加工）	ME04清洗工程师（衬底）		ME05工艺工程师（外延）	设备工程师（外延）	ME06清洗工程师（外延）	ME07分析检测工程师（外延）	质量与可靠性保证工程师（外延）		
器件（通用）	技术员/操作员	技术员操作员		MO01操作员（晶体生长）	检测员（晶体生长）			MO02技术员（衬底加工）	清洗技术员（衬底）		MO03技术员（外延）	操作员（外延生产）	清洗技术员（外延）	检测员（外延）			
集成应用（光电子）	工程师	研发类								研发工程师（光电外延）							
集成应用（光电子）	工程师	生产管理类														ME13研发工程师（光电器件芯片制造）	
集成应用（光电子）	技术员/操作员	技术员操作员															

及高素质技能人员岗位图谱

器件									应用						服务与保障		
芯片制造					封装测试				系统集成与应用						厂务	设备	安全
制造			测试		封装		测试		设计开发		制造		测试				
芯片工艺	芯片工艺整合	芯片生产	测试	品质管理	研发	工艺	测试	品质管理	研发	工艺	工艺	生产	测试	品质管理			
	工艺整合工程师（芯片制造）				封装研发工程师				产品研发工程师（应用）	工艺整合工程师（应用）							
工艺工程师（模组工程师）		设备工程师（芯片制造）	测试开发工程师（芯片制造）	质量与可靠性保证工程师（芯片制造）		封装工艺工程师	ME08 测试工程师（封装测试）	ME09 质量与可靠性保证工程师（封装测试）	研发技术员（应用）		产品工艺工程师（应用制造）	设备工程师（应用）	ME10 测试工程师（应用）	质量与可靠性保证工程师（封装测试）	ME11 厂务工程师	ME12 设备工程师	消防与环境安全工程师
		MO04 制造技术员（芯片制造）	测试技术员（芯片制造）	质量保障技术员（芯片制造）		封装技术员/操作员	MO05 测试员（封装测试）	质量保障技术员（封装测试）			产品工艺技术员（应用制造）	生产技术员/操作员/作业员（应用）	分析技术员（应用）	质量保障技术员（封装测试）			
	RE03 工艺整合工程师（光电器件芯片制造）				RE04 封装研发工程师（光电				RE05 研发工程师（光学/结构/电子）	工艺整合工程师（光电）							
						ME14 封装工艺工程师（光电）					产品工艺工程师（光电制造）	设备工程师（光电）生产技术					
						封装技术员/操作员（光电）					MO06 产品工艺技术员（光电制造）	操作员/作业员（光电）					

			材料													
			衬底							外延					芯片设计与研发	
			晶体生长					晶片加工	清洗	外延			清洗	测试	器件设计	电路设计
			研发	工艺	测试		生产	加工	清洗	研发	工艺	生产	清洗	检测/测试	品质管理	结构、版图，工艺	工艺设计
集成应用（功率）	工程师	研发类								研发工程师（功率外延）						RE06 研发工程师（功率器件设计）	RE07 功率器件模型工程师
		生产管理类															
	技术员/操作员	技术员操作员															
集成应用（射频）	工程师	研发类								研发工程师（射频外延）						RE11 研发工程师（射频器件设计	RE12 射频器件模型工程师
		生产管理类															
	技术员/操作员	技术员操作员															

（续）

器件									应用						服务与保障		
芯片制造					封装测试				系统集成与应用						厂务	设备	安全
制造			测试		封装		测试		设计开发		制造		测试				
芯片工艺	芯片工艺整合	芯片生产	测试	品质管理	研发	工艺	测试	品质管理	研发	工艺	工艺	生产	测试	品质管理			
	RE08 工艺整合工程师（功率器件芯片制造）				RE09 封装研发工程师（功率）	封装工艺整合工程师（功率）			RE10 研发应用工程师（功率）	工艺整合工程师（功率）							
ME15 工艺工程师（功率器件芯片制造）						ME16 封装工艺工程师（功率）					产品工艺工程师（功率制造）	设备工程师（功率）生产技术					
						封装技术员/操作员（功率）					产品工艺技术员（功率制造）	操作员/作业员（功率）					
	RE13 工艺整合工程师（射频器件芯片制造）				RE14 研发工程师（射频）	封装工艺整合工程师（射频）			RE15 研发/应用工程师（射频）	工艺整合工程师（射频）							
ME17 工艺工程师（射频器件芯片制造）						ME18 封装工艺工程师（射频）					产品工艺工程师（射频制造）	设备工程师（射频）生产技术					
						封装技术员/操作员（射频）					产品工艺技术员	操作员/作业员（射频）					

4.3 第三代半导体产业工程师类从业人员关键岗位职业能力

工程师类从业人员关键岗位主要包括第三代半导体（如碳化硅、氮化镓等）相关的材料（衬底、外延）、器件（芯片制造、封装测试）、应用相关企业的典型岗位，具体见 4-3。

表 4-3 工程师类从业人员关键岗位职业能力

产业链	序号	职业能力
材料	1	晶体生长研发专项职业能力
	2	晶体生长工艺专项职业能力
	3	晶体生长分析检测专项职业能力
	4	衬底加工专项职业能力
	5	外延研发专项职业能力
	6	衬底/外延清洗专项职业能力
	7	外延工艺专项职业能力
	8	外延清洗专项职业能力
	9	外延分析检测专项职业能力
器件	1	器件设计研发专项职业能力
	2	电路设计研发专项职业能力
	3	芯片制造工艺整合专项职业能力
	4	芯片测试开发专项职业能力
	5	模组工艺专项职业能力
	6	封装研发专项职业能力
	7	封装工艺专项职业能力
	8	封装测试专项职业能力
	9	光电器件芯片制造研发专项职业能力
	10	光电器件芯片制造工艺整合专项职业能力
	11	光电器件封装研发专项职业能力
	12	光电器件封装工艺专项职业能力
	13	功率器件设计研发专项职业能力
	14	功率器件模型专项职业能力
	15	功率器件芯片制造工艺专项职业能力
	16	功率器件芯片制造工艺整合专项职业能力
	17	功率器件封装研发专项职业能力
	18	功率器件封装工艺研发专项职业能力

（续）

产 业 链	序 号	职 业 能 力
器件	19	射频器件设计研发专项职业能力
	20	射频器件模型专项职业能力
	21	射频器件芯片制造工艺专项职业能力
	22	射频器件芯片制造工艺整合专项职业能力
	23	射频器件封装研发专项职业能力
	24	射频器件封装工艺研发专项职业能力
应用	1	光学/结构/电子研发专项职业能力
	2	功率应用专项职业能力
	3	射频应用专项职业能力

4.3.1　材料类相关岗位职业能力

针对材料研发类相关岗位分析了典型的核心岗位包括研发工程师（晶体生长）岗位、工艺工程师（晶体生长）、分析检测工程师（晶体生长）、工程师（衬底加工）、研发工程师（外延）、清洗工程师（衬底）、工艺工程师（外延）、清洗工程师（外延）、分析检测工程师（外延）等的职业能力，以及不同岗位的工作项目包含的工作任务、完成不同工作任务所需的职业能力，并将关键技能、通用素质能力根据掌握的程度分为低、中、高三级。

1. RE01 研发工程师（晶体生长）岗位职业能力

RE01 研发工程师（晶体生长）的岗位职业能力包括该岗位所需的关键技能、通用素质能力等，见表 4-4。

表 4-4　RE01 研发工程师（晶体生长）岗位职业能力分析

类别	工作项目	工 作 任 务	职 业 能 力	程度分级		
				初级	中级	高级
关键技能	需求评估	确认需求	调研了解下一代产品要求或项目需求		√	
		提出解决方案	提出解决方案，撰写可行性分析报告		√	
	晶体生长仿真	模型建立	能够建立自己理解的晶体生长模型		√	
			掌握材料应用器件结构、与器件对标的材料指标及对于 MP/TSD、TED、BPD 位错数量级要求		√	
			会使用二维/三维设计软件等绘图		√	
			具备晶体生长相关的理论知识		√	

（续）

类别	工作项目	工作任务	职业能力	程度分级		
				初级	中级	高级
关键技能	晶体生长仿真	生长仿真	会使用晶体生长仿真软件仿真晶体生长的温场和流程		√	
		模型调试	具备一定的生长模型调试能力			√
			能够根据实际生长经验和仿真结果调整优化参数，使其对结果有方向性的影响			√
	在线检测	材料检测	掌握 XRD、Raman、AFM 等检测原理		√	
			掌握 PVT 法生长晶体的相关辅耗材的物化性能			√
			能够使用各类检测设备完成材料的面型、表面、电学等检测			√
	生长工艺制定	制定生长流程文档	掌握晶体生长热场和工艺基础知识			√
			能够制定使用 PVT 法生长晶体流程			√
	标准制定	产品标准制定	制定相应材料的企业标准			√
	生产监控	分析生产数据	会使用 PVT 法生长晶体	√		
			能够准确跟踪和统计分析晶体生产数据		√	
			会建立热场损耗档案系统		√	
		工艺异常处理	能够综合考虑多工序关键技术难点，找到生产过程异常产生原因			√
			采用合理的 DOE 实验找到解决生产异常的方法			√
		管理体系的落实整改	了解质量、环境、安全、能源等管理体系	√		
	专利撰写	撰写相应技术的专利	能够简单撰写文档	√		
			能够描述出自己核心的、与众不同的技术点	√		
			能够撰写研发过程中涉及的相应技术的专利	√		
		挖掘研发测试产品的专利技术	能够挖掘研发测试产品过程中的专利技术	√		
			善于提炼技术要点，能够根据市场情况预测产品方向	√		
		与专利代理对接	能够对接专利代理	√		
	论文撰写与项目申报	论文撰写	具备撰写技术论文的能力		√	
		项目申报	可根据企业现有技术基础，撰写项目申报书		√	

（续）

类别	工作项目	工作任务	职业能力	程度分级		
				初级	中级	高级
通用素质能力		职业道德	守信诚实		√	
		责任心	具备良好的工作责任心和主动性		√	
		人际沟通	具备较强的人际理解力和沟通协调能力		√	
		团队协作	具备良好的团队协作意识	√		
		思考归纳	具备较强的概念式思考（归纳思考）能力			√
		信息化使用	能够熟练使用常用办公软件	√		
		工作条理	工作认真细致，有条理性		√	
		学习科研	具备较好的学习能力、科研能力			√
		分析统计	拥有良好的统计及分析、解决问题能力			√
		资料查找	具备资料查找能力、总结归纳能力			√
		实验设计	具备 DOE 实验设计能力			√
		数据分析	具备数据统计、处理能力			√

2. ME01 工艺工程师（晶体生长）岗位职业能力

ME01 工艺工程师（晶体生长）的岗位职业能力包括该岗位所需的关键技能（如完成相关的工作项目和工作任务所需的职业能力）、通用素质能力等，具体见表 4-5。

表 4-5　ME01 工艺工程师（晶体生长）岗位职业能力分析

类别	工作项目	工作任务	职业能力	程度分级		
				初级	中级	高级
关键技能	需求对接	对接研发工程师	掌握晶体的生长理论		√	
			对晶体生长工艺过程有较深的认识		√	
			对接研发工程师，落实晶体生长工艺的生产计划			√
		对接分析检测工程师	对接分析检测工程师，根据反馈结果优化工艺			√
	生产工艺执行	工艺执行	能够根据测试结果指导工艺		√	
			能够细心核对工艺参数，确保实验准确进行		√	
		晶体生长耗材管控	可以根据图样进行检查、核对工作		√	
			能够准确反馈耗材使用、损耗情况		√	
		晶体生长工艺改进	能够根据实验结果进行热场调整			√
			可以借助简单的工具对长晶结晶质量进行结晶分析和宏观缺陷分析		√	
			可以根据实验反馈提出工艺参数的整改方向		√	

（续）

类别	工作项目	工作任务	职业能力	程度分级		
				初级	中级	高级
关键技能	生产工艺执行	晶体生长数据分析	能够准确统计、分析晶体生长数据		√	
			会使用相关设备进行晶体质量检测		√	
			能够进行晶体质量检测结果分析并撰写分析报告			√
		生产监控	监控工艺参数，保证设备正常运行		√	
	设备管理	设备的调试、验收、管理	熟悉长晶设备，了解基本的设备操作规程		√	
			具备一定的电子、电气、机械相关知识	√		
			能够对晶体生长设备进行简单的机械组装、调试		√	
			能够进行基本应急操作，能够处理设备故障		√	
	技术文档撰写更新	工艺技术文档撰写和更新	能够完成晶体生长工艺文档制定、撰写和更新		√	
通用素质能力		职业道德	守信诚实		√	
		责任心	具备良好的工作责任心和主动性		√	
		人际沟通	具备较强的人际理解力和沟通协调能力			√
		团队协作	具备良好的团队协作意识			√
		思考归纳	具备较强的概念式思考（归纳思考）能力		√	
		信息化使用	能够熟练使用常用办公软件	√		
		工作条理	工作认真细致，有条理性			√
		学习科研	具备较好的学习能力、科研能力			√
		分析统计	拥有良好的统计及分析、解决问题能力			√
		资料查找	具备资料查找能力、总结归纳能力			√

3. ME02 分析检测工程师（晶体生长）岗位职业能力

ME02 分析检测工程师（晶体生长）的岗位职业能力包括该岗位所需的关键技能、通用素质能力等，该岗位的主要工作项目包括表征检测、编审文件、制定测试规范等，具体岗位职业能力见表 4-6。

表 4-6 ME02 分析检测工程师（晶体生长）岗位职业能力分析

类别	工作项目	工作任务	职业能力	程度分级		
				初级	中级	高级
关键技能	表征检测	表征检测	掌握材料科学物理化学、材料晶体结构、晶体生长原理等基本原理		√	
			熟悉晶体生长工艺流程		√	
			能够使用测试设备完成表征检测			√

（续）

类别	工作项目	工 作 任 务	职 业 能 力	程 度 分 级		
				初级	中级	高级
关键技能	表征检测	表征分析	具备客观反馈表征的能力，会解释特殊缺陷		√	
			精通 SEM、TEM、XRD、AFM 等材料分析原理		√	
			能够撰写表征分析反馈报告			√
		数据分析反馈	向研发和工艺工程师反馈测试数据异常情况		√	
			能够准确总结、反馈数据			√
	编审文件	编审文件	掌握材料生长技术、材料分析光学等基础知识		√	
			能够系统有序管理检测数据		√	
			可以独立完成编辑、审核、建立文件			√
	制定测试规范	制定测试规范	熟悉衬底、外延生长加工技术		√	
			能够完成测试规范制定		√	
通用素质能力		职业道德	守信诚实		√	
		责任心	具备良好的工作责任心和主动性		√	
		人际沟通	具备较强的人际理解力和沟通协调能力			√
		团队协作	具备良好的团队协作意识		√	
		思考归纳	具备较强的概念式思考（归纳思考）能力		√	
		信息化使用	能够熟练使用常用办公软件		√	
		工作条理	工作认真细致，有条理性		√	
		学习科研	具备较好的学习能力、科研能力	√		
		分析统计	拥有良好的统计及分析、解决问题能力	√		
		资料查找	具备资料查找、总结归纳能力		√	
		实验设计	能够进行 DOE 实验设计	√		
		撰写	能够独立撰写专利、文章		√	
		数据分析	数据统计、处理能力强		√	

4. ME03 工程师（衬底加工）岗位职业能力

ME03 工程师（衬底加工）的岗位职业能力包括该岗位所需的关键技能（如完成相关的工作项目和工作任务所需的职业能力）、通用素质能力等，该岗位所包含的工作项目包括制定方案、流程设计、文件编制、生产监控等，其所需的职业能力具体见表 4-7。

表 4-7　ME03 工程师（衬底加工）岗位职业能力分析

类别	工作项目	工作任务	职业能力	程度分级		
				初级	中级	高级
关键技能	制定方案	技术标准确定	具有无机非金属、半导体材料、物理、微电子等相关专业学习背景		√	
			衬底相关的新产品、新技术导入生产时，能够按照产品标准制定技术标准		√	
		制定研发方案	能进行衬底整形切割操作等技术路线研发和试验方案制定		√	
	流程设计	工艺流程设计	熟悉半导体衬底加工相关理论		√	
			熟悉半导体衬底加工工艺流程		√	
			了解掌握相关的国际标准要求、按照标准执行		√	
			可以主导实施相关工艺的研发实验工作		√	
	文件编制	工艺文件编制	能够编制衬底加工相关工艺的工艺文件	√		
	生产监控	参数设定	能够独立完成整形（滚圆、平磨、倒角等外形加工）、切割、研磨、抛光、清洗封装等任意工艺参数的设定		√	
		加工操作	能够独立完成整形操作工序、切割操作工序、研磨操作工序、抛光操作工序、清洗封装等任意工艺的操作工序			√
		测量	能够使用测量设备对加工前后的材料进行基本参数测量		√	
		生产异常分析与处理	能够发现生产过程中工艺参数的异常		√	
			能够及时处理生产过程中出现的工艺突发事件		√	
			能够准确统计裂片、碎片、划痕等异常数据，并能撰写分析报告		√	
			能够统计衬底参数数据，熟练使用 SPC 分析数据，并撰写分析报告			√
		设备维护	能够对衬底加工设备进行基础的维护保养		√	
		管理体系的落实整改	了解质量、环境、安全、能源等管理体系	√		
通用素质能力		职业道德	守信诚实		√	
		责任心	具备良好的工作责任心和主动性	√		
		人际沟通	具备较强的人际理解力和沟通协调能力		√	
		团队协作	具备良好的团队协作意识	√		

（续）

类别	工作项目	工 作 任 务	职 业 能 力	程 度 分 级		
				初级	中级	高级
通用素质能力		思考归纳	具备较强的概念式思考（归纳思考）能力	√		
		信息化使用	能够熟练使用常用办公软件	√		
		工作条理	工作认真细致，有条理性		√	
		学习科研	具备较好的学习能力、科研能力	√		
		分析统计	拥有良好的统计及分析、解决问题能力	√		

5. RE02 研发工程师（外延）岗位职业能力

RE02 研发工程师（外延）的岗位职业能力包括该岗位所需的关键技能、通用素质能力等，该岗位的主要工作项目包括需求评估、产品/工艺研发、工艺规范制定、新材料/新设备评估、生产监控、专利撰写、论文撰写与项目申报等，具体岗位职业能力见表 4-8。

表 4-8　RE02 研发工程师（外延）岗位职业能力分析

类别	工作项目	工 作 任 务	职 业 能 力	程 度 分 级		
				初级	中级	高级
关键技能	需求评估	确认需求	了解行业发展动态和产品技术方向		√	
	产品/工艺研发	新产品/新工艺研发	具有半导体理论背景，掌握半导体材料外延生长相关知识		√	
			掌握外延设备的原理，能够进行基本操作		√	
			能够按正确研究开发作业程序进行新产品/新工艺研发			√
		调试转标	能够使用仿真软件进行外延生长工艺仿真验证			√
			可以独立完成 DOE 实验设计			√
	工艺规范制定	制定工艺标准文件	熟悉材料薄膜生长工艺技术和外延生长技术		√	
			能够制定外延生长流程及工艺标准文件		√	
		操作规程制定	能够制定外延生长操作规程		√	
	新材料/新设备评估	新材料、新设备的评估、调试和验收	能够独立完成新材料的评估和验收		√	
			能够使用材料检测设备进行材料检测		√	
			能够使用外延设备对材料进行质量评估		√	
			能够对新设备进行评估、调试和验收		√	
	生产监控	分析生产数据	能够准确跟踪和统计分析外延生产数据	√		
		工艺异常处理	能够综合考虑多工序关键技术难点，找到生产过程异常产生原因			√
			能够采用合理的 DOE 实验找到解决生产异常的方法			√

（续）

类别	工作项目	工作任务	职业能力	程度分级		
				初级	中级	高级
关键技能	生产监控	管理体系的落实整改	了解质量、环境、安全、能源等管理体系	√		
	专利撰写	撰写相应技术的专利	能够撰写简单文档	√		
			能够描述出自己核心的、与众不同的技术点	√		
			能够撰写研发过程中涉及的相应技术的专利	√		
		挖掘研发测试产品的专利技术	能够挖掘研发测试产品过程中的专利技术	√		
			能够善于提炼技术要点，能够根据市场情况预测产品方向	√		
		与专利代理对接	能够对接专利代理	√		
	论文撰写与项目申报	论文撰写	能够撰写技术论文		√	
		项目申报	能够根据企业现有技术基础，撰写项目申报书		√	
通用素质能力		职业道德	守信诚实		√	
		责任心	具备良好的工作责任心和主动性		√	
		人际沟通	具备较强的人际沟通协调能力		√	
		团队协作	具备良好的团队协作意识		√	
		思考归纳	具备较强的归纳思考能力			√
		信息化使用	能够熟练使用常用办公软件	√		
		工作条理	工作认真细致，有条理性			√
		学习科研	具备较好的学习能力、科研能力			√
		解决问题	拥有良好的解决问题能力			√
		资料查找	具有资料查找能力、总结归纳能力			√
		实验设计	具有 DOE 实验设计能力			√
		数据分析	具有数据统计、处理能力			√

6. ME04 清洗工程师（衬底）岗位职业能力

ME04 清洗工程师（衬底）的岗位职业能力包括完成该岗位的相关的工作项目和工作任务所需的关键技能、通用素质能力等，该岗位的工作项目主要包括清洗监控、设备调试保养、工艺改善等，所需的岗位职业能力具体见表 4-9。

表4-9　ME04清洗工程师（衬底）岗位职业能力分析

类别	工作项目	工作任务	职业能力	程度分级		
				初级	中级	高级
关键技能	清洗监控	建立检查点、进行监督	熟悉RCA清洗原理		√	
			了解半导体工艺流程		√	
			具有化学背景，会进行半导体湿法化学工艺操作			√
			熟悉金属污染检测、表面质量测试原理，会操作设备进行检测		√	
			能够进行清洗岗位化学工艺研发			√
	设备调试保养	设备调试、保养	了解等离子清洗机结构及原理	√		
			能够对清洗使用的相关设备进行基础的调试保养工作		√	
	工艺改善	清洗效果分析、工艺改善	熟悉半导体湿法化学工艺		√	
			能够对清洗效果进行分析，并撰写分析报告		√	
			能够使用SPC手段提高清洗质量		√	
			可以独立编写修改规范，进行工艺改善			√
通用素质能力		职业道德	守信诚实		√	
		责任心	具备良好的工作责任心和主动性		√	
		人际沟通	具备较强的人际理解力和沟通协调能力		√	
		团队协作	具备良好的团队协作意识	√		
		思考归纳	具备较强的概念式思考（归纳思考）能力	√		
		信息化使用	能够熟练使用常用办公软件	√		
		工作条理	工作认真细致，有条理性	√		
		学习科研	具备较好的学习能力、科研能力	√		

7. ME05工艺工程师（外延）岗位职业能力

ME05工艺工程师（外延）的岗位职业能力包括完成该岗位的工作项目和工作任务所需的关键技能、通用素质能力等，该岗位的主要工作项目包括需求对接、生产工艺监控和调整、异常改善和解决、设备管理、技术文档撰写更新等，具体所需的岗位职业能力见表4-10。

表4-10　ME05工艺工程师（外延）岗位职业能力分析

类别	工作项目	工作任务	职业能力	程度分级		
				初级	中级	高级
关键技能	需求对接	对接研发工程师	具备半导体材料知识，熟悉半导体薄膜生长工艺		√	

（续）

类别	工作项目	工作任务	职业能力	程度分级		
				初级	中级	高级
关键技能	需求对接	对接研发工程师	对接研发工程师，能够制定外延片生长工艺计划			√
		对接分析检测工程师	对接分析检测工程师，能够根据反馈结果优化工艺			√
	生产工艺监控和调整	工艺执行	能够清晰讲述并执行 QC 七大手法、ISO9001 体系、SPC 管控、六希格玛改善、FMEA 预防等企业管理体系的内容			√
			能够根据测试结果指导工艺		√	
			能够细心核对工艺参数，确保实验准确进行		√	
			熟悉 MOCVD 等外延机台工作程序		√	
		材料管控	可以独立进行外延生长原材料的试用、评价和管控		√	
			可以根据图样进行检查、核对工作	√		
			能够准确反馈外延耗材使用、损耗情况	√		
		工艺优化	能够准确监控材料生长数据，并对数据进行分析总结，优化现有工艺			√
			能够进行研发工艺的导量产，修订不同外延机台产品差异的工艺		√	
			能够制定外延工艺修改标准			√
	异常改善和解决	分析和改善产品质量异常	熟悉半导体薄膜生长工艺，能够根据产品参数提出外延工艺整改方案		√	
			能够进行数据分析整理，并编写分析报告			√
	设备管理	设备异常处理	可以协助设备工程师（外延）提供工艺要求		√	
			可以协助设备工程师（外延）分析设备异常		√	
			能够对外延设备进行简单的机械组装、调试		√	
			具备一定的电子、电气、机械相关知识		√	
			熟悉 MOCVD 机台操作，能够进行设备基础问题处理		√	
			能够更换 MOCVD 相关的气体		√	
	技术文档撰写更新	工艺技术文档撰写更新	能够独立完成晶体生长工艺文档制定、撰写、更新		√	
通用素质能力		职业道德	守信诚实		√	
		责任心	具备良好的工作责任心和主动性		√	

（续）

类别	工作项目	工作任务	职业能力	程度分级		
				初级	中级	高级
通用素质能力		人际沟通	具备较强的人际理解力和沟通协调能力			√
		团队协作	具备良好的团队协作意识			√
		思考归纳	具备较强的概念式思考（归纳思考）能力			√
		信息化使用	能够熟练使用常用办公软件	√		
		工作条理	工作认真细致，有条理性		√	
		学习科研	具备较好的学习能力、科研能力			√
		分析统计	拥有良好的统计及分析、解决问题能力	√		
		资料查找	具备资料查找、总结归纳能力	√		
		实验设计	能够进行 DOE 实验设计	√		
		撰写	能够独立撰写专利、文章	√		
		数据分析	数据统计、处理能力强	√		

8. ME06 清洗工程师（外延）岗位职业能力

ME06 清洗工程师（外延）的岗位职业能力包括该岗位相关的工作项目和工作任务所需的关键技能、通用素质能力等，该岗位的主要工作项目包括清洗监控、设备调试和保养、工艺改善等，所需的职业能力具体见表 4-11。

表 4-11　ME06 清洗工程师（外延）岗位职业能力分析

类别	工作项目	工作任务	职业能力	程度分级		
				初级	中级	高级
关键技能	清洗监控	建立检查点、进行监督	熟悉 RCA 清洗原理		√	
			了解半导体工艺流程		√	
			具有化学背景，会进行半导体湿法化学工艺操作			√
			熟悉金属污染检测、表面质量测试原理，会操作设备进行检测		√	
			能够进行清洗岗位化学工艺研发			√
	设备调试和保养	设备调试和保养	了解等离子清洗机结构及原理	√		
			能够对清洗使用的相关设备进行基础的调试保养工作		√	
	工艺改善	清洗效果分析、工艺改善	熟悉半导体湿法化学工艺		√	
			能够对清洗效果进行分析，并撰写分析报告		√	
			能够使用 SPC 手段提高清洗质量		√	
			可以独立编写修改规范（SOP），进行工艺改善			√

（续）

类别	工作项目	工作任务	职业能力	程度分级		
				初级	中级	高级
通用素质能力		职业道德	守信诚实		√	
		责任心	具备良好的工作责任心和主动性		√	
		人际沟通	具备较强的人际理解力和沟通协调能力		√	
		团队协作	具备良好的团队协作意识	√		
		思考归纳	具备较强的概念式思考（归纳思考）能力	√		
		信息化使用	能够熟练使用常用办公软件	√		
		工作条理	工作认真细致，有条理性	√		
		学习科研	具备较好的学习能力、科研能力	√		

9. ME07 分析检测工程师（外延）岗位职业能力

ME07 分析检测工程师（外延）的岗位职业能力包括该岗位相关的工作项目和工作任务所需的关键技能、通用素质能力等，该岗位的工作项目主要包括表征检测、编审文件、制定测试规范、专利撰写等，具体所需的岗位职业能力见表 4-12。

表 4-12　ME07 分析检测工程师（外延）岗位职业能力分析

类别	工作项目	工作任务	职业能力	程度分级		
				初级	中级	高级
关键技能	表征检测	表征检测	掌握材料科学物理化学、材料晶体结构、晶体生长原理等基本原理		√	
			了解晶体生长工艺流程	√		
			熟悉检测设备原理，并能够使用检测设备完成表征检测		√	
		表征分析	能够进行客观反馈表征的能力，特殊缺陷的解释		√	
			熟练使用表面缺陷检测设备、FTIR、MCV、光学显微镜、AFM 等进行材料分析			√
			能够撰写表征分析反馈报告			√
		数据分析反馈	向研发和工艺工程师反馈测试数据异常情况		√	
			能够进行数据总结、反馈		√	
	编审文件	编审文件	掌握外延生长技术、材料分析相关基础知识		√	
			能够系统有序地管理检测数据		√	
			可以独立完成编辑、审核、建立检测作业指导书			√

（续）

类别	工作项目	工作任务	职业能力	程度分级		
				初级	中级	高级
关键技能	制定测试规范	制定测试规范	熟悉衬底质量和外延质量相关知识		√	
			能够制定测试规范		√	
	专利撰写	撰写相应技术的专利	能够撰写简单的文档		√	
			能够描述出自己核心的、与众不同的技术点		√	
			能够撰写研发过程中涉及的技术专利交底书		√	
		挖掘研发测试产品的专利技术	能够挖掘研发测试产品过程中的专利技术		√	
			善于提炼技术要点，能够根据市场情况预测产品方向		√	
		与专利代理对接	能够对接专利代理		√	
通用素质能力		职业道德	守信诚实		√	
		责任心	具备良好的工作责任心和主动性		√	
		人际沟通	具备较强的人际沟通协调能力			√
		团队协作	具备良好的团队协作意识		√	
		思考归纳	具备较强的归纳思考能力		√	
		信息化使用	能够熟练使用常用办公软件		√	
		工作条理	工作认真细致，有条理性		√	
		学习科研	具备较好的学习能力、科研能力	√		
		解决问题	拥有良好的分析、解决问题能力	√		
		资料查找	具备资料查找、总结归纳能力		√	
		实验设计	能够进行 DOE 实验设计	√		

4.3.2　器件类相关岗位职业能力

器件类相关岗位分析了典型的核心岗位，包括测试工程师（封装测试）、工艺整合工程师（光电器件芯片制造）、封装研发工程师（光电）、研发工程师（光电器件芯片制造）、封装工艺工程师（光电）、研发工程师（功率器件设计）、功率器件模型工程师、工艺整合工程师（功率器件芯片制造）、封装研发工程师（功率）、工艺工程师（功率器件芯片制造）、研发工程师（射频器件设计）、射频器件模型工程师、工艺整合工程师（射频器件芯片制造）、封装研发工程师（射频）、工艺工程师（射频器件芯片制造）、封装工艺工程师（射频）等的职业能力。

1. ME08 测试工程师（封装测试）岗位职业能力

ME08 测试工程师（封装测试）的岗位职业能力包括该岗位相关的工作项目和工作任务所需的关键技能、通用素质能力等，该岗位的工作项目主要包括需求评估、测试研发、相关技术文档的编写和更新、专利撰写等，具体所需的岗位职业能力表 4-13。

表 4-13 ME08 测试工程师（封装测试）岗位职业能力分析

类别	工作项目	工作任务	职业能力	程度分级		
				初级	中级	高级
关键技能	需求评估	对接器件研发人员（或客户）	熟悉探针台、矢量网络分析仪、负载牵引系统等测试设备的使用			√
			熟悉射频、功率、光电器件结构与关键参数设计基本原理			√
			熟悉测试设备的测试能力与对器件的测试要求			√
			对接器件研发人员（或客户），制定器件具体测试要求			√
		对接产品设模组工程师、研发工程师	了解封装工艺的关键步骤对芯片性能的影响		√	
			熟悉器件设计基本规范		√	
			熟悉器件基测试设备的日常维护与保养方法			√
			具备 DOE 实验设计与总结能力		√	
			对接产品设模组工程师、研发工程师等，查找异常原因，优化产品工艺，推进产品制造进度，解决关键问题			√
	测试研发	建立和完善测试平台	具有电子、微电子、测控技术、电路设计及相关技术知识	√		
			了解器件结构，并对器件物理与器件模型有所了解		√	
			熟悉器件结构与关键技术，熟悉第三代半导体（SiC/GaN）功率器件、射频器件、光电器件性能参数			√
			熟悉器件测试方法与测试原理，熟悉测试机台日常维护保养方法			√
			会使用探针台、矢量网络分析仪、热阻等测量仪器			√
			熟悉器件的版图设计和关键参数指标		√	
			熟悉器件测试过程异常产生的原因及解决办法			√

（续）

类别	工作项目	工作任务	职业能力	程度分级		
				初级	中级	高级
关键技能	测试研发	建立和完善测试平台	具备建立和完善测试平台，新机台的采购、评估、搭建，导入量产及后期维护，满足研发及量产需求，设计开发测试载具，设计测试电路和模型的能力			√
		测试开发	能够进行测试程序开发，修改，存放及维护管理			√
			能够进行测试数据输出及分析，确保测试数据准确性			√
			能够进行针卡设计、制作和维修的能力			√
		测试异常处理与良率提升	能够进行测试异常处理分析及改善，支持生产线，维持稳定量产			√
			能够提升测试良率，解决测试工艺造成的良率损失			√
		测试优化	能够进行测试流程优化及系统开发，提高测试系统自动化、准确性和操作性			√
		评估降低测试成本	能够评估供应商、测试方法、测试平台，降低测试成本			√
		协助其他部门工作	能够与其他部门协调工作，配合新产品开发及测试，协助改进工艺、良率及生产流程			√
		测试数据整理总结	能够及时整理汇总产品测试数据，总结测试结果			√
	相关技术文档的编写和更新	编写测试相关技术文档	具备测试流程、设备、规范等文档的编辑能力		√	
			能够编写测试机台使用说明与操作流程			√
			能够持续更新器件测试规范与测试流程文档			√
			能够编写返工流程文档			√
			能够编写异常处理的说明文档			√
	专利撰写	撰写相应技术的专利	会撰写简单文档		√	
			能够描述出自己核心的、与众不同的技术点		√	
			能够撰写研发过程中涉及的技术专利交底书		√	
		挖掘研发测试产品的专利技术	能够挖掘研发测试产品过程中的专利技术		√	
			善于提炼技术要点，能够根据市场情况预测产品方向		√	
		与专利代理对接	能够对接专利代理		√	

（续）

类别	工作项目	工作任务	职业能力	程度分级		
				初级	中级	高级
通用素质能力		职业道德	诚实守信		√	
		责任心	具备良好的工作责任心和主动性		√	
		人际沟通	具备较强的人际沟通协调能力		√	
		团队协作	具有良好的团队协作意识		√	
		思考归纳	归纳思考能力较强		√	
		信息化	具备良好的办公软件应用能力		√	
		工作条理	工作认真细致，有条理性		√	
		学习能力	具备较好的学习能力		√	
		解决问题	拥有良好的分析、解决问题能力			√
		资料查找	具备资料查找、总结归纳的能力			√

2. RE03 工艺整合工程师（光电器件芯片制造）岗位职业能力

RE03 工艺整合工程师（光电器件芯片制造）的岗位职业能力包括该岗位相关的工作项目和工作任务所需的关键技能、通用素质能力等，该岗位的工作项目主要包括需求对接、工艺开发、文档整理、技术支持、专利撰写、论文撰写与项目申报等，具体所需的岗位职业能力见表 4-14。

表 4-14 RE03 工艺整合工程师（光电器件芯片制造）岗位职业能力分析

类别	工作项目	工作任务	职业能力	程度分级		
				初级	中级	高级
关键技能	需求对接	确认需求	能够分析来自于研发工程师及内部制造部门的工艺整合优化需求		√	
		提出解决方案	能够提出解决方案，撰写可行性分析报告			√
		风险评估	能够熟练运用 PFMEA、PDCA、鱼骨图等工具进行风险识别与评估			√
			掌握技术和产品的设计、生产、可靠性，有良好的认知和分析能力			√
			了解产品工艺、制程设备、品质要求、行业标准		√	
	工艺开发	工艺可行性分析	能够参与开发设计评估，从芯片与器件工艺整合的角度协助研发工程师分析工艺可行性，与每一个工艺结果对整体工序的影响性		√	
			能够完成光电器件芯片制造工艺的开发和调试，包括新设备选型等	√		

（续）

类别	工作项目	工作任务	职业能力	程度分级		
				初级	中级	高级
关键技能	工艺开发	工艺可行性分析	熟悉光电器件芯片工作原理、制造工艺流程及其工序间的关联要求，包括光刻、蚀刻、PVD/CVD 镀膜、切割等工艺			√
			能够确认和设计工艺路线、设定工艺中的关键质控点		√	
		试产与标准化	了解光电芯片制造基础知识，熟悉相关工艺环境（净化间），有较强的分析能力与解决问题的能力		√	
			能够协助研发工程师完成制样、小批及中批试产，具备较强的相关数据分析与整理		√	
			能够分析并解决芯片制造过程中的各种异常问题，保证生产稳定性与可持续性		√	
			掌握常见设备的使用、保养以及简单的异常排除方法	√		
			具备良好的书面表达能力，可形成标准化、规范化的输出物			√
			负责建立工艺平台，设计与制作各类工装治具，推动芯片制造组织各工序过程的工艺优化、效率提升			√
		工艺探索	具备较强的检索能力，能够收集前沿工艺技术的进展，做好技术储备，导入新技术完成技改任务		√	
			具备研究新工艺并制定新工艺中长期开发路线图的能力			
			具有较强的实验设计能力，进行方案设计时综合考虑成本优化、可行性与工艺稳定性		√	
			熟悉光电器件芯片可靠性失效分析方法和手段，做好技术储备与工艺探索，用于可靠性验证与失效分析		√	
		效率/良率提升	熟练使用 SolidWorks 等设计软件，并完成工装治具的设计开发		√	
			能够分析与读取数据，应用于芯片制造各工序的工艺优化、效率/良率提升		√	
	文档整理	技术资料整理与归档	能够独立撰写工艺文件、作业指导书等技术资料			√

（续）

类别	工作项目	工作任务	职业能力	程度分级		
				初级	中级	高级
关键技能	文档整理	技术资料整理与归档	良好的资料编辑与整理能力，熟练使用办公软件			√
	技术支持	对内技术支持	能够实时地监控产品工艺、了解设备、品质情况；给出当前准确的数据作为评估依据，协助采购与开发工程师进行工艺设技术评估与审核		√	
			能够以专业的工艺知识协助生产制造部门开展控本提质增效方案的落实，并提出专业的意见，协助生产制造部门开展控本提质增效的工作		√	
		对外技术支持	配合研发工程师完成客户端的 IDM 对接，确定 IDM 工艺需求		√	
	专利撰写	撰写相应技术的专利	会撰写简单文档		√	
			能够描述出自己核心的、与众不同的技术点		√	
			能够撰写研发过程中涉及的相应技术的专利		√	
		挖掘研发测试产品的专利技术	能够挖掘研发测试产品过程中的专利技术		√	
			善于提炼技术要点，能够根据市场情况预测产品方向		√	
		与专利代理对接	能够对接专利代理		√	
	论文撰写与项目申报	论文撰写	能够撰写技术论文		√	
		项目申报	能够根据企业现有技术基础，撰写项目申报书		√	
通用素质能力		人际沟通	具备良好的沟通能力		√	
		团队协作	具备良好的团队协作能力			√
		外语能力	具备一定的英语读写能力，能够独立查阅英文文献资料		√	
		学习能力	具备良好的学习能力		√	
		创新意识	具备较强的创新能力，良好的创新思维			√
		担当意识	具备较强的责任心，敢于担当			√
		抗压能力	能够适应较强的工作压力		√	

3. RE04 封装研发工程师（光电）岗位职业能力

RE04 封装研发工程师（光电）的岗位职业能力包括该岗位相关的工作项目和工作任务所需的关键技能、通用素质能力等，该岗位的工作项目主要包括需求评估、产品研发、技术储备、封装设计与风险评估、供应资源开发、成本核算、专利撰写、论文撰写与项目申报等，具体所需的岗位职业能力见表 4-15。

表 4-15　RE04 封装研发工程师（光电）岗位职业能力分析

类别	工作项目	工 作 任 务	职 业 能 力	程 度 分 级		
				初级	中级	高级
关键技能	需求评估	确认需求	调研了解客户对新产品要求或项目需求，现有产品升级、新产品开发		√	
		工艺确定	熟悉常规生产工艺流程		√	
		提出解决方案	能够提出改善性产品的解决方案，撰写可行性分析报告		√	
	产品研发	器件结构设计	掌握版图设计软件的使用方法		√	
			能够完成半导体光电器件的杯体、透镜等结构设计			√
		器件结构仿真	熟练掌握半导体光电器件材料特性（如晶片、支架、树脂、荧光粉等）			√
			熟练运用光电子相关的电学、热学、光学仿真软件			√
			能够基于结构设计的模型开展电学、热学、光学仿真			√
			熟悉半导体光电器件电、热、光测试标准和方法		√	
		工艺匹配	熟悉半导体器件常规封装工艺流程和要求		√	
	技术储备	先进工艺预研	能够结合市场前景，开发新的技术路线与产品线，落实技术储备工作		√	
			善于提炼技术要点，能够根据市场情况开展工艺技术先导性研究		√	
	封装设计与风险评估	FMEA 风险评估	对技术和产品的设计、生产、可靠性有良好的认知和分析能力	√		
		CP 控制计划制定：关键工艺设计及质控点设置	了解产品工艺，了解设备、品质要求，熟悉标准			√

（续）

类别	工作项目	工作任务	职业能力	程度分级		
				初级	中级	高级
关键技能	供应资源开发	负责供应链资源开发	熟悉供应商供应能力信息		√	
	成本核算	研发成本预算	能够根据研发所需资源及周期，进行研发成本预算		√	
		产品单价预算	针对产品，熟悉产品构成，能够进行 BOM 表编制		√	
	专利撰写	撰写相应技术的专利	会撰写简单文档		√	
			能够描述出自己核心的、与众不同的技术点		√	
			能够撰写研发过程中涉及的相应技术的专利		√	
		挖掘研发测试产品的专利技术	能够挖掘研发测试产品过程中的专利技术		√	
			善于提炼技术要点，能够根据市场情况预测产品方向		√	
		与专利代理对接	能够对接专利代理		√	
	论文撰写与项目申报	论文撰写	能够撰写技术论文		√	
		项目申报	能够根据企业现有技术基础，撰写项目申报书		√	
通用素质能力		职业道德	遵纪守法、诚实守信	√		
		责任心	爱岗敬业、忠于职守，良好的工作责任心和主动性	√		
		人际沟通	较强的人际理解力和沟通协调能力		√	
		团队协作	良好的团队协作意识		√	
		思考归纳	概念式思考（归纳思考）能力较强		√	
		办公软件	具有良好的办公软件应用能力与语言组织能力	√		
		工作条理	工作认真细致，有条理性	√		
		学习科研能力	具备较好的学习能力、科研能力	√		
		分析问题	拥有良好的分析、解决问题能力	√		

4. ME13 研发工程师（光电器件芯片制造）岗位职业能力

ME13 研发工程师（光电器件芯片制造）的岗位职业能力包括该岗位相关的工作项目和工作任务所需的关键技能、通用素质能力等，该岗位的工作项目主要包括需求评估、器件开发、技术储备、技术支持、专利撰写、论文撰写与项目申报等，具体所需的岗位职业能力见表4-16。

表4-16　ME13研发工程师（光电器件芯片制造）岗位职业能力分析

类别	工作项目	工作任务	职业能力	程度分级		
				初级	中级	高级
关键技能	需求评估	确认需求	拥有敏锐的市场感知力，调研了解下一代产品要求或项目需求			√
		提出解决方案	提出解决方案，撰写可行性分析报告		√	
		风险评估	熟练运用DFMEA、CP控制计划等工具进行风险识别与评估		√	
			熟知光电芯片的关键技术，规避在开发设计过程中的专利侵权风险			
			掌握技术和产品的设计、生产、可靠性，有良好的认知和分析能力		√	
			了解各种材料特性，具备材料评估选型能力			
			了解工艺、设备、测试输出，包括关键指标、制程设备、品质要求、行业标准		√	
	器件开发	项目立项	具备项目立项资料编写、组织项目规划、设计、执行等具体工作落实能力			√
			熟悉项目管理流程、对项目有较强的把控能力			√
		结构设计	熟练使用SolidWorks等CAD设计软件开发新型器件结构			√
			熟悉光电器件芯片工作原理及工艺流程，包括光刻、蚀刻、PVD/CVD镀膜、切割等			√
			熟悉了解外延材料生长的技术知识与光电器件芯片关键材料的特性及应用方面需要注意的事项，能够体现交叉融合创新设计			√
			负责光电器件芯片的开发			√
		设计仿真	了解SYNOPSYS等EDA设计工具，并有相关EDA软件的使用经验		√	
			负责光电器件芯片设计仿真		√	
		绘制版图	能够运用半导体版图设计软件，完成版图绘制		√	
		工艺设计与条件确认	掌握辨识关键工艺及设置关键质控点的方法			√
			能够看懂工艺报告，主动了解产品的量产情况，跟踪品质良率	√		
			能够站在更高的角度去考虑并推动产品优化提升		√	

（续）

类别	工作项目	工作任务	职业能力	程度分级		
				初级	中级	高级
关键技能	器件开发	工艺设计与条件确认	负责项目 FMEA 风险评估、CP 控制计划制定：关键工艺设计及质控点设置			
		成本核算	能够将精益设计理念贯穿于整个开发设计过程，完成设计成本核算与优化			
	技术储备	技术路线规划	能够根据市场情况预测产品方向，制定光电器件产品开发的短、中、长期开发计划，规划与调整芯片开发技术路线			√
	技术支持	对内技术支持	能够协助内部部门（如采购部）进行工艺设技术评估与审核	√		
			了解芯片主材及辅材的市场信息、新材料和新技术的动态，可为内部部门（如采购部）导入或分析新材料提供开发性建议		√	
		对外技术支持	负责协助外部业务（如客户）提供技术分析与方案建议	√		
			了解客户端应用场景及条件，了解产品的光电性能、可靠性与工艺稳定性，可为业务推广提供技术支持		√	
	专利撰写	撰写相应技术的专利	会简单撰写文档		√	
			能够描述出自己核心的、与众不同的技术点		√	
			能够撰写研发过程中涉及的相应技术的专利		√	
		挖掘研发测试产品的专利技术	能够挖掘研发测试产品过程中的专利技术		√	
			善于提炼技术要点，能够根据市场情况预测产品方向		√	
		与专利代理对接	能够对接专利代理		√	
	论文撰写与项目申报	论文撰写	能够撰写技术论文		√	
		项目申报	根据企业现有技术基础，撰写项目申报书		√	
通用素质能力		人际沟通	具备良好的沟通能力		√	
		团队协作	具备良好的团队协作能力			√
		外语能力	具备一定的英语读写能力，能够独立查阅英文文献资料		√	

（续）

类别	工作项目	工作任务	职业能力	程度分级		
				初级	中级	高级
通用素质能力		学习能力	具备良好的学习能力		√	
		创新意识	具备较强的创新能力，良好的创新思维			√
		担当意识	具备较强的责任心，敢于担当			√
		抗压能力	能够适应较强的工作压力		√	

5. ME14 封装工艺工程师（光电）岗位职业能力

ME14 封装工艺工程师（光电）的岗位职业能力包括该岗位相关的工作项目和工作任务所需的关键技能、通用素质能力等，该岗位的工作项目主要包括技术路线开发、工艺执行、工艺改善、技术储备、技术培训、相关技术文档的编写、专利撰写、论文撰写与项目申报等，具体所需的岗位职业能力见表 4-17。

表 4-17　ME14 封装工艺工程师（光电）岗位职业能力分析

类别	工作项目	工作任务	职业能力	程度分级		
				初级	中级	高级
关键技能	技术路线开发	落实开发方案	熟悉设备、工艺、产品性能、实验与标准			√
			落实开发方案、进行工艺设计与设计验证			√
	工艺执行	工艺评估与风险防范	对技术和产品的设计、生产、可靠性有良好的认知和分析能力			√
			确认工艺路线、关键质控点，PFMEA 评估			√
			熟悉设备、工艺、产品性能、实验与标准			√
			熟练运用品质分析方法			√
			主导设备评估、实验室、工艺可行性评估			√
		样品试制与质控点验证	样品制作与主导小批试产			√
			验证质控点有效性			√
		可靠性验证	熟悉可靠性试验方法标准			√
			了解产品工艺和材料品质要求			√
			评估新技术、新材料的各项可靠性			√
	工艺改善	工艺改善	能够利用已有的工艺条件通过 DOE 的实验，提升工艺水平			√
			能够进行生产线现行方式的优化改善			√
		良率提升	能够利用通过工艺优化，间接地改善单步站点的良率和性能，降低成本			√

（续）

类别	工作项目	工作任务	职业能力	程度分级		
				初级	中级	高级
关键技能	技术储备	先进工艺预研	结合市场前景，开发新的技术路线与产品线，落实技术储备工作		√	
			善于提炼技术要点，能够根据市场情况开展工艺技术先导性研究		√	
	技术培训	工艺培训	负责产线技术人员的培训			√
	相关技术文档的编写	编写设备操作规范	熟悉设备的使用		√	
			能够编写工艺站点设备的操作规范			
		编写工艺指导书	熟悉单步工艺作业规范		√	
			能够编写相关的工艺作业指导书			
		编写分析报告	熟悉常规异常现象和原因，掌握异常分析能力		√	
			能够编写异常处理的分析报告			
	专利撰写	撰写相应技术的专利	会撰写简单文档		√	
			能够描述出自己核心的、与众不同的技术点		√	
			能够撰写研发过程中涉及的技术专利交底书		√	
		挖掘研发测试产品的专利技术	能够挖掘研发测试产品过程中的专利技术		√	
			善于提炼技术要点，能够根据市场情况预测产品方向		√	
		与专利代理对接	能够对接专利代理		√	
	论文撰写与项目申报	论文撰写	能够撰写技术论文		√	
		项目申报	能够根据企业现有技术基础，撰写项目申报书		√	
通用素质能力		职业道德	遵纪守法、诚实守信	√		
		责任心	爱岗敬业、忠于职守，具备良好的工作责任心和主动性	√		
		人际沟通	具备较强的人际理解力和沟通协调能力		√	
		团队协作	具备良好团队协作意识		√	
		思考归纳	具备较强的概念式思考（归纳思考）能力		√	
		其他	具备良好的办公软件应用能力与语言组织能力	√		
		工作条理	工作认真细致，有条理性	√		
		学习科研能力	具备较好的学习能力、科研能力	√		
		分析问题	拥有良好的分析、解决问题能力	√		

6. RE06 研发工程师（功率器件设计）岗位职业能力

RE06 研发工程师（功率器件设计）的岗位职业能力包括该岗位相关的工作项目和工作任务所需的关键技能、通用素质能力等，该岗位的工作项目主要包括需求评估、器件开发、工艺设计、测试、专利撰写、论文撰写与项目申报等，具体所需的岗位职业能力见表 4-18。

表 4-18　RE06 研发工程师（功率器件设计）岗位职业能力分析

类别	工作项目	工作任务	职业能力	程度分级		
				初级	中级	高级
关键技能	需求评估	确认需求	调研了解下一代产品或项目对功率器件的需求，了解各个模块的基本功能，熟悉子系统各个单元的接口		√	
		核心指标确定	熟悉功率器件的基本原理与需要处理的信号类型		√	
		核心指标确定	能够根据功能、原理、信号等，确定功率器件的主要性能指标（如输出功率、灵敏度、频率等）		√	
		工艺确定	熟悉 PCB 的板材种类与特性、常见封装工艺	√		
			能够根据工艺设定设计性能上限	√		
		提出解决方案	能够提出解决方案，撰写可行性分析报告		√	
	器件开发	开发新型器件结构	能够开发新型器件结构			√
			能够设定所要开发的产品的参数指标			√
		器件仿真	熟练运用半导体相关仿真软件			√
			熟练运用基础电路仿真软件	√		
			能够进行功率器件的 TCAD 仿真（例如 SiC SBD、MOSFET 和 GaN HEMT）			√
		绘制器件版图	熟练运用版图设计软件		√	
			能够根据设计思路绘制完成版图		√	
			能够绘制功率器件的版图（例如 SiC SBD、MOSFET 和 GaN HEMT）		√	
	工艺设计	产品设计研发	掌握半导体制造工艺流程的知识			√
			掌握半导体工艺集成的知识			√
			能够独立完成产品最初方案设计			√
		工艺流程整合	掌握功率器件工艺技术，能够分析工艺技术流程			√
			掌握产品的设计、生产、可靠性，能够分析其工艺流程			√
			能够完成功率器件的工艺流程整合设计			√

（续）

类别	工作项目	工作任务	职业能力	程度分级		
				初级	中级	高级
关键技能	工艺设计	关键工艺设计及条件确认	能够根据产线确认关键工艺设计及条件，避免脱离产线产生问题		√	
		工艺监控和测试图形的设计	能够设计工艺监控和测试图形	√		
			能够优化监控工艺，保障工艺的稳定性	√		
			能够对测试工艺结果反馈进行工艺优化			√
		看懂工艺报告	能够看懂工艺报告	√		
			能够对设备进行监控，包括设备的稳定性、状态的框图、参数等	√		
		新工艺开发	能够进行新工艺技术预研		√	
		封装流程	能够设计封装流程			
	测试	CP 测试	熟练使用各种测试设备，例如探针台等			√
			会分析晶圆的性能，测试成品的不同结构参数			√
		PCM 测试	会进行单个工艺的性能结构的测试和分析			√
			会进行电性能测试			√
		产品封装测试	负责产品、半成品或原材料的表征和测试，分析器件性能、特点		√	
			能够自己搭建非标测试平台		√	
			能够完成产品的动态测试、静态测试等，并明确性指标性的测试		√	
		记录文档	能够记录相关测试文档		√	
	专利撰写	撰写相应技术的专利	会撰写简单文档		√	
			能够描述出自己核心的、与众不同的技术点		√	
			能够撰写研发过程中涉及的技术专利交底书		√	
		挖掘研发测试产品的专利技术	能够挖掘研发测试产品过程中的专利技术		√	
			善于提炼技术要点，能够根据市场情况预测产品方向		√	
		与专利代理对接	能够对接专利代理		√	
	论文撰写与项目申报	论文撰写	能够撰写技术论文		√	
		项目申报	能够根据企业现有技术基础，撰写项目申报书		√	

（续）

类别	工作项目	工作任务	职业能力	程度分级		
				初级	中级	高级
通用素质能力		人际沟通	具备良好的语言表达能力	√		
		团队协作	具备良好的团队协作能力	√		
		英语应用	具备良好的英文读写能力，能够独立查阅英文文献资料		√	
		学习能力	具备良好的学习能力	√		
		创新意识	具备较强的创新能力、良好的创新思维		√	
		责任心	责任心强	√		
		其他	能够适应工作压力	√		

7. RE07 功率器件模型工程师岗位职业能力

RE07 功率器件模型工程师的岗位职业能力包括该岗位相关的工作项目和工作任务所需的关键技能、通用素质能力等，该岗位的工作项目主要包括需求评估、PDK 组件设计及验证、专利撰写、技术文档的编写等，具体所需的岗位职业能力见表 4-19。

表 4-19　RE07 功率器件模型工程师岗位职业能力分析

类别	工作项目	工作任务	职业能力	程度分级		
				初级	中级	高级
关键技能	需求评估	确认需求	能够与研发工程师（器件设计）对接，了解器件的类型、特征及参数		√	
			能够与工艺整合工程师（芯片制造）对接，了解工艺平台的物理设计规则		√	
			能够划分 PEX 与 Model 中包含的寄生效应的边界		√	
		提出解决方案	能够提出解决方案，撰写可行性分析报告		√	
	PDK 组件设计及验证	器件库设计	负责 EDA 工具所需的技术文件开发(包括 GDS map，techfile，display file)			√
			能够进行器件 symbol，CDF，callback 开发	√		
			负责器件 layout pcell 开发			√
		DRC deck 开发及验证	熟练运用主流 EDA 软件格式的 DRC rule deck 编程		√	
			能够开展 DRC deck 开发及验证			√
		LVS deck 开发及验证	熟练运用主流 EDA 软件格式的 LVS rule deck 编程			√
			精通 test pattern 版图设计及验证			√
		PEX deck 开发及验证	精通主流 EDA 软件格式的 PEX rule deck 编程			√
			熟练开展 test pattern 版图设计及验证			√

（续）

类别	工作项目	工作任务	职业能力	程度分级		
				初级	中级	高级
关键技能	专利撰写	撰写相应技术的专利	会撰写简单文档		√	
			能够描述出自己核心的、与众不同的技术点		√	
			能够撰写研发过程中涉及的技术专利交底书		√	
		挖掘研发测试产品的专利技术	能够挖掘研发测试产品过程中的专利技术		√	
			善于提炼技术要点，能够根据市场情况预测产品方向		√	
		与专利代理对接	能够对接专利代理		√	
	技术文档的编写	编写使用说明	能够编写版图设计手册		√	
			能够编写 PDK 使用说明	√		
通用素质能力		人际沟通	具备良好的语言表达能力		√	
		团队协作	具备良好的团队协作能力		√	
		英语应用	具备良好的英文读写能力，能够独立查阅英文文献资料		√	
		学习能力	具备良好的学习能力			√
		创新意识	具备较强的创新能力、良好的创新思维		√	
		责任心	具备责任心强		√	
		其他	能够适应工作压力		√	

8. RE08 工艺整合工程师（功率器件芯片制造）岗位职业能力

RE08 工艺整合工程师（功率器件芯片制造）的岗位职业能力包括该岗位相关的工作项目和工作任务所需的关键技能、通用素质能力等，该岗位的工作项目主要包括需求对接、工艺研发、建立工艺制程模型、分析总结、技术文档撰写与更新、专利撰写、论文撰写与项目申报等，具体所需的岗位职业能力见表 4-20。

表 4-20 RE08 工艺整合工程师（功率器件芯片制造）岗位职业能力分析

类别	工作项目	工作任务	职业能力	程度分级		
				初级	中级	高级
关键技能	需求对接	与研发人员对接	了解产品的工艺流程，通常为非标准化的工艺流程			√
			了解产品的目标结构，通过工艺产线实现			√

（续）

类别	工作项目	工作任务	职业能力	程度分级		
				初级	中级	高级
关键技能	需求对接	与客户、IDM 厂商对接	熟练应用整个器件生产的流程			√
			能够与客户、IDM 厂商对接，确定客户需求产品能够实现的工艺流程			√
	工艺研发	根据需求，开发单步工艺	具有工艺设计能力		√	
			具有工艺数据监控能力		√	
			具有产线调动能力		√	
			掌握单个工序制造设备的基本操作方法、单步工艺产品的性能		√	
		开发一套标准的工艺	能够开发一套全流程工艺，通过可靠性测试			√
			能够承接各种功率器件芯片产品制造			√
		单步攻关	能够针对某个工艺攻关，了解材料、器件工艺		√	
			能够和设备工程师、器件工程师协作，开展单步攻关		√	
		良率提升	能够解决具体工艺问题		√	
			能够优化工艺，提升良率		√	
	建立工艺制程模型	Spice 模型	能够提供给客户基本工艺	√		
		工艺仿真模型	能够根据标准模型做基本计算，根据产线要求进行调整	√		
			能够优化仿真工艺模型，提高精确度	√		
		分析和读数据	能够看懂研发人员出具的报告		√	
			能够看懂监控图形和数据			√
			能够排查分析和读取数据			√
	分析总结	撰写分析报告	能够及时分析总结功率器件产品流片情况		√	
			能够根据功率器件产品流片情况，撰写分析总结报告		√	
	技术文档撰写与更新	技术资料整理与归档	能够独立撰写工艺文件、作业指导书等技术资料			√
			能够熟练运用办公软件编辑、整理资料			√
		标准撰写	能够撰写产品标准、测试标准		√	
			能够参与撰写国际标准、国家标准、行业标准、企业标准		√	
	专利撰写	撰写相应技术的专利	会撰写简单文档		√	
			能够描述出核心的、与众不同的技术点		√	

（续）

类别	工作项目	工作任务	职业能力	程度分级		
				初级	中级	高级
关键技能	专利撰写	撰写相应技术的专利	能够撰写研发过程中涉及的技术专利交底书		√	
		挖掘研发测试产品的专利技术	能够挖掘研发测试产品过程中的专利技术		√	
			善于提炼技术要点，能够根据市场情况预测产品方向		√	
		与专利代理对接	能够对接专利代理		√	
	论文撰写与项目申报	论文撰写	能够撰写技术论文		√	
		项目申报	能够根据公司现有技术基础，撰写项目申报书		√	
通用素质能力		人际沟通	具备良好的语言表达能力		√	
		团队协作	具备良好的团队协作能力		√	
		英语应用	具备良好的英文读写能力		√	
		学习能力	具备良好的学习能力		√	
		创新意识	具备较强的创新能力、良好的创新思维		√	
		数据分析	具备数据分析能力			√
		责任心	责任心强	√		

9. RE09 封装研发工程师（功率）岗位职业能力

RE09 封装研发工程师（功率）的岗位职业能力包括该岗位相关的工作项目和工作任务所需的关键技能、通用素质能力等，该岗位的工作项目主要包括需求评估、封装工艺开发、技术文档编写和更新、专利撰写、论文撰写与项目申报等，具体所需的岗位职业能力见表 4-21。

表 4-21 RE09 封装研发工程师（功率）岗位职业能力分析

类别	工作项目	工作任务	职业能力	程度分级		
				初级	中级	高级
关键技能	需求评估	评估方案可行性	熟练掌握各种主要封装形式的设计和制造流程			√
			了解芯片的设计和基本特性		√	
			熟练掌握模拟类器件性能参数			√
			能够根据市场及客户需求评估有竞争力的封装方案，并评估方案可行性、设备能力			√

（续）

类别	工作项目	工作任务	职业能力	初级	中级	高级
关键技能	需求评估	新设备工艺能力评估	负责新设备工艺能力评估与改善			√
		新材料评估	能够对接材料供应商，对新材料进行评估			√
		项目风险评估	能够对项目进行风险评估和把控		√	
	封装工艺开发	设计封装工艺	能够具备封装开发实践经验		√	
			熟练运用框架、基板设计技能		√	
			至少会使用一种封装设计的仿真工具		√	
			能够开展热阻、信号/功率完整性、EMI 等仿真分析			√
			熟练使用模拟类器件性能参数	√		
			会选择使用封装物料	√		
			能够完成封装设计工作，包括基板、框架、打线设计及封装外壳设计等			√
		验证工艺	能够采用仿真软件验证封装工艺的可行性		√	
			负责验证（DOE)工艺参数、工艺流程			√
		新产品导入	能够跟踪流片生产工艺，收集各环节相关数据			√
			能够查找可能出现的工艺问题		√	
			能够配合完成新产品量产导入		√	
		确认最优方案	具备制程管理、物料认证实践经验		√	
			能够完成材料和 BOM 选型			√
			能够与供应商交流合作确保方案最优化		√	
		跟踪现场工艺	能够配合品质工程师，参与封装相关的异常、可靠性、客诉等问题的处理		√	
			负责工艺变更管理		√	
			能够开展现场工艺跟踪及数据分析，分析不良原因并解决异常问题			√
		优化封装工艺	了解各封装厂商制程能力差异性		√	
			负责产品制程策划，评审制程因素对产品质量、生产效率等的影响		√	
			负责跟进封装厂商量产稳定性和可靠性管理		√	
		优化封装工艺	负责工艺改善项目的立项、实施和跟进，提升效率及良率		√	
			熟练掌握封装工艺的分析软件，能够分析工艺数据		√	

（续）

类别	工作项目	工作任务	职业能力	程度分级		
				初级	中级	高级
关键技能	技术文档编写和更新	制定封装规范	熟练掌握各类半导体行业相关可靠性标准、基本理论知识和实验原理		√	
			能够制定封装规范，编制规范文档			√
		更新工艺文件	负责产品工艺文件、参数文件更新完善		√	
		参与封装厂商工艺评估	掌握功率半导体器件的结构、生产制造流程及工作原理		√	
			能够参与封装厂商工艺评估、生产环境评审与稽核	√		
		制定标准	具有生产管理知识		√	
			能够参与可靠性标准的制定与执行	√		
	专利撰写	撰写相应技术的专利	会撰写简单文档		√	
			能够描述出自己核心的、与众不同的技术点		√	
			能够撰写研发过程中涉及的技术专利交底书		√	
		挖掘研发测试产品的专利技术	能够挖掘研发测试产品过程中的专利技术		√	
			善于提炼技术要点，能够根据市场情况预测产品方向		√	
		与专利代理对接	能够对接专利代理		√	
	论文撰写与项目申报	论文撰写	能够撰写技术论文		√	
		项目申报	能够根据企业现有技术基础，撰写项目申报书		√	
通用素质能力		团队协作	具备团队合作意识	√		
		人际沟通	具备良好的语言表达、沟通能力	√		
		英语应用	具备良好的英文读写能力	√		
		学习能力	具备学习和创新能力	√		
		创新意识	具备较强的创新能力、良好的创新思维	√		
		责任心	工作积极、主动，具有责任心、执行力	√		
		分析问题	具备问题分析、对策和推行能力	√		

10. ME15 工艺工程师（功率器件芯片制造）岗位职业能力

ME15 工艺工程师（功率器件芯片制造）的岗位职业能力包括该岗位相关的工作项目和工作任务所需的关键技能、通用素质能力等，该岗位的工作项目主要包括需求对接、工艺执行、设备操作、数据监控分析、工艺改善、技术文档编写和更新、专利撰写、论文撰写与项目申报等，具体所需的岗位职业能力见表4-22。

表4-22　ME15工艺工程师（功率器件芯片制造）岗位职业能力分析

类别	工作项目	工作任务	职业能力	程度分级		
				初级	中级	高级
关键技能	需求对接	与研发工程师对接	能够和研发工程师沟通，了解功率器件芯片制造的特殊工艺要求		√	
			熟练掌握功率器件芯片生产的关键工艺步骤（包括清洗、光刻、刻蚀、覆盖、离子注入、扩散、氧化、减薄）			√
			能够将所有要求整理为文档，在设计过程中查阅		√	
		量测	能够量测、分析、检查工艺问题		√	
			能够根据量测结果、调整工艺设计/工艺参数设定		√	
	工艺执行	确认工艺条件	了解机台的基本结构		√	
			熟练掌握基本半导体制造的工艺知识			√
			熟练掌握刻蚀、清洗等单步工艺实现的重要工艺参数			√
			了解相关工艺的表征手段	√		
			能够根据工艺路线，确认单步工艺条件			√
		新工艺的导入、开发	能够结合整个flow的情况，开发新的站点工艺			√
			开发新的站点工艺时，能够开展相关的实验、表征			√
	设备操作	操作机台	对机台的结构、功能有清晰的认识	√		
			能够熟练操作机台		√	
		维护设备参数	能够对设备参数进行维护、优化、更新			√
		解决设备异常	能够和设备工程师协同解决异常		√	
	数据监控分析	工艺站点的Inline、Offline的监控	清晰了解日常的工艺设置监控的上限、下限			√
			保证Inline、Offline数据都符合标准		√	
		数据分析	能够使用常用的数据分析软件	√		
			能够进行统计过程控制			√
			能够开展测量系统分析			√
	工艺改善	改善工艺	针对已有的工艺条件，能够开展并通过DOE的实验，提升工艺水平			√

（续）

类别	工作项目	工作任务	职业能力	程度分级		
				初级	中级	高级
关键技能	工艺改善	提升良率	能够通过工艺优化，间接地改善单步站点的良率和性能			√
	技术文档编写和更新	编写工艺设备操作手册	能够撰写工艺站点设备的操作手册			√
			能够持续更新操作手册		√	
		编写工艺技术文档	能够编写检验规范、菜单、制程的说明文档			√
			能够编写返工流程文档			√
			能够编写异常处理的说明文档		√	
	专利撰写	撰写相应技术的专利	会撰写简单文档		√	
			能够描述出自己核心的、与众不同的技术点		√	
			能够撰写研发过程中涉及的技术专利交底书		√	
		挖掘研发测试产品的专利技术	能够挖掘研发测试产品过程中的专利技术		√	
			善于提炼技术要点，能够根据市场情况预测产品方向		√	
		与专利代理对接	能够对接专利代理		√	
	论文撰写与项目申报	论文撰写	能够撰写技术论文		√	
		项目申报	能够根据企业现有技术基础，撰写项目申报书		√	
通用素质能力		人际沟通	具备良好的语言表达能力	√		
		团队协作	具备良好的团队协作能力	√		
		英语应用	具备良好的英文听说读写能力	√		
		学习能力	具备良好的学习能力	√		
		创新意识	具备较强的创新能力、良好的创新思维	√		
		责任心	具备高度的责任心	√		

11．ME16 封装工艺工程师（功率器件芯片）岗位职业能力

ME16 封装工艺工程师（功率器件芯片）的岗位职业能力包括该岗位相关的工作项目和工作任务所需的关键技能、通用素质能力等，该岗位的工作项目主要包括需求对接、工艺执行、数据监控分析、工艺改善、技术文档编写和更新、专利撰写、论文撰写与项目申报等，具体所需的岗位职业能力表 4-23。

表 4-23 ME16 封装工艺工程师（功率器件芯片）岗位职业能力分析

类别	工作项目	工作任务	职业能力	程度分级		
				初级	中级	高级
关键技能	需求对接	与研发工程师对接	了解芯片的设计和基本特性		√	
		与封装研发工程师对接	掌握封装设计工艺要求		√	
		与封装工艺整合工程师对接	掌握封装工艺整合设计的工艺要求		√	
	工艺执行	单步工艺条件确认	掌握封装工艺流程		√	
			熟练掌握工作机台的基本结构			√
			熟练掌握单步工艺实现的重要工艺参数			√
			掌握针对相关工艺（材料）的表征手段	√		
			能够根据工艺路线，确认单步工艺条件			√
			能够检查准备齐全封装物料		√	
		新工艺的导入、开发	能够结合整个流程情况，开发新的站点工艺，包括实验、表征			√
		设备操作	能够清晰认识机台的结构、功能	√		
			能够维护、优化、更新设备参数			√
			能够和设备工程师协同解决异常		√	
			熟练使用操作机台		√	
	数据监控分析	工艺站点的Inline、Offline的监控	能够监督跟踪封装生产流程，检查确保各环节正常进行			√
			清晰了解日常工艺设置监控的上限、下限			√
			能够确保 Inline、Offline 数据都符合标准		√	
			能够分析工艺异常，采取相应的解决方案或上报			√
			能够协调各个工序的交接过程			√
		数据分析	熟练运用常用专业数据分析软件等	√		
			负责 SPC 统计过程控制、MSA 测量系统分析			√
	工艺改善	工艺改善	能够根据已有工艺条件开展并通过 DOE 实验，提升工艺水平			√
			能够提出工艺改善方案		√	
		良率提升	能够优化工艺，间接改善单步站点的良率和性能			√

（续）

类别	工作项目	工作任务	职业能力	程度分级		
				初级	中级	高级
关键技能	技术文档编写和更新	编写工艺设备操作手册	能够撰写工艺站点设备的操作手册		√	
			能够持续更新操作手册		√	
		编写工艺技术文档	能够编写检验规范、菜单、制程说明，以及返工流程、异常处理的说明文档		√	
	专利撰写	撰写相应技术的专利	会撰写简单文档		√	
			能够描述出自己核心的、与众不同的技术点		√	
			能够撰写研发过程中涉及的技术专利交底书		√	
		挖掘研发测试产品的专利技术	能够挖掘研发测试产品过程中的专利技术		√	
			善于提炼技术要点，能够根据市场情况预测产品方向		√	
		与专利代理对接	能够对接专利代理		√	
	论文撰写与项目申报	论文撰写	能够撰写技术论文		√	
		项目申报	根据企业现有技术基础，撰写项目申报书		√	
通用素质能力		人际沟通	具备良好的语言表达能力	√		
		团队协作	具备良好的团队协作能力	√		
		英语应用	具备良好的英文读写、听说能力	√		
		学习能力	具备良好的学习能力	√		
		创新意识	具备较强的创新能力、良好的创新思维	√		
		责任心	责任心强	√		

12. RE11 研发工程师（射频器件设计）岗位职业能力

RE11 研发工程师（射频器件设计）的岗位职业能力包括该岗位相关的工作项目和工作任务所需的关键技能、通用素质能力等，该岗位的工作项目主要包括需求评估、器件开发、器件测试、专利撰写、论文撰写与项目申报等，具体所需的岗位职业能力见表 4-24。

表 4-24　RE11 研发工程师（射频器件设计）岗位职业能力分析

类别	工作项目	工作任务	职业能力	程度分级		
				初级	中级	高级
关键技能	需求评估	确认需求	能够调研新产品或理解项目对射频器件的主要需求，了解各个模块的基本功能和使用环境，熟悉子系统各单元的接口类型		√	
		核心指标确定	熟悉射频器件的基本原理与需要处理的信号类型		√	

（续）

类别	工作项目	工作任务	职业能力	程度分级		
				初级	中级	高级
关键技能	需求评估	核心指标确定	能够根据功能、原理、信号等，确定射频器件的主要性能指标如频率、输出功率、噪声系数等		√	
		工艺确定	了解芯片制造关键工艺与常见封装工艺		√	
			能够根据工艺设定设计性能上限		√	
		提出解决方案	能够提出解决方案，撰写可行性分析报告		√	
	器件开发	开发新型器件结构	能够开发新型射频器件结构			√
			能够设定所要开发的产品的参数指标			√
		器件仿真	熟练运用半导体相关仿真软件			√
			熟练运用射频电路仿真软件	√		
			能够进行第三代半导体射频器件的 TCAD 仿真			√
		绘制器件版图	熟练运用版图设计软件		√	
			能够将设计结果绘制成符合工艺规则要求的版图		√	
			能够绘制第三代半导体射频器件的版图			√
	器件测试	器件指标测试	了解测试仪器的基本功能	√		
			熟悉射频器件指标测试系统原理		√	
		测试数据分析	能够对测试结果的正确性进行判断		√	
			能够对出现异常的测试结果进行分析，判断出现异常的原因，并对属于设计方面的原因提出解决方案，撰写测试分析报告		√	
	专利撰写	撰写相应技术的专利	会撰写简单文档	√		
			能够描述出自己核心的、与众不同的技术点	√		
			能够撰写研发过程中涉及的相应技术的专利交底书	√		
		挖掘研发测试产品的专利技术	能够挖掘研发测试产品过程中的专利技术	√		
			善于提炼技术要点，能够根据市场情况预测产品方向	√		
		与专利代理对接	能够对接专利代理	√		
	论文撰写与项目申报	论文撰写	能够撰写技术论文		√	
		项目申报	能够根据企业现有技术基础，撰写项目申报书		√	

（续）

类别	工作项目	工作任务	职业能力	程度分级		
				初级	中级	高级
通用素质能力		人际沟通	具备良好的语言表达能力	√		
		团队协作	具备良好的团队协作能力	√		
		英语应用	具备良好的英文读写能力，能够独立查阅英文文献资料		√	
		学习能力	具备良好的学习能力	√		
		创新意识	具有较强的创新能力、良好的创新思维		√	
		责任心	责任心强	√		
		其他	能够适应工作压力	√		

13. RE12 射频器件模型工程师岗位职业能力

RE12 射频器件模型工程师的岗位职业能力包括该岗位相关的工作项目和工作任务所需的关键技能、通用素质能力等，该岗位的工作项目主要包括需求评估、设计研发、技术文档编写和更新、专利撰写等，具体所需的岗位职业能力见表 4-25。

表 4-25 RE12 射频器件模型工程师岗位职业能力分析

类别	工作项目	工作任务	职业能力	程度分级		
				初级	中级	高级
关键技能	需求评估	与研发设计师对接	了解研发设计师对模型使用形式的需求		√	
			具备解决芯片设计师模型使用过程中遇到的问题能力			√
关键技能	设计研发	器件建模	掌握半导体器件的基本特性			√
			熟悉半导体射频器件建模流程和步骤			√
			能够独立建立器件模型单元			√
			具备器件的精准测试能力，可修正模型		√	
		PDK 集成	熟练使用 ADS 等电路设计软件			√
			具备基于电路设计软件进行编程，将器件集成到电路设计软件的能力			√
			熟悉半导体工艺器件版图设计规则和工艺流程			√
		PDK 验证	能够基于电路设计软件仿真器件基本性能		√	
	技术文档编写和更新	编写 PDK 使用说明	能够撰写 PDK 使用手册			√
		编写工作经验相关文档	能够持续更新 PDK 使用手册		√	
			能够编写返工流程文档		√	
			能够编写异常处理的说明文档		√	

（续）

类别	工作项目	工作任务	职业能力	程度分级		
				初级	中级	高级
关键技能	专利撰写	撰写相应技术的专利	会撰写简单文档		√	
			能够描述出自己核心的、与众不同的技术点		√	
			能够撰写研发过程中涉及的技术专利交底书		√	
		挖掘研发测试产品的专利技术	能够挖掘研发测试产品过程中的专利技术		√	
			善于提炼技术要点，能够根据市场情况预测产品方向		√	
		与专利代理对接	能够对接专利代理		√	
通用素质能力		人际沟通	具备良好的语言表达能力		√	
		团队协作	具备良好的团队协作能力		√	
		英语运用	具备良好的英文读写能力，能够独立查阅英文文献资料		√	
		学习能力	具备良好的学习能力		√	
		责任心	责任心强		√	

14. RE13 工艺整合工程师（射频器件芯片制造）岗位职业能力

RE13 工艺整合工程师（射频器件芯片制造）的岗位职业能力包括该岗位相关的工作项目和工作任务所需的关键技能、通用素质能力等，该岗位的工作项目主要包括需求评估、生产研发、专利撰写、论文撰写与项目申报等，具体所需的岗位职业能力见表 4-26。

表 4-26 RE13 工艺整合工程师（射频器件芯片制造）岗位职业能力分析

类别	工作项目	工作任务	职业能力	程度分级		
				初级	中级	高级
关键技能	需求评估	对接射频器件研发人员（或客户）	熟悉 L-edit，GDS 等画图、看图软件的使用		√	
			掌握射频器件结构与关键参数设计基本原理			√
			了解射频器件对外延材料的结构与参数要求		√	
			能够对接射频器件研发人员（或客户），设计具体器件指标与性能参数			√
		对接产品设模组工程师、测试工程师等	熟悉黄光/薄膜/刻蚀等工艺基本加工原理			√
			熟悉射频器件设计基本要求		√	
			熟悉射频器件基本测试要求与原理		√	
			具备 DOE 实验设计与总结能力		√	

（续）

类别	工作项目	工作任务	职业能力	程度分级		
				初级	中级	高级
关键技能	需求评估	对接射频器件研发人员（或客户）	能够对接产品设模组工程师、测试工程师等，查找异常原因，优化产品工艺，推进流片进度，解决关键问题			√
	生产研发	异常处理与良率提升	具有电磁场与微波技术、无线电物理、电子工程等相关技术知识		√	
			具有射频器件领域工作经验，熟悉射频芯片制造原理，对器件物理与器件模型有所了解			√
			熟悉射频器件结构与关键技术，熟悉射频器件性能参数和可靠性设计			√
			熟悉黄光、薄膜、刻蚀等工序的原理与关键加工要求		√	
			熟悉射频器件的版图设计和关键参数指标			√
			熟悉射频器件生产过程异常产生的原因及解决办法			√
			能够跟踪射频产品批次情况，通过对在线制程、WAT、CP 数据分析，识别导致低良的潜在问题，并分析异常原因，提出预防改进措施，维持产品良率稳定			√
		工艺过程监控	能够管理各批次射频产品流片			√
			能够推动外延、工艺制程、产品开发等相关部门开展良率提升项目，提高产品良率			√
			能够监控 CP 端 SPC 稳定性，并分析 SPC 波动原因			√
		关键工艺验证与改善	能够针对关键工艺进行窗口验证，改善工艺窗口以满足量产要求			√
		新工艺评估	能够评估新工艺、产品的可生产性			√
		分析总结	能够根据产品情况，及时分析总结整体过程并得出相应的分析报告与总结			√
	专利撰写	撰写相应技术的专利	会撰写简单文档		√	
			能够描述出自己核心的、与众不同的技术点		√	
			能够撰写研发过程中涉及的技术专利交底书		√	
		挖掘研发测试产品的专利技术	能够挖掘研发测试产品过程中的专利技术		√	
			善于提炼技术要点，能够根据市场情况预测产品方向		√	
		与专利代理对接	能够对接专利代理		√	

（续）

类别	工作项目	工作任务	职业能力	程度分级		
				初级	中级	高级
关键技能	论文撰写与项目申报	论文撰写	能够撰写技术论文		√	
		项目申报	能够根据企业现有技术基础，撰写项目申报书		√	
通用素质能力		职业道德	诚实守信		√	
		责任心	具备良好的工作责任心和主动性		√	
		人际沟通	具备较强的人际理解力和沟通协调能力		√	
		团队协作	具备良好团队协作意识		√	
		思考归纳	概念式思考（归纳思考）能力较强			√
		信息化	具备良好办公软件应用能力与语言组织能力		√	
		条理性	工作认真细致，有条理性		√	
		学习能力	具备较好的学习能力、科研能力		√	
		解决问题	具备良好的分析、解决问题的能力			√
		查找资料	具备资料查找和总结归纳的能力		√	

15. RE14 封装研发工程师（射频）岗位职业能力

RE14 封装研发工程师（射频）的岗位职业能力包括该岗位相关的工作项目和工作任务所需的关键技能、通用素质能力等，该岗位的工作项目主要包括需求评估、封装工艺技术开发、专利撰写、论文撰写与项目申报等，具体所需的岗位职业能力见表 4-27。

表 4-27　RE14 封装研发工程师（射频）岗位职业能力

类别	工作项目	工作任务	职业能力	程度分级		
				初级	中级	高级
关键技能	需求评估	任务对接	熟悉常见的封装工艺与适用场合		√	
			能够和研发工程师对接，了解芯片的主要性能、结构特点、接线方式以及对封装工艺的要求		√	
			能够和国内外客户对接（具备英语应用能力），理解客户的需求，向客户宣传产品质量，并解释技术要点		√	
			能够和国内外的芯片、材料供应商对接（具备英语应用能力），了解芯片或材料的性能指标，解决相关技术问题		√	

（续）

类别	工作项目	工作任务	职业能力	初级	中级	高级
关键技能	需求评估	选择封装工艺种类	能够根据射频芯片主要性能参数、结构特点以及客户需求，选择合适的封装工艺种类（封装壳、嵌入式、裸芯片 Flip Chip、Wire Bond、SIP 等）		√	
			能够评估封装工艺的合理性（对性能的影响、成本、机台设备的性能）		√	
			了解封装工艺的关键步骤对射频芯片各项参数的影响		√	
	封装工艺技术开发	开发新型封装工艺	了解市场需求与封装技术研发前沿，以及不同厂商（竞争对手）的技术优势		√	
			能够改进或开发新型封装技术，设计更加先进的封装工艺（如选择新材料、设计新工艺），提高产品的竞争力（如成本降低、生产效率提高、产品良率提高、芯片性能提高）			√
		设计封装工艺	能够定义具体的封装工艺流程与各步骤的关键参数（如基板选择、装片、固化、键合、塑封、后固化等）		√	
			能够根据虚拟仿真结果与流片测试结果改进封装工艺参数			√
		虚拟仿真检验	能够利用虚拟仿真技术对设计封装工艺进行仿真，并检测封装工艺的合理性（各性能参数是否达到设计标准，如电学性能、热学性能、信号传递）		√	
		新产品导入	能够跟踪流片生产工艺，收集各环节相关数据		√	
			能够检验流片成品质量，查找问题，特别是在仿真过程中不会出现的问题（如耦合与辐射、弯曲等）			√
		新设备导入	了解新设备的操作流程与性能参数		√	
			能够对新设备验收标准进行规划		√	
			能够基于新设备的产品说明书撰写新设备的设备操作说明书		√	
		异常分析	了解各种分析技术（如显微镜、超声波、X-Ray、扫描电镜等），能够与团队成员共同对封装失效产品进行分析，并针对失效原因提出解决方案			

（续）

类别	工作项目	工作任务	职业能力	程度分级		
				初级	中级	高级
关键技能	专利撰写	撰写相应技术的专利	会撰写简单文档	√		
			能够描述出自己核心的、与众不同的技术点	√		
			能够撰写研发过程中涉及的技术专利交底书	√		
		挖掘研发测试产品的专利技术	能够挖掘研发测试产品过程中的专利技术	√		
			善于提炼技术要点，能够根据市场情况预测产品方向	√		
		与专利代理对接	能够对接专利代理	√		
	论文撰写与项目申报	论文撰写	能够撰写技术论文		√	
		项目申报	能够根据企业现有技术基础，撰写项目申报书		√	
通用素质能力		团队精神	能够和团队齐心协力合作完成工作内容		√	
		交流能力	能够和团队成员顺畅沟通		√	
		技术文档撰写能力	能够撰写各种工艺书与生产文档与报告，且文字通顺，逻辑清晰	√		

16. ME17 工艺工程师（射频器件芯片制造）岗位职业能力

ME17 工艺工程师（射频器件芯片制造）的岗位职业能力包括该岗位相关的工作项目和工作任务所需的关键技能、通用素质能力等，该岗位的工作项目主要包括需求对接、工艺流程设计、专利撰写、论文撰写与项目申报等，具体所需的岗位职业能力见表 4-28。

表 4-28　ME17 工艺工程师（射频器件芯片制造）岗位职业能力

类别	工作项目	工作任务	职业能力	程度分级		
				初级	中级	高级
关键技能	需求对接	任务对接	和研发工程师沟通，了解射频芯片制造的特殊工艺要求		√	
			熟悉射频芯片生产的关键工艺步骤（如清洗、光刻、刻蚀、沉积、离子注入、扩散、氧化、减薄）		√	
			能够将所有要求整理为文档，在设计过程中查阅	√		

（续）

类别	工作项目	工作任务	职业能力	程度分级		
				初级	中级	高级
关键技能	需求对接	量测	能够量测、分析、检查工艺问题		√	
			能够根据量测结果、调整工艺设计/工艺参数设定		√	
	工艺流程设计	开发光刻工艺	熟悉光刻机机台操作流程与性能极限（最小宽度）		√	
			熟悉各种常见光刻胶的物理化学性能		√	
			能够根据设计要求以及生产流程的不同阶段，选择合适的光刻工艺与参数（如选择合适的机台、掩膜、曝光时间、曝光光源、光刻胶种类）			√
		开发刻蚀工艺	熟悉常见刻蚀工艺（如湿法刻蚀、干法刻蚀）操作流程以及各种所适用的芯片		√	
			能够根据射频芯片的设计要求，选择合适的刻蚀工艺			√
			能够设定具体工艺参数（如腐蚀液体、离子种类）			√
		开发沉积工艺	熟悉常见沉积工艺（如物理、化学气相沉积、离子溅射）操作流程以及适用芯片类型		√	
			能够根据设计要求选择合适的沉积工艺种类		√	
			能够设定工艺具体参数（如机台、原料、压强、电压）			√
		开发离子注入工艺	熟悉离子注入工艺操作流程		√	
			能够选择合适的离子注入工艺参数（如注入离子的材料选择、电压大小等）			√
		开发其他工艺流程	能够设计其他工艺（如清洗、扩散、氧化、减薄等）与具体参数（如清洗液浓度、减薄厚度、持续时间、划片大小等）			√
		编写工艺文档	能够编写规范化文档，记录工艺流程与重要参数			
	专利撰写	撰写相应技术的专利	会撰写简单文档	√		
			能够描述出自己核心的、与众不同的技术点	√		
			能够撰写研发过程中涉及的相应技术的专利	√		
		挖掘研发测试产品的专利技术	能够挖掘研发测试产品过程中的专利技术	√		
			善于提炼技术要点，能够根据市场情况预测产品方向	√		
		与专利代理对接	能够对接专利代理	√		

（续）

类别	工作项目	工作任务	职业能力	程度分级		
				初级	中级	高级
关键技能	论文撰写与项目申报	论文撰写	能够撰写技术论文	√		
		项目申报	能够根据企业现有技术基础，撰写项目申报书	√		
通用素质能力		职业道德	守信诚实,保守技术机密		√	
		责任心	具备良好的工作责任心和主动性		√	
		人际沟通	较强的人际理解力和沟通协调能力		√	
		团队协作	具备良好团队协作意识		√	
		思考归纳	具备概念式思考（归纳思考）能力较强		√	
		其他	具备良好办公软件应用能力与语言组织能力	√		
			具备工作认真细致，有条理性	√		
		学习科研能力	具备较好的学习能力、科研能力			√
			拥有良好的分析、解决问题能力		√	
			具备资料查找能力、总结归纳能力（包括英文文献）		√	

17. ME18 封装工艺工程师（射频）岗位职业能力

ME18 封装工艺工程师（射频）的岗位职业能力包括该岗位相关的工作项目和工作任务所需的关键技能、通用素质能力等，该岗位的工作项目主要包括需求对接、数据监控分析、工艺改善、技术文档编写和更新、专利撰写、论文撰写与项目申报等，具体所需的岗位职业能力见表 4-29。

表 4-29　ME18 封装工艺工程师（射频）岗位职业能力分析

类别	工作项目	工作任务	职业能力	分级		
				初级	中级	高级
关键技能	需求对接	确认封装任务	熟悉常见的各种封装工艺步骤（装片、键合、注塑、固化、切边等等）与关键参数		√	
			了解射频芯片的基本参数（如形状、尺寸、接口）与连线方式，以及对封装的要求（封装前后性能的参数的变化）		√	
	数据监控分析	工艺站点数据监控	熟悉日常封装生产流程的各项数据范围			√
			能够监控各种 Inline、Offline 数据，及时发现问题并解决		√	

（续）

类别	工作项目	工作任务	职业能力	分级		
				初级	中级	高级
关键技能	数据监控分析	数据分析	能够日常总结记录生产数据，会使用至少一门数据分析软件	√		
		异常分析	会使用统计过程控制（SPC）、测量系统分析（MSA）工具		√	
			了解各种失效分析技术（如显微镜、超声波、X-Ray、扫描电镜等），能够与团队成员共同对封装失效产品进行分析，针对失效原因提出解决方案		√	
	工艺改善	工艺改善	能够对已有的工艺条件通过 DOE 的实验，提升工艺水平		√	
		良率提升	能够对现有的封装工艺进行优化，提高产品的竞争力（如提高产能、提高效率、良率、减小成本等）		√	
	技术文档编写和更新	设备操作手册	能够撰写工艺站点设备的操作手册，说明操作步骤以及各项关键参数的设置		√	
			能够根据生产情况及时更新操作手册（如新的原料、步骤、参数等）	√		
		规范化文档	能够编写关于检验规范、菜单、制程的说明文档，以及返工流程、异常处理手续的说明文档		√	
	专利撰写	撰写相应技术的专利	会撰写简单文档	√		
			能够描述出自己核心的、与众不同的技术点	√		
			能够撰写研发过程中涉及的相应技术的专利	√		
		挖掘研发测试产品的专利技术	能够挖掘研发测试产品过程中的专利技术	√		
			善于提炼技术要点，能够根据市场情况预测产品方向	√		
		与专利代理对接	能够对接专利代理	√		
	论文撰写与项目申报	论文撰写	能够撰写技术论文	√		
		项目申报	能够根据企业现有技术基础，撰写项目申报书	√		
通用素质能力		人际沟通	具备良好的语言表达能力	√		
		团队协作	具备良好的团队协作能力	√		
		英语应用	具备良好的英文读写、听说能力	√		
		学习能力	具备良好的学习能力	√		
		创新意识	具有较强的创新能力、良好的创新思维	√		
		责任心	责任心强	√		

4.3.3 应用类相关岗位职业能力

1. RE05 研发工程师（光学/结构/电子）岗位职业能力

RE05 研发工程师（光学/结构/电子）的岗位职业能力包括该岗位相关的工作项目和工作任务所需的关键技能、通用素质能力等，该岗位的工作项目主要包括需求评估、产品开发、成本核算、技术支持、专利撰写、论文撰写与项目申报等，具体所需的岗位职业能力见表 4-30。

表 4-30　RE05 研发工程师（光学/结构/电子）岗位职业能力分析

<table>
<tr><th rowspan="2">类别</th><th rowspan="2">工作项目</th><th rowspan="2">工作任务</th><th rowspan="2">职业能力</th><th colspan="3">程度分级</th></tr>
<tr><th>初级</th><th>中级</th><th>高级</th></tr>
<tr><td rowspan="21">关键技能</td><td rowspan="3">需求评估</td><td>确认需求</td><td>调研了解新产品要求或项目需求</td><td></td><td>√</td><td></td></tr>
<tr><td>工艺确定</td><td>熟悉常规生产工艺流程</td><td></td><td>√</td><td></td></tr>
<tr><td>提出解决方案</td><td>能够提出解决方案，并撰写可行性分析报告</td><td></td><td>√</td><td></td></tr>
<tr><td rowspan="18">产品开发</td><td rowspan="7">光学设计</td><td>了解半导体照明行业相关标准</td><td>√</td><td></td><td></td></tr>
<tr><td>掌握常用的光源性能</td><td></td><td>√</td><td></td></tr>
<tr><td>掌握常用光学材料的性能指标</td><td></td><td>√</td><td></td></tr>
<tr><td>掌握光学结构件模具设计</td><td></td><td>√</td><td></td></tr>
<tr><td>精通使用 3D 设计软件、光学设计软件以及照明仿真模拟软件</td><td></td><td></td><td>√</td></tr>
<tr><td>精通光学结构件加工工艺与流程</td><td></td><td></td><td>√</td></tr>
<tr><td>精通光学结构件测试的相关标准及设备操作</td><td></td><td></td><td>√</td></tr>
<tr><td rowspan="8">结构设计</td><td>了解半导体照明行业相关标准</td><td>√</td><td></td><td></td></tr>
<tr><td>掌握常用结构材料的性能指标</td><td></td><td>√</td><td></td></tr>
<tr><td>掌握灯具气候防护要求分类及对应条件</td><td></td><td>√</td><td></td></tr>
<tr><td>熟练使用 CAD 绘图软件进行产品结构设计</td><td></td><td></td><td>√</td></tr>
<tr><td>熟练使用 CAE 仿真软件进行热仿真和力仿真，从而优化设计</td><td></td><td></td><td>√</td></tr>
<tr><td>熟悉灯具的热测试方法，能够进行灯具的散热性能测试，能够完成散热分析及给出测试数据</td><td></td><td>√</td><td></td></tr>
<tr><td>熟悉灯具的气候防护测试方法，能够进行灯具的防护性能测试</td><td></td><td>√</td><td></td></tr>
<tr><td>能够为其他部门的整机设计提供散热、防护、应力等指导，跟进其他部门使其贯彻预定的结构方案</td><td></td><td></td><td>√</td></tr>
</table>

（续）

类别	工作项目	工作任务	职业能力	程度分级		
				初级	中级	高级
关键技能	产品开发	电子设计	了解半导体照明行业相关标准	√		
			掌握数字电路、模拟电路、电子电路设计等相关知识，强/弱电电源及控制器件设计方面的知识		√	
			熟练使用电路设计软件，或单片机、ARM、PLC等的相关设计软件			√
			精通灯具照明器的系统方案设计，器件选型，以及产品测试			√
			了解电源测试方法，灯具测试方法，灯具安全规定		√	
	成本核算	研发成本预算	能够根据研发所需资源及周期，进行研发成本预算		√	
		产品单价预算	熟悉产品构成，能够编制BOM表		√	
	技术支持	协助产线工艺技术员处理异常	负责协助产品工艺技术员处理异常		√	
		协助业务提供技术分析与方案建议	了解客户端应用场景及其条件，了解产品的光电性能、可靠性与工艺稳定性，为业务推广提供技术支持		√	
		协助采购	能够和采购部分合作，验证导入材料		√	
	专利撰写	撰写相应技术的专利	会撰写简单文档		√	
			能够描述出自己核心的、与众不同的技术点		√	
			能够撰写研发过程中涉及的相应技术的专利		√	
		挖掘研发测试产品的专利技术	能够挖掘研发测试产品过程中的专利技术		√	
			善于提炼技术要点，能够根据市场情况预测产品方向		√	
		与专利代理对接	能够对接专利代理		√	
	论文撰写与项目申报	论文撰写	能够撰写技术论文		√	
		项目申报	能够根据企业现有技术基础，撰写项目申报书		√	
通用素质能力		职业道德	遵纪守法、诚实守信	√		
		责任心	爱岗敬业、忠于职守，良好的工作责任心和主动性	√		

（续）

类别	工作项目	工 作 任 务	职 业 能 力	程 度 分 级		
				初级	中级	高级
通用素质能力		人际沟通	较强的人际理解力和沟通协调能力		√	
		团队协作	具备良好团队协作意识		√	
		思考归纳	概念式思考（归纳思考）能力较强		√	
		其他	具备良好的办公软件应用能力与语言组织能力	√		
		工作态度	工作认真细致，有条理性	√		
		学习科研能力	具备较好的学习能力、科研能力	√		
		分析问题	拥有良好的分析、解决问题能力	√		

2. RE10 研发/应用工程师（功率）岗位职业能力

RE10 研发/应用工程师（功率）的岗位职业能力包括该岗位相关的工作项目和工作任务所需的关键技能、通用素质能力等，该岗位的工作项目主要包括需求评估、方案设计、技术支持、技术文档的编写和更新、专利撰写、论文撰写与项目申报等，具体所需的岗位职业能力见表 4-31。

表 4-31　RE10 研发/应用工程师（功率）岗位职业能力分析

类别	工作项目	工 作 任 务	职 业 能 力	程 度 分 级		
				初级	中级	高级
关键技能	需求评估	项目评估	具有把用户需求转化为产品能力		√	
			能够分析竞争对手的产品性能，定义新产品（新功能、新性能指标）		√	
		产品功能定义	熟悉常用功率器件与电源控制芯片信息		√	
			掌握各种电源拓扑，选择合适的电路拓扑及控制方法，设计电路原理图和 PCB			√
			熟悉功率系统工作原理，能挖掘客户的潜在需求			√
		确定产品技术指标	熟悉各种安全设计规范、电磁兼容等标准		√	
			能够根据应用场景需求，确定产品的技术指标（如输入电压、输出电压，转换效率等）			√
	方案设计	开发电源应用 Demo（软硬件开发）	具有电力电子行业 5 年以上工作经验，有宽禁带半导体产品应用开发经验		√	
			熟练运用系统设计所需的电、热、磁等仿真工具			√

（续）

类别	工作项目	工作任务	职业能力	程度分级		
				初级	中级	高级
关键技能	方案设计	开发电源应用Demo（软硬件开发）	熟练掌握器件的选型与设计（包括MOS、SBD、DSP、MCU等芯片）			√
			具备开展PCB版图设计、制作，以及电力电子控制设计能力			√
			熟悉APFC、LLC、BUCK、BOOST等常用电源拓扑			√
			熟悉各类功率器件驱动方案、保护措施、电磁干扰等			√
			能够开发电源应用Demo并撰写相关报告		√	
		对产品评估改进	熟练运用各种测试工具	√		
			熟悉各类功率器件驱动方案、保护措施、电磁干扰等		√	
			能够对产品进行整机（样机）评估，对器件性能提出改进方向			√
		系统调试	熟练运用各种测试工具	√		
			能够完成产品调试和问题解决以及相关测试记录文档		√	
	技术支持	专业培训	熟悉常用功率器件与电源控制芯片		√	
			能够为内外部相关团队提供专业培训		√	
		文件的编制与更新	熟练运用功率器件驱动方案、保护措施、电磁干扰等，使用各种测试工具		√	
			能够进行PCB级测试、产品硬件测试、DFMEA/BOM等文件的编制与更新		√	
	技术文档的编写和更新	开发流程的规范化与标准化	具备开发流程、设备、规范等文档的编辑能力		√	
			能够规范化编写开发流程		√	
	专利撰写	撰写相应技术的专利	会撰写简单文档		√	
			能够描述出自己核心的、与众不同的技术点		√	
			能够撰写研发过程中涉及的技术专利交底书		√	
		挖掘研发测试产品的专利技术	能够挖掘研发测试产品过程中的专利技术		√	
			善于提炼技术要点，能够根据市场情况预测产品方向		√	
		与专利代理对接	能够对接专利代理		√	

（续）

类别	工作项目	工 作 任 务	职 业 能 力	程 度 分 级		
				初级	中级	高级
关键技能	论文撰写与项目申报	论文撰写	能够撰写技术论文		√	
		项目申报	能够根据企业现有技术基础，撰写项目申报书		√	
通用素质能力		人际沟通	具备良好的语言表达能力	√		
		团队协作	具备良好的团队协作能力	√		
		英语应用	具备良好的英文读写能力，能够独立具备查阅英文文献资料		√	
		学习能力	具备良好的学习能力	√		
		创新意识	具有较强的创新能力、良好的创新思维		√	
		责任心	责任心强	√		
		其他	能够适应工作压力	√		

3. RE15 研发/应用工程师（射频）岗位职业能力

RE15 研发/应用工程师（射频）的岗位职业能力包括该岗位相关的工作项目和工作任务所需的关键技能、通用素质能力等，该岗位的工作项目主要包括需求评估、方案设计、技术文档的编写和更新、专利撰写、论文撰写与项目申报等，具体所需的岗位职业能力见表 4-32。

表 4-32 RE15 研发/应用工程师（射频）岗位职业能力

类别	工作项目	工 作 任 务	职 业 能 力	分 级		
				初级	中级	高级
关键技能	需求评估	项目评估	熟悉射频产品系统		√	
			能理解用户需求，并具有将其转化为具体产品的能力		√	
			熟悉技术发展的状况		√	
			能够分析竞争对手的产品性能，定义新产品（新功能、新性能指标）		√	
		产品功能定义	熟悉通信的工作原理		√	
			能够区分产品功能的优先级		√	
			能够挖掘客户的潜在需求		√	
			能够和国外射频器件厂商技术人员进行口头交流，解决相关技术问题		√	

（续）

类别	工作项目	工作任务	职业能力	分级		
				初级	中级	高级
关键技能	需求评估	产品功能定义	能够与国外客户交流，理解客户需求，向客户讲解产品性能优点		√	
		确定产品技术指标	熟悉各种通信标准，保证设计的通信信号彼此屏蔽			√
			能够根据应用场景需求，确定产品的技术指标（如信号覆盖半径、产品发射功率、接收灵敏度）			√
	方案设计	数字硬件方案设计	熟悉 FPGA、DSP、CPU 等核心器件的工作原理及关键性能，并针对项目要求选择最合适的器件组合			√
			能够确定产品对外接口设计（对外监控留什么接口，器件传输信号、时序等用什么接口）			√
			能够输出数字硬件实施方案供研发工程师参考			√
		射频硬件方案设计	熟悉核心射频器件的工作原理及关键性能		√	
			具有射频电路的设计能力（选择器件并连接等）		√	
			能够输出系统射频设计方案（提出方案给产品研发工程师实现）			√
		软件方案设计	能够依据产品定义输出软件方案框图，并说明各个部分的功能	√		
			能够写出每个部分的实现原理框图	√		
			能够输出系统软件设计方案（不用写出具体代码）	√		
		系统集成方案设计	能够组织系统联调，判断联调过程中出现的问题的位置			√
			具有系统故障定位能力			√
			具有对系统测试提出要求的能力			√
	技术文档的编写和更新	开发流程的规范化与标准化	具备开发流程、设备、规范等文档的编辑能力		√	
			能够编写测试机台使用说明与操作流程		√	
			能够持续更新器件测试规范与测试流程文档		√	
			能够编写返工流程文档		√	
			能够编写异常处理的说明文档		√	

（续）

类别	工作项目	工作任务	职业能力	分级		
				初级	中级	高级
关键技能	专利撰写	撰写相应技术的专利	会撰写简单文档		√	
			能够描述出自己核心的、与众不同的技术点		√	
			能够撰写研发过程中涉及的技术专利交底书		√	
		挖掘研发测试产品的专利技术	能够挖掘研发测试产品过程中的专利技术		√	
			善于提炼技术要点，能够根据市场情况预测产品方向		√	
		与专利代理对接	能够对接专利代理		√	
	论文撰写与项目申报	论文撰写	能够撰写技术论文		√	
		项目申报	能够根据企业现有技术基础，撰写项目申报书		√	
通用素质能力		团队精神	具备良好的团队协作能力		√	
		交流能力	具备良好的语言表达能力	√		
		技术文档撰写能力	具备良好的技术文档撰写能力		√	
		英语应用能力	具备良好的英文阅读能力和沟通能力			√

4. ME10 测试工程师（应用）岗位职业能力

ME10 测试工程师（应用）的岗位职业能力包括该岗位相关的工作项目和工作任务所需的关键技能、通用素质能力等，该岗位的工作项目主要包括项目对接、产品测试、设备管理等，具体所需的岗位职业能力见表 4-33。

表 4-33　ME10 测试工程师（应用）岗位职业能力分析

类别	工作项目	工作任务	职业能力	程度分级		
				初级	中级	高级
关键技能	项目对接	了解芯片主要性能与封测参数	了解常见芯片的工作原理与性能指标		√	
			熟悉常见的测试工作流程与测试仪器性能		√	
	产品测试	设计测试方案	能够针对测试芯片设计整体测试方案，选择合适的测试仪器（如恒流源、信号发生器、示波器等）			√
			能够针对测试目标参数与测试方案来设计测试电路			√
			能够根据测试方案编写测试软件			√
			能够设定完整的测试工作流程流程			√

（续）

<table>
<tr><th rowspan="2">类别</th><th rowspan="2">工作项目</th><th rowspan="2">工 作 任 务</th><th rowspan="2">职 业 能 力</th><th colspan="3">程 度 分 级</th></tr>
<tr><th>初级</th><th>中级</th><th>高级</th></tr>
<tr><td rowspan="11">关键技能</td><td rowspan="9">产品测试</td><td rowspan="2">产品测试</td><td>熟悉掌握测试设备的操作方法</td><td></td><td>√</td><td></td></tr>
<tr><td>能够独立完成产品测试流程</td><td></td><td>√</td><td></td></tr>
<tr><td rowspan="3">测试数据分析，包括 RBA、SYL、SBL、PAT</td><td>熟悉器件特性</td><td>√</td><td></td><td></td></tr>
<tr><td>掌握数据分析的原理和方法</td><td></td><td></td><td>√</td></tr>
<tr><td>能够分析数据所包含的意义（如是否达到设计目标、存在问题的可能原因）</td><td>√</td><td></td><td></td></tr>
<tr><td rowspan="2">问题分析</td><td>掌握失效分析基本概念</td><td>√</td><td></td><td></td></tr>
<tr><td>能够分析常见问题（例如失效品或不良品等）出现原因并提出解决方案</td><td>√</td><td></td><td></td></tr>
<tr><td rowspan="2">设备管理和维护</td><td>掌握 SMA 的原理和使用</td><td></td><td>√</td><td></td></tr>
<tr><td>能够对测试设备进行管理和维护（MSA）</td><td>√</td><td></td><td></td></tr>
<tr><td colspan="2" rowspan="6">通用素质能力</td><td>责任意识</td><td>有责任心、有良好的职业操守</td><td>√</td><td></td><td></td></tr>
<tr><td>团队协作</td><td>具有良好团队协作意识</td><td>√</td><td></td><td></td></tr>
<tr><td>人际沟通</td><td>具备良好的人际理解力和沟通协调能力</td><td>√</td><td></td><td></td></tr>
<tr><td>外语能力</td><td>具备无障碍阅读相关英文资料的能力</td><td>√</td><td></td><td></td></tr>
<tr><td>学习能力</td><td>具备良好的学习能力</td><td>√</td><td></td><td></td></tr>
<tr><td>其他</td><td>熟练掌握办公软件，具备良好的语言和文字组织能力</td><td>√</td><td></td><td></td></tr>
</table>

4.4 第三代半导体产业制造类从业人员关键岗位职业能力

制造类从业人员关键岗位主要包括第三代半导体（如碳化硅、氮化镓等）相关的材料（衬底、外延）、器件（芯片制造、封装测试）等相关企业的生产线操作人员典型岗位。具体见表 4-34。

表 4-34 制造类从业人员关键岗位职业能力

<table>
<tr><th>产 业 链</th><th>序 号</th><th>职 业 能 力</th></tr>
<tr><td rowspan="3">材料</td><td>1</td><td>晶体生长操作专项职业能力</td></tr>
<tr><td>2</td><td>衬底加工技术专项职业能力</td></tr>
<tr><td>3</td><td>外延技术专项职业能力</td></tr>
<tr><td>器件</td><td>1</td><td>芯片制造专项职业能力</td></tr>
</table>

4.4.1　材料类相关岗位职业能力

材料制造相关岗位主要分析了操作员（晶体生长）、技术员（衬底加工）、技术员（外延）等典型岗位的职业能力。

1. MO01 操作员（晶体生长）岗位职业能力

MO01 操作员（晶体生长）的岗位职业能力包括该岗位相关的工作项目和工作任务所需的关键技能、通用素质能力等，该岗位的工作项目主要包括生产工艺执行、设备管理等，具体所需的岗位职业能力见表 4-35。

表 4-35　MO01 操作员（晶体生长）岗位职业能力分析

类别	工作项目	工作任务	职业能力	程度分级		
				初级	中级	高级
关键技能	生产工艺执行	工艺执行	能够根据测试结果指导工艺	√		
			熟悉热场结构，能够正确装配热场			√
			能够细心核对工艺参数，确保实验准确进行			√
		晶体生长耗材管控	可以根据图样进行检查、核对工作	√		
			能够进行使用、损耗情况反馈	√		
		晶体生长数据统计	会统计晶体生长数据	√		
			会使用相关设备进行晶体质量检测	√		
		生产监控	能够监控工艺参数，保证设备正常运行	√		
	设备管理	设备的调试、验收、管理	熟悉长晶设备，了解基本的设备操作规程	√		
			能够进行机械组装、调试		√	
			具备一定的电子、电气、机械相关知识		√	
			能够进行基本应急操作，能够处理设备故障		√	
通用素质能力		职业道德	守信诚实		√	
		责任心	具备良好的工作责任心和主动性		√	
		人际沟通	具备较强的人际理解力和沟通协调能力			√
		团队协作	具备良好团队协作意识			√
		思考归纳	具备较强概念式思考（归纳思考）能力		√	
		信息化使用	能够熟练使用常用办公软件	√		
		工作条理	工作认真细致，有条理性	√		
		学习科研	具备较好的学习能力、科研能力	√		
		分析统计	拥有良好的统计，分析、解决问题能力	√		
		资料查找	具备资料查找能力、总结归纳能力	√		

2. MO02 技术员（衬底加工）岗位职业能力

MO02 技术员（衬底加工）的岗位职业能力包括该岗位相关的工作项目和工作任务所需的关键技能、通用素质能力等，该岗位的工作项目主要包括生产执行、设备维护等，具体所需的岗位职业能力见表 4-36。

表 4-36　MO02 技术员（衬底加工）岗位职业能力分析

类别	工作项目	工作任务	职业能力	分级		
				初级	中级	高级
关键技能	生产执行	参数设定	能够进行整形、切割、研磨、抛光、清洗封装等工艺参数设定		√	
		加工操作	能够独立完成整形操作工序、切割操作工序、研磨操作工序、抛光操作工序、清洗封装操作工序		√	
		测量	会使用测量设备对加工前后材料进行基本参数测量		√	
		数据统计	能够发现生产过程中工艺参数的异常		√	
			能够完成裂片、碎片、划痕等异常数据统计	√		
			会统计衬底参数数据	√		
	设备维护	设备维护	能够对衬底加工设备进行基础的维护保养		√	
通用素质能力		职业道德	诚实守信		√	
		责任心	具备良好的工作责任心和主动性	√		
		人际沟通	具备较强的人际理解力和沟通协调能力		√	
		团队协作	具备良好团队协作意识	√		
		思考归纳	具备较强归纳思考能力	√		
		信息化使用	能够熟练使用常用办公软件	√		
		工作条理	工作认真细致，有条理性		√	
		学习科研	具备较好的学习能力、科研能力	√		
		分析统计	拥有良好的统计，分析、解决问题能力	√		

3. MO03 技术员（外延）岗位职业能力

MO03 技术员（外延）的岗位职业能力包括该岗位相关的工作项目和工作任务所需的关键技能、通用素质能力等，该岗位的工作项目主要包括生产监控、设备管理等，具体所需的岗位职业能力见表 4-37。

表4-37 MO03技术员（外延）岗位职业能力分析

类别	工作项目	工作任务	职业能力	分级		
				初级	中级	高级
关键技能	生产监控	生产执行	掌握外延生产安全相关知识		√	
			能够正确使用生产MES系统		√	
			能够按照生产排程，完成生产任务		√	
			熟悉外延生产洁净车间及配套设施	√		
			能够正确操作与维护外延设备		√	
		数据监控	能够监控材料生长数据运行情况，并对数据情况进行反馈		√	
		材料试用反馈	能够对外延生长原材料试用、评价和反馈		√	
		异常改善和解决	能够通过数据分析，找出异常的差异并及时反馈			√
	设备管理	协助设备管理	熟悉外延工艺技术		√	
			能够协助设备工程师分析设备异常		√	
			会操作MOCVD机台	√		
通用素质能力		职业道德	诚实守信		√	
		责任心	具备良好的工作责任心和主动性		√	
		人际沟通	具备较强的人际理解力和沟通协调能力			√
		团队协作	具备良好团队协作意识			√
		思考归纳	具备较强概念式思考（归纳思考）能力			√
		信息化使用	能熟练使用常用办公软件	√		
		工作条理	工作认真细致，有条理性		√	
		学习科研	具备较好的学习能力、科研能力	√		
		分析统计	拥有良好的统计，分析、解决问题能力	√		
		资料查找	具备资料查找、总结归纳能力	√		
		实验设计	能够进行DOE实验设计	√		
		撰写	能够独立撰写专利/文章	√		
		数据分析	数据统计、处理能力强	√		

4.4.2 器件类相关岗位职业能力

器件生产相关岗位主要分析了制造技术员（芯片制造）、封装测试员等典型岗位的职业能力。

1. MO04 制造技术员（芯片制造）岗位职业能力

MO04 制造技术员（芯片制造）的岗位职业能力包括该岗位相关的工作项目和工作任务所需的关键技能、通用素质能力等，该岗位的工作项目主要包括设备点检、维护保养、设备调试、安全管理及其他相关项目等，具体所需的岗位职业能力见表 4-38。

表 4-38　MO04 制造技术员（芯片制造）岗位职业能力分析

类别	工作项目	工作任务	职业能力	程度分级		
				初级	中级	高级
关键技能	设备点检	日常巡检设备运行情况及完成点检工作	能够按上级或作业指导文件执行工作任务	√		
	维护保养	对设备进行维护保养，定期检修并做好相关记录	能够按上级或作业指导文件执行工作任务		√	
	设备调试	进行设备调试与异常故障排除并做好相关记录	具备设备调试及简单维修的能力			√
	安全管理	安全管理	能够贯彻执行安全生产、环境保护、消防安全、职业病防治的相关法律、法规及要求，履行安全生产职责等			√
	其他	听从上级安排完成相关的工作	能够按上级或作业指导文件要求执行工作任务	√		
		负责所属岗位的工作	—	√		
通用素质能力		职业道德	诚实守信			√
		责任心	具备良好的工作责任心和主动性		√	
		人际沟通	具备较强的人际理解力和沟通协调能力		√	
		团队协作	具备良好团队协作意识	√		
		执行能力	能够听从指挥，执行工作要求			√
		工作条理	工作认真细致，有条理性	√		

2. MO05 测试员（封装测试）岗位职业能力

MO05 测试员（封装测试）的岗位职业能力包括该岗位相关的工作项目和工作任务所需的关键技能、通用素质能力等，该岗位的工作项目主要包括执行操作等，具体所需的岗位职业能力见表 4-39。

表 4-39　MO05 测试员（封装测试）岗位职业能力分析

<table>
<tr><th rowspan="2">类别</th><th rowspan="2">工作项目</th><th rowspan="2">工作任务</th><th rowspan="2">职业能力</th><th colspan="3">分级</th></tr>
<tr><th>初级</th><th>中级</th><th>高级</th></tr>
<tr><td rowspan="4">关键技能</td><td rowspan="4">执行操作</td><td rowspan="2">完成封测任务</td><td>熟练掌握相关测试设备的操作流程</td><td></td><td></td><td>√</td></tr>
<tr><td>能够按操作指导文件执行封测操作</td><td></td><td></td><td>√</td></tr>
<tr><td rowspan="2">整理数据</td><td>能够每天填写工作日志</td><td>√</td><td></td><td></td></tr>
<tr><td>能够按照指导文件完成实验数据的收集、整理与记录</td><td></td><td>√</td><td></td></tr>
<tr><td colspan="2" rowspan="4">通用素质能力</td><td>良好的沟通能力</td><td>具备良好的沟通能力</td><td>√</td><td></td><td></td></tr>
<tr><td>良好的团队协作能力</td><td>具备良好的团队协作能力</td><td>√</td><td></td><td></td></tr>
<tr><td>良好的学习能力</td><td>具备良好的学习能力</td><td>√</td><td></td><td></td></tr>
<tr><td>执行能力</td><td>具备良好执行能力</td><td>√</td><td></td><td></td></tr>
</table>

4.4.3　应用类相关岗位职业能力

MO06 产品工艺技术员（光电制造）岗位职业能力

MO06 产品工艺技术员（光电制造）的岗位职业能力包括该岗位相关的工作项目和工作任务所需的关键技能、通用素质能力等，该岗位的工作项目主要包括贴片（SMT)、注塑、组装等，具体所需的岗位职业能力见表 4-40。

表 4-40　MO06 产品工艺技术员（光电制造）岗位职业能力分析

<table>
<tr><th rowspan="2">类别</th><th rowspan="2">工作项目</th><th rowspan="2">工作任务</th><th rowspan="2">职业能力</th><th colspan="3">程度分级</th></tr>
<tr><th>初级</th><th>中级</th><th>高级</th></tr>
<tr><td rowspan="9">关键技能</td><td rowspan="9">贴片（SMT）</td><td rowspan="2">核对工单，原物料准备</td><td>能够核对工单并按 BOM 核对物料</td><td>√</td><td></td><td></td></tr>
<tr><td>能够按要求做好静电防护</td><td>√</td><td></td><td></td></tr>
<tr><td rowspan="4">设备操作及参数选择</td><td>熟悉 SMT 车间所有生产设备（如锡膏机、贴片机、回流焊炉）的调试</td><td></td><td>√</td><td></td></tr>
<tr><td>熟悉 SMT 车间检测设备（如炉温测试仪、AOI 视觉检测）的调试</td><td></td><td>√</td><td></td></tr>
<tr><td>能够根据生产的产品，选择设备并完成程序选择、调试和设定</td><td></td><td>√</td><td></td></tr>
<tr><td>能够根据工单要完成首件制作并核对首件参数</td><td></td><td>√</td><td></td></tr>
<tr><td rowspan="3">SMT 制程工艺</td><td>熟悉 SMT 工艺流程和相关作业指导规范</td><td></td><td>√</td><td></td></tr>
<tr><td>能够识别并了解相关物料性能（如 PCB、LED 器件、电阻、电容、IC 等）</td><td>√</td><td></td><td></td></tr>
<tr><td>能够分析判断并解决制程异常</td><td></td><td>√</td><td></td></tr>
</table>

（续）

类别	工作项目	工 作 任 务	职 业 能 力	程 度 分 级		
				初级	中级	高级
关键技能	贴片（SMT）	转料	能按要求存储完工或未完工物料	√		
			能根据工单填写物料转移表	√		
		SMT 设备保养	掌握生产设备（如锡膏印刷机、贴片机、回流焊炉）基本的保养技能		√	
			掌握检测设备（如温度计、AOI 视觉检测）基本的保养技能		√	
	注塑	核对工单，原物料准备	根据工单料号，能够核对产品图样与镶件	√		
			根据工单料号，能够及时找到对应模具与镶件	√		
		设备操作及参数选择	熟悉注塑机和周边配套设备性能，掌握设备调试和基础维修的技术要领		√	
			熟悉注塑车间检测设备的使用（如透光率测试仪、3D 影像仪等）		√	
			能够根据生产的产品，选择设备并完成程序选择、调试和设定		√	
			能够根据工单要完成首件制作并核对首件参数		√	
		注塑制程工艺	熟悉注塑工艺流程和相关作业指导规范		√	
			能识别并了解相关物料性能（如树脂材料）	√		
			能够分析判断并解决制程异常		√	
		模具设备保养	模具保养：能够根据作业指导保养模具		√	
			模具维修：具备模具抛光、更换镶件/顶针、漏水修理等技能		√	
			设备保养：能够对设备进行一级维护和保养		√	
	组装	核对工单，原物料准备	能够核对工单，按产品 BOM 表核对配送的物料	√		
			能够根据工单选择并排列组装工序	√		
			能够按要求做好静电防护	√		
		设备操作及参数选择	能够掌握负责区域的生产设备操作和调试		√	
			熟悉组装车间检测设备的使用		√	
			具备一定的模具/设备异常识别判断能力		√	
			能够根据生产的产品，选择设备并完成程序选择、调试和设定		√	
			能够根据工单要完成首件制作并核对首件参数		√	

（续）

类别	工作项目	工 作 任 务	职 业 能 力	程 度 分 级		
				初级	中级	高级
关键技能	组装	组装制程工艺	熟悉组装工艺流程		√	
			熟悉 LED 光源、驱动、PCB、线材等材料的基本生产相关特性	√		
		设备保养	掌握生产设备基本的保养技能		√	
			掌握检测设备基本的保养技能		√	
通用素质能力		职业道德	遵纪守法、诚实守信	√		
		责任心	爱岗敬业、忠于职守，良好的工作责任心和主动性	√		
		人际沟通	具备较强的人际理解力和沟通协调能力		√	
		团队协作	具备良好团队协作意识	√		
		办公软件	具备良好办公软件应用能力与语言组织能力	√		
		工作态度	工作认真细致有条理性	√		
		质量意识	熟悉 ISO9001 体系管理	√		

4.4.4　生产保障类相关通用岗位职业能力

1. ME09 质量与可靠性保证工程师（封装测试）岗位职业能力

ME09 质量与可靠性保证工程师（封装测试）的岗位职业能力包括该岗位相关的工作项目和工作任务所需的关键技能、通用素质能力等，该岗位的工作项目主要包括实验室管理、可靠性实验与分析、可靠性研究等，具体所需的岗位职业能力见表 4-41。

表 4-41　ME09 质量与可靠性保证工程师（封装测试）岗位职业能力分析

类别	工作项目	工 作 任 务	职 业 能 力	程 度 分 级		
				初级	中级	高级
关键技能	实验室管理	测试设备评估、选型、导入	熟悉可靠性实验相关标准			√
			熟悉可靠性测试原理			√
			熟悉可靠性设备厂商及设备关键指标			√
			根据可靠性试验需求进行测试设备评估、选型、导入			√
		搭建测试平台	熟悉可靠性实验相关标准			√
			熟悉可靠性测试原理			√
			具备机械、电路、环境设计能力			√
			根据可靠性试验需求设计、搭建测试平台			√

（续）

类别	工作项目	工作任务	职业能力	程度分级		
				初级	中级	高级
关键技能	实验室管理	测试夹具设计制作	具备机械、电路设计能力		√	
			能够根据需求进行测试夹具设计和制作		√	
		实验室资质认证运行	掌握实验室相关资质认证流程		√	
			掌握相关资质对实验室运营的要求		√	
			负责实验室相关资质认证及运行		√	
		设备管理	掌握设备操作和维护方法		√	
			掌握设备校验要求，及第三方校验资源		√	
			负责设备管理，包括设备点检、维护、校验		√	
	可靠性实验与分析	制定内部可靠性实验规范	掌握可靠性实验相关标准和方法			√
			了解学术界可靠性领域最新研究成果			√
			基于学术成果和行业标准，制定内部可靠性实验规范			√
		可靠性实验计划制定及实施	掌握可靠性实验相关标准和方法			√
			掌握可靠性实验设备操作			√
			负责器件可靠性实验计划的制定及实施			√
		可靠性数据分析	掌握器件电特性测试方法及相关设备操作			√
			掌握数据分析基本方法			√
			掌握失效分析基本方法及相关设计操作			√
			了解器件基本原理和相关工艺			√
			具备电路基本知识			√
			负责可靠性实验前后的电性测试、数据分析、失效分析及失效机理分析、产品失效率及寿命的计算			√
		与第三方沟通	熟悉可靠性实验相关标准和方法		√	
			掌握封装厂和第三方资源及其实验能力		√	
			负责与封装厂和第三方实验室沟通，监督和安排可靠性实验		√	
		提供可靠性报告	负责根据实验结果提供可靠性报告		√	
	可靠性研究	可靠性试验新内容研究学习	熟悉可靠性实验标准和方法			√
			熟悉可靠性测试设备原理及关键参数			√
			能够进行可靠性试验新标准、新方法、新设备研究学习			√

（续）

类别	工作项目	工作任务	职业能力	程度分级		
				初级	中级	高级
关键技能	可靠性研究	可靠性实验探究	掌握可靠性实验原理和方法			√
			掌握器件失效原理			√
			掌握失效分析方法			√
			能够进行可靠性实验对器件考核的探究			√
		制定新的测试标准	精通可靠性实验原理和方法			√
			精通器件失效原理及分析方法			√
			能够制定新的测试标准			√
通用素质能力		职业道德	诚实守信		√	
		责任心	具备良好的工作责任心和主动性	√		
		人际沟通	具备较强的人际理解力和沟通协调能力		√	
		团队协作	具备良好团队协作意识	√		
		思考归纳	具备较强概念式思考（归纳思考）能力	√		
		信息化使用	能够熟练使用常用办公软件	√		
		工作条理	工作认真细致，有条理性		√	
		学习科研	具备较好的学习能力、科研能力	√		
		分析统计	拥有良好的统计，分析、解决问题能力	√		

2. ME11 厂务工程师岗位职业能力

ME11 厂务工程师的岗位职业能力包括该岗位相关的工作项目和工作任务所需的关键技能、通用素质能力等，该岗位的工作项目主要包括规划设计与建设、厂务设备管理、安全管理等，具体所需的岗位职业能力见表 4-42。

表 4-42　ME11 厂务工程师岗位职业能力分析表

类别	工作项目	工作任务	职业能力	程度分级		
				初级	中级	高级
关键技能	规划设计与建设	土建及公用需求调研	具备产线设计能力		√	
			负责土建及公用（如水、电、气、消防等）需求调研、分析，并完成方案设计		√	
		专用设备需求调研	负责专用设备（如化学品、空气净化、真空等）需求调研、分析，完成方案设计		√	
		过程质量监控	负责建设过程中的质量监控		√	
	厂务设备管理	配电系统保养维护	精通暖通设备系统相关知识；对于无尘室及相关子系统的架构、工作原理和运行方式有深刻且独到理解		√	

（续）

类别	工作项目	工作任务	职业能力	程度分级		
				初级	中级	高级
关键技能	厂务设备管理	配电系统保养维护	对空调负荷计算熟练，能够对泵与风机的扬程、功率、流量及其他重要参数进行准确估算		√	
			掌握各项无尘室技术规范		√	
			熟悉无尘室施工监管、测试和验收的重点、难点		√	
			具有相关资格证书，如《消防操作证》《高低压电工证》《电梯操作证》《压力容器操作证》《废水操作证》		√	
			能够针对全厂配电系统、发电机组、空气压缩机、电梯、氮气等系统执行保养维护和点检计划		√	
		电气、空压机系统异常处理	能够对电气、空气压缩机系统异常问题进行处理，实际运行问题改善，提出有效方案并实施，跟进工程维修单落实；节能措施实施		√	
		化学品废液及垃圾分类处理	对化学品废液及垃圾分类处理，保证废水达标排放，全厂三废管控，保证达到法律法规要求		√	
		无尘室系统维护保养	针对无尘室系统及相关子系统制定操作和维护规程并予以实施		√	
			独立维护无尘室及相关子系统，针对无尘室系统运行中的缺陷提出改良建议		√	
			拟定和执行无尘室及相关子系统的保养维护和点检计划		√	
	安全管理	安全管理与安全教育	掌握相关安全规范		√	
			负责厂区安全管理，排除安全隐患并进行人员安全教育		√	
		消防系统维护保养	具备消防工程施工、运行管理能力		√	
			负责消防系统设备前期调试、验收协调追踪、日常运行点检，制定消防维护保养计划工作			
通用素质能力		责任意识	具有较强的责任心		√	
		人际沟通	具备良好的人际理解力和沟通协调能力	√		
		工作态度	具备良好的自我驱动和工作安排能力		√	
		团队协作	具备良好团队协作意识	√		
		外语能力	阅读相关技术资料无障碍	√		
		学习能力	具备良好的自主学习意识和能力	√		
		其他	熟练掌握办公软件	√		

3. ME12 设备工程师岗位职业能力

ME12 设备工程师的岗位职业能力包括该岗位相关的工作项目和工作任务所需的关键技能、通用素质能力等，该岗位的工作项目主要包括设备管理、设备点检、设备维护保养等，具体所需的岗位职业能力见表 4-43。

表 4-43　ME12 设备工程师岗位职业能力分析

类别	工作项目	工作任务	职业能力	程度分级		
				初级	中级	高级
关键技能	设备管理	健全设备管理制度	掌握设备管理相关概念和方法			√
			掌握设备维护的方法和流程			√
			负责建立健全设备管理制度			√
		设备档案建立管理	熟悉设备基本信息		√	
			掌握档案管理基本技能		√	
			负责设备档案的建立和管理工作		√	
		设备技术资料归档	掌握设备原理、运行情况		√	
			掌握文档管理基本技能		√	
			负责设备技术资料的形成、积累、整理、立卷、归档工作		√	
		编制设备安全操作规程与培训	掌握相关安全规范			√
			掌握设备操作，能够识别安全隐患		√	
			负责编制设备安全操作规程，做好对操作人员的培训和考核		√	
	设备点检	建立设备点检制度	掌握设备点检的相关概念和方法		√	
			熟悉设备情况，能够识别需点检项		√	
			负责建立设备点检制度，明确点检项目、周期、标准、流程		√	
		设备日常点检与异常处理	掌握各设备操作、维护方法		√	
			具备阅读电路图和机械图的能力		√	
			进行设备日常点检，发现设备异常或隐患并依据相关制度进行处理		√	
	设备维护保养	建立设备维护保养制度	掌握设备保养的相关概念和方法		√	
			掌握设备操作和保养的操作		√	
			负责建立设备维护保养制度，制定设备保养计划并实施		√	
		建立设备校验制度	掌握设备校验的相关概念和方法		√	
			掌握设备操作和校验的操作		√	

（续）

类别	工作项目	工作任务	职业能力	程度分级		
				初级	中级	高级
关键技能	设备维护保养	建立设备校验制度	负责建立设备校验制度，制定设备校验计划并实施		√	
		设备的备品备件管理	掌握物料管理方法		√	
			掌握设备备品、备件基本信息、消耗周期		√	
			负责设备的备品、备件管理		√	
		设备备件、特殊气体更换	掌握设备备件、特殊气体更换操作方法			√
			负责设备备件、特殊气体的更换			√
		与厂商对接进行设备维修	负责设备厂商修理及信息更新		√	
			与厂商对接进行设备维修		√	
	设备改造	协助完成设备改造	精通设备原理及生产指标对设备的关键参数要求			√
			具备电路、机械设计或读图能力			√
			根据新增功能或性能要求，与工艺工程师、研发工程师配合提出已有设备改造升级改造方案，并连同设备供应商完成设备改造			√
		协同设计、制作生产和测试夹具	具备电路、机械设计或读图能力			√
			能够根据实际需求，与工艺工程师、研发工程师配合，或连同供应商设计、制作生产和测试夹具			√
	设备导入	新设备的选型和申购	能够根据需要，协同其他部门制定新设备采购、投资计划，组织设备的选型和申购		√	
		设备性能评估	掌握各设备指标和关键参数			√
			掌握现有设备厂商技术能力和特点			√
			能够根据需求对设备功能、性能进行评估，为设备选型提供参考依据			√
		设备验收报告	掌握设备验收方法			√
			能够对购入设备确定验收项目和指标，完成验收后出具验收报告			√
通用素质能力		责任意识	具有较强的责任心		√	
		人际沟通	具备良好的人际理解力和沟通协调能力	√		
		工作态度	具备良好的自我驱动和工作安排能力	√		
		团队协作	具备良好团队协作意识	√		
		外语能力	阅读相关技术资料无障碍		√	
		学习能力	具备良好的自主学习意识和能力		√	
		其他	熟练掌握办公软件	√		

4.5　第三代半导体产业从业人员晋升路线图

在第三代半导体产业从业人员岗位调研及岗位职业能力分析的基础上，经过多轮对相关企业人力资源管理人员的访谈，确立了材料类企业核心岗位晋升路线，器件类企业核心岗位晋升路线，应用类企业核心岗位晋升路线。

4.5.1　材料类企业技术核心岗位晋升路线图

材料类企业技术人员晋升路线主要有技术路线和管理路线两种，具体如图 4-1 所示。

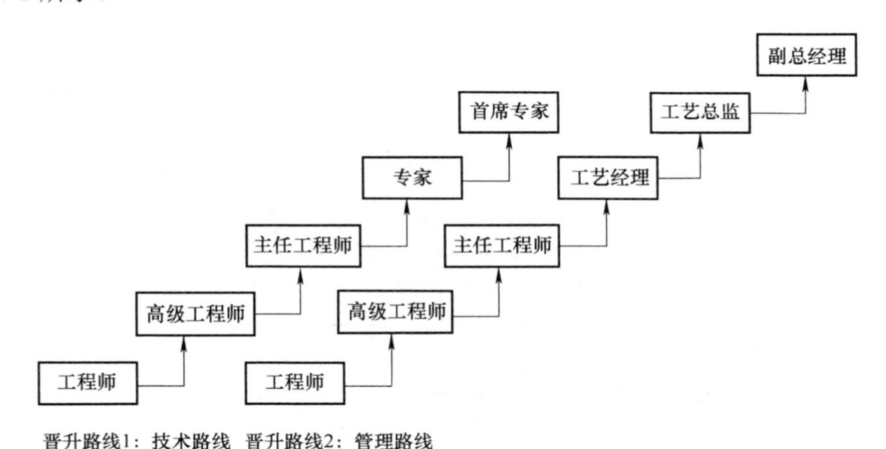

图 4-1　衬底、外延类企业技术核心岗位晋升路线图

4.5.2　器件类企业技术核心岗位晋升路线图

器件类企业技术核心岗位包括芯片设计、芯片制造、封装测试三大类。

芯片设计类技术核心岗位研发线、工艺线具体如下：

1）研发线，以技术线晋升为主，如图 4-2 所示。

2）工艺线，晋升路线主要有技术路线和管理路线两种，如图 4-3 所示。

芯片制造类技术岗位晋升主要有技术路线和管理路线两种，如图 4-4 所示。

封装测试类技术岗位以技术路线、管理路线两种晋升为主，具体如图 4-5 所示。

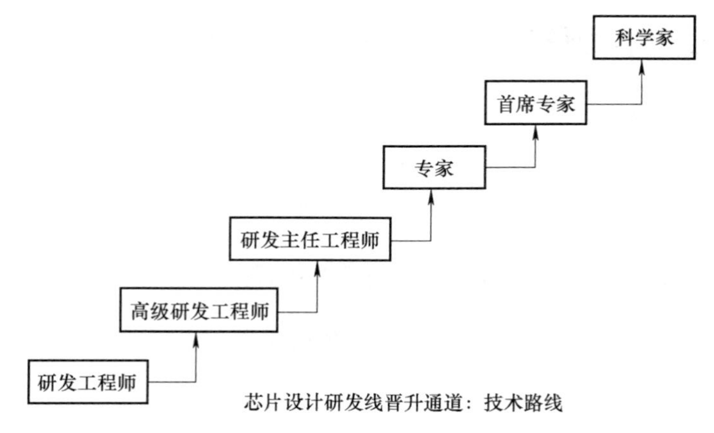

图 4-2　芯片设计研发线晋升通道

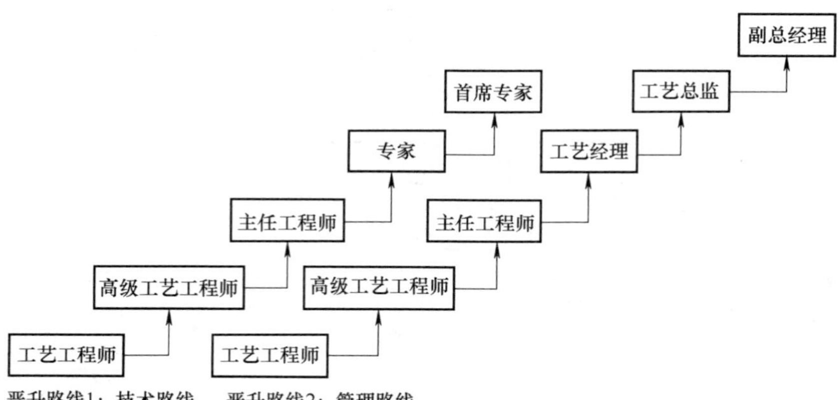

图 4-3　工艺线晋升通道

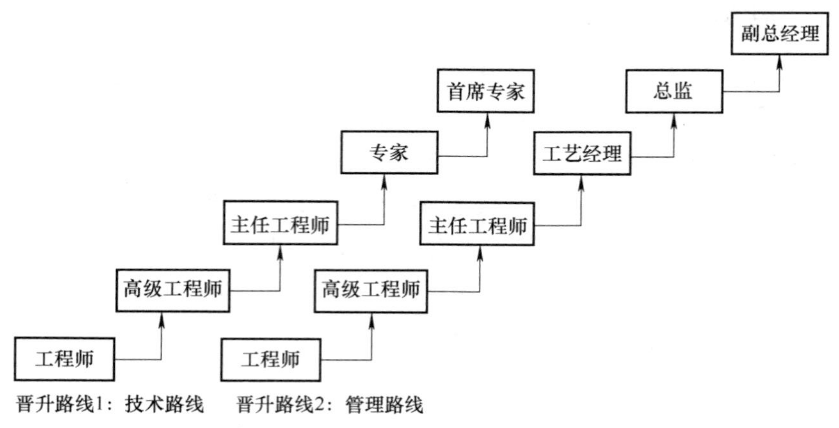

图 4-4　芯片制造类技术岗位晋升通道

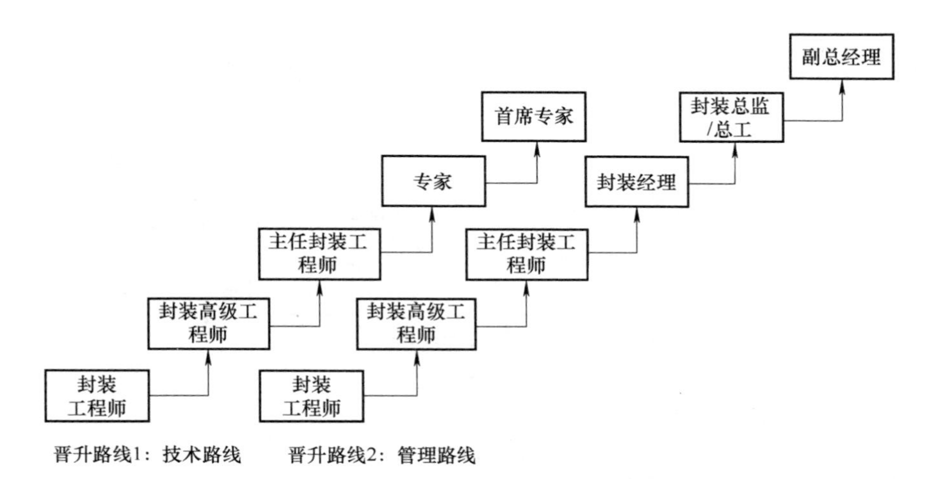

图 4-5　封装测试类技术岗位晋升通道

4.5.3　应用类企业技术核心岗位晋升路线图

应用类技术核心岗位主要包括：产品研发工程师（应用）、研发工程师（光学/结构/电子）、工艺整合工程师（应用）、产品工艺工程师（应用制造）、设备工程师（应用）、生产技术员/操作员/作业员（应用）等。

应用类技术核心岗位以研发工程师、应用工程师岗位为主。

研发工程师晋升路线主要有技术路线和管理路线两种，具体如图 4-6 所示。

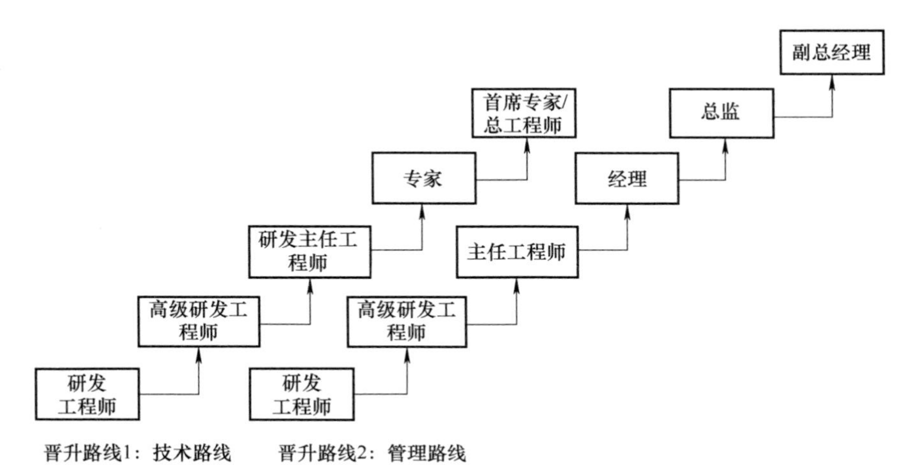

图 4-6　研发工程师晋升通道

应用工程师晋升路线主要有技术路线和管理路线两种，具体如图 4-7 所示。

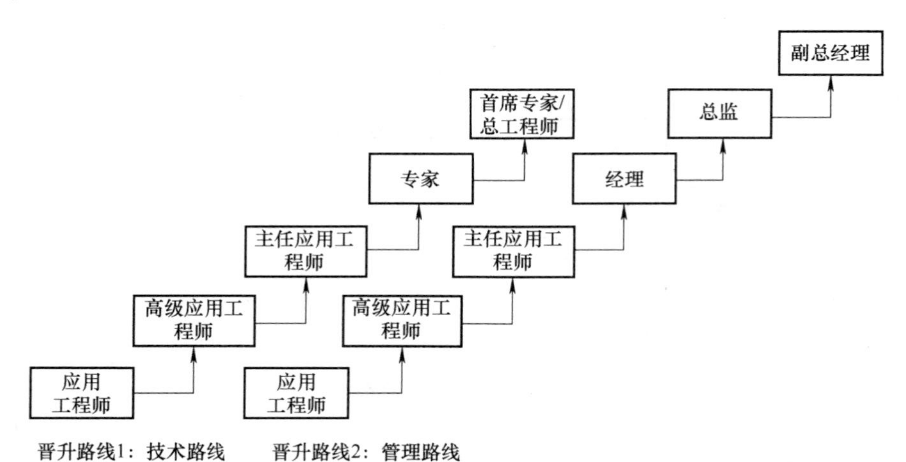

图 4-7　应用工程师晋升通道

第5章

第三代半导体产业贯通人才培养体系

5.1 第三代半导体产业人才贯通培养体系建设的意义

5.1.1 产业发展迫切需要对接产业构建全链人才培养体系

第三代半导体涉及光电子、电子电力、微波射频等多学科，其产业支撑国家能源革命，服务“双碳”战略；支撑高铁、新能源汽车等核心动力系统的升级换代；支撑高频、高速、宽带通信系统核心器件的自主可控；支撑光电应用产业高质量发展。可以说，第三代半导体对促进我国经济智能、绿色、可持续发展的战略意义非凡。按照我国国民经济和社会发展的“十四五”规划，第三代半导体将迎来快速发展和上升期。伴随着第三代半导体技术的推广普及，必然会引发产业对人才的高度需求。

产业升级和技术快速迭代需要更多层级、更加多元化的人才，而现状却是人才的缺口巨大，两者俨然成为矛盾。因此，需要以产教融合为指导思想，从宏观层面建立人才成长通道，实施立体式贯通的人才培养，构建半导体终身教育体系，培育出“领军技术人才、领航管理人才、工程技术人才、工艺制造工匠”等多元化人才，从而实现围绕产业链构建人才链、赋能创新链，为第三代半导体技术创新和产业发展提供人才保障。

5.1.2 健全第三代半导体产业人才终身教育体系

在第三代半导体产业高质量发展呼唤加快“领军型、研究型、技术型、技能型”人才培养的形势下，搭建贯通立交桥，要从产业宏观层到专业微观层面将人才培养的各阶段作为一个整体统筹设计，整合优质教育资源及优质实践资源，产教协同共筑人才成长生态，最终形成人才终身教育体系、促进人才可持续发展。

落实人才终身教育的有效举措包括：①优化研究生教育，使人才知识结构更加精深；②完善职业教育“中高本”有机衔接与贯通，形成技术技能人才优质梯队；③优化职业培训、加强高技能人才与专业技术人才的贯通。

5.1.3 提升第三代半导体产业人才培养精准度

目前第三代半导体商业模式主要包括：IDM 模式和垂直分工模式。产业布局及商业模式对人才的知识深广度、技能的精熟度与复合度等提出不同要求。这就需要在横向维度精准绘制“产业地图”和“人才地图”，在纵向维度上积极构建人才培养立交桥。在横纵两个维度同时发力，促进人才培养与产业精准对接。厚培人才根系、深化“对产育才”，如此方能打磨出产业所需的懂技术、能创新、善研发的人才链，实现“以才促产”的良性循环。

5.2 第三代半导体产业贯通人才培养定位与模式

人才培养定位是高等院校对究竟培养什么样人才的顶层设计,是办学理念的具体体现，是高等院校开展人才培养活动的基础和前提，而人才培养模式是人才的培养目标、培养规格以及实现这些培养目标的方法或手段。

5.2.1 第三代半导体产业贯通人才培养定位与模式

一般观念中，研究型大学以培养学术型、学术复合型人才为主，培养造就大批优秀的创新型人才，并在科研中培养高层次学术人才，其本科是以通识教育为主的专业教育；教学科研并重型大学以培养科技应用复合型人才为主；教学主导型大学则以培养工程应用型、复合型人才为主，本科是通识教育为主或通识与专业教育并重。研究型大学中名师荟萃，而教学科研并重型和教学主导型大学名师相对较少，创新研究人才的比例较研究型大学也略有下降。

新《职业教育法》明确：“专科层次高等职业学校设置的培养高端技术技能人才的部分专业，符合产教深度融合、办学特色鲜明、培养质量较高等条件的，经国务院教育行政部门审批，可以实施本科层次的职业教育”。这意味着，呼吁多年、探索多年、研究多年举办职教本科的问题终于有了法律保障。

职教本科与普通本科有多处不同。一是培养方向不同。职教本科，也叫职业本科、高职本科，是我国高等教育体系的全日制本科层次中的一种，主要培养应用型人才，是为了适应国家经济转型和新的经济增长方式对各类高层次技术技能人才的需求。二是办学主体不同。职教本科的办学主体主要是一些独立本科院校试办，或者一些国家示范性高等职业院校办学，甚至是两者联合办学。三是招生方式不同。职教本科除了通过普通高考招生录取，还有“3+2”衔接的“三二分段联合培养”等模式。

修订后的职教法规定：“职业学校教育分为中等职业学校教育、高等职业学校教育。中等职业学校可以按照国家有关规定，在有关专业实行与高等职业学校教育贯通的招生和培养。高等职业学校和实施职业教育的普通高等学校应当在招生计划中确定相应比例或者采取单独考试办法，专门招收职业学校毕业生。”这就从法律层面畅通了职校学生的发展通道。

中等职业学校培养初级和中级技术技能人才，以初级为主，主要是技术人员和操作人员，要求学生掌握经验技能，标准是“会做”，追求的技能水平是“熟练”。高职院校专科培养中、高级技术技能人才，主要是中级技能人才，也称为高级技术员，要求学生学习和掌握策略技能，属于“怎么做好”，不仅必须“会做”，而且还要学会“巧做”和“做巧”。职教本科培养高水平的技术技能人才，这一水平的人才也称为技师、高级技师。这三种不同类型人才之间的区别与联系，可以从当前主流的四类工程师的相互关系中理解，这四类工程师分别为服务工程师、生产工程师、设计工程与研发工程师。上述工程师之间不仅存在类型区别，同时也有层次区别。

目前，部分地方院校已经施行了中高职贯通教育方案，学习年限为 5 年，其招收的是通过中考的初中毕业生，当达到录取成绩之后直接进入高等职业技术学校进行学习，对其进行培养。国家已取消高职招收中职毕业生比例限制，允许符合高考报名条件的往届中职毕业生参加高职院校单独考试招生。建立在中高职学校合作关系之上，双方讨论制定贯通教学方案，根据人才的培养方案拟定升学要求，对学生的中职阶段学习的情况进行全面且综合的审核。对完成中职阶段的学生，高职院校进行专业的综合的入学审核，若成绩达到合格，将准允其注册入学。中高职贯通教育在培养效果上来看，减少了两个教学层次对教学的消耗，从而提升了教育资源的利用水平。

高职专科毕业生仍然有向上进修的需要，近年专插本㊀考试吸引了大批高职毕业生就是例证。为了适应新形势，职教本科教育的人才培养目标定位可以表述为：面向行业、产业的高端领域，培养能从事产品生产和服务、科技成果转

㊀ 专插本一般指的是普通高等教育中专科升本科，是全日制学习。

化、解决复杂问题和进行复杂操作，具有较强专业能力、创新能力、方法能力、组织领导能力、可持续发展能力和较高综合职业素养的高层次技术技能人才，相当于“技术工程师”层次。图 5-1 为第三半导体产业贯通人才培养定位与模式。

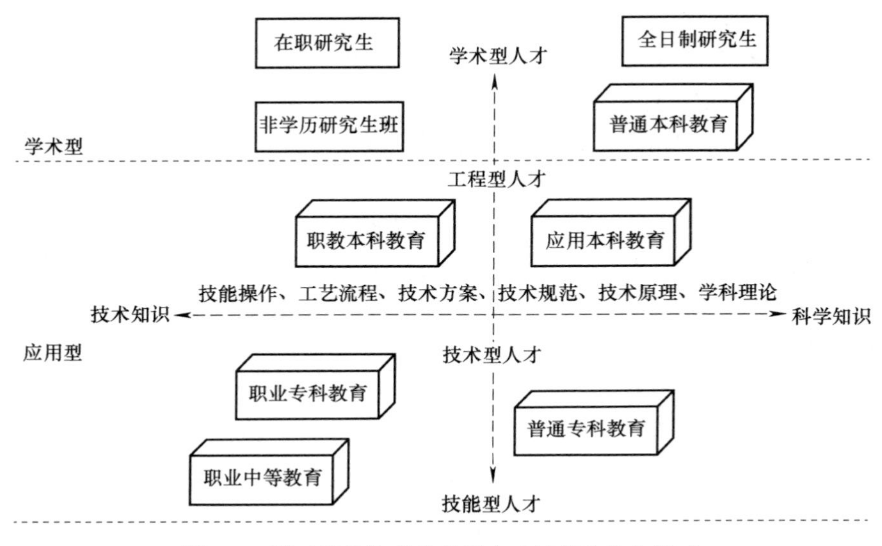

图 5-1　第三半导体产业贯通人才培养定位与模式

5.2.2　第三代半导体产业贯通人才培养类型与途径

1. 培养类型

从技术路径看，对于职业院校，中职以工匠型技能人才培养为主；高职以技术技能人才培养为主；职教本科以高层次技术技能人才培养为主。对于普通高等院校，本科以工程技术人才、技术创新人才培养为主；高校研究生主要定位在领军领航型、研究创新型人才的培养。

2. 培养途径

除了普通高校、职业院校的相关学科专业的常规学历提升途径，全国不少院校也实施贯通式人才培养，如普通高校硕博贯通、本硕博贯通培养；职业院校的中高职贯通、中本贯通、五年一贯制培养；普职贯通的专升本模式等。此外，职前和职后的技术技能提升培训也是贯通培养的重要方式。表 5-1 为第三代半导体产业贯通人才培养类型与路径。

表 5-1　第三代半导体产业贯通人才培养类型与路径

学历层次	培养定位	特　色	产业导向人才培养	培养对象
研究生	学术/研发	深研究、强应用	高级研发工程师	学生/企业人员
本科	研发	厚基础、宽口径	研发工程师	学生
应用型本科/职教本科	高层次技术技能	对接产业、精准就业	应用工程师	学生
高职（专科）	技术技能		助理工程师	学生/企业人员
中职	技能		技术工人	学生

为满足产业各层次人才需求，提高供给侧的规模和质量，联盟组织产业专家深入院校，完成了中职、高职、本科衔接的专业教学方案的设计。其中包括光电子领域、电力电子领域、微波射频等不同应用领域贯通人才培养方案，为第三代半导体产业培养输送专业化的不同层次人才奠定了坚实基础。

表 5-2 为与第三代半导体产业相关的专业列表。

表 5-2　与第三代半导体产业相关的专业列表

层次	定位	序号	光　电　子	序号	电力电子（功率电子）	序号	微 波 射 频
研究生	研究/研发	1	光学工程（0803）	1	材料科学与工程（0805）	1	电子科学与技术（0809）
		2	电子科学与技术（0809）	2	电子科学与技术（0809）	2	信息与通信工程（0810）
				3	电气工程(0808)	3	集成电路科学与工程（1401）
普通本科	研发	1	光电信息科学与工程（080705）	1	新能源汽车工程（080216T）	1	电磁场与无线技术（080712T）
		2	光源与照明（080603T）	2	新能源材料与器件（080414T）	2	电波传输与天线（080713T）
		3	电子科学与技术（080702）	3	电子科学与技术（080702）	3	通信工程（080703）
				4	微电子科学与工程（080704）	4	物联网工程（080905）
				5	光电信息科学与工程（080705）	5	电子信息科学与技术（080714T）
				6	电子封装技术（080709T）	6	电子信息工程（080701）

（续）

层次	定位	序号	光电子	序号	电力电子（功率电子）	序号	微波射频
普通本科	研发			7	集成电路设计与集成系统（080710T）	7	电子科学与技术（080702）
				8	电子信息科学与技术（080714T）	8	微电子科学与工程（080704）
				9	电气工程与智能控制(080604T)	9	集成电路设计与集成系统（080710T）
职教本科	高层次技术技能	1	光电信息工程技术（310104）	1	集成电路工程技术（310401）	1	电子信息工程技术（310101）
						2	集成电路工程技术（310401）
高职	技术技能	1	光电显示技术(510110)	1	电气工程及自动化（260302）	1	现代通信技术(510301)
		2	智能光电技术应用（510109）	2	电力系统继电保护技术（430106）	2	现代移动通信技术(510302)
		3	应用电子技术（510103）	3	电子信息工程技术（310101）	3	卫星通信与导航技术(510304)
		4	电子信息工程技术（510101）	4	集成电路技术(510401)	4	通信系统运行管理(510306)
				5	微电子技术(510402)	5	物联网工程技术(310102)
				6	工业过程自动化技术（460307）	6	物联网应用技术（510102）
				7	工业自动化仪表技术（460308）	7	电子信息工程技术（310101）
				8	汽车智能技术（510107）	8	集成电路技术(510401)
						9	微电子技术（510402）
中职	技能	1	电子技术应用（光电产品应用与维护方向）（710103）	1	微电子技术与器件制造（710401）	1	现代通信技术应用（710301）
				2	新能源装备运行与维护（660204）	2	微电子技术与器件制造（710401）

5.3　不同应用领域贯通人才培养方案

5.3.1　光电子领域

为满足第三代半导体产业光电子领域各层次人才需求，提高供给侧的规模和质量，联盟组织产业界、教育界专家完成了中职、高职、本科、研究生衔接产业导向的光电子领域贯通人才培养方案的构建。

5.3.1.1　光电子领域贯通人才培养定位与目标

表 5-3 为中职、高职、本科、研究生衔接产业导向的光电子领域贯通人才培养定位与目标。

表 5-3　光电子领域贯通人才培养定位与目标

类型	学段	就业面向	专业名称	培养目标	接续专业
高等教育	研究生	研发工程师 项目经理 产品经理 软件工程师 硬件工程师 材料工程师 光学设计工程师 芯片测试工程师 半导体设备工程师 半导体工艺工程师	光学工程（0803） 电子科学与技术（0809）	具有光学工程、电子科学与技术学科扎实的理论知识、良好的工程实践能力，能够在先进制造、信息、光电功能材料等领域具有解决行业复杂工程研发问题能力的高素质、创新拔尖人才	无
	本科	产品研发工程师 设备工程师 智能照明产品经理 应用工程师（结构、光学、电子） LED 封装工程师 样品工程师 照明设计师 材料工程师 测试工程师 光学工程师	光源与照明（080603T） 光电信息科学与工程（080705） 电子科学与技术（080702）	具有扎实的理论知识、良好的工程实践能力，能够在半导体光电、半导体照明材料与器件、光源与照明等领域，从事产品研发、质量检测、生产、照明光环境设计及照明工程管理等工作，具有解决行业复杂工程问题能力的高素质工程型专业人才	光学工程（0803） 电子科学与技术（0809）

（续）

类型	学段	就业面向	专业名称	培养目标	接续专业
职业教育	职教本科	产品研发工程师 设备工程师 应用工程师（结构、光学、电子） 样品工程师 材料工程师 测试工程师 光学工程师 电子工程师	光电信息工程技术（310104）	具有扎实的光电子学、光电信息技术理论知识，良好的工程光学、通信技术工程实践能力，具备在光电信息系统的设计、集成、调试、安装、编程以及二次开发能力，能够从事光电通信系统、光电检测系统、光电成像系统以及信息系统的设计、集成、维护、运行、管理等工作，具有解决行业工程问题能力的高素质工程型专业人才或技能人才	光学工程（0803） 电子科学与技（0809）
	高职	LED 封装工艺工程师 LED 灯具生产工程师 智能照明应用工程师 LED 产品测试工程师 LED 显示屏生产与	智能光电技术应用（510109） 光电显示技术（510110） 应用电子技术（510103） 电子信息工程技术（510101）	具有光学、电子学较为扎实的理论知识，良好的照明和显示工程实践能力，能够在半导体照明与显示领域具有解决行业工程问题能力的高素质技术技能人才	普通本科： 光源与照明（080603T） 光电信息科学与工程（080705） 电子科学与技术（080702） 职教本科： 光电信息工程技术（310104）
	中职	LED 封装操作工 LED 产品装配工 LED 产品检测工 LED 产品维修工 办公设备维修工 LED 产品销售员	电子技术应用（光电产品应用与维护方向）（710103）	具有基本的电子技术、光电技术理论知识，良好的 LED 封装、LED 产品装配、检测和维护的工程实践能力的高素质技能型人才	电子信息工程技术(510101) 应用电子技术（510103） 智能光电技术应用（510109） 光电显示技术（510110）

5.3.1.2 光电子领域贯通人才培养方案

表 5-4 为中职、高职、本科、研究生等各学段产业导向的光电子领域贯通人才培养方案。

表 5-4　光电子领域贯通人才培养方案

学段	岗位群（产业链）	专业能力要求	课 程 体 系
研究生	研发工程师 项目经理 产品经理 软件工程师 硬件工程师 材料工程师 光学设计工程师 芯片测试工程师 半导体设备工程师 半导体工艺工程师	1．具备独立从事半导体照明材料与器件、微电子与光电子器件及芯片制造的研发能力 2．能熟练运用计算机和信息化技术，解决本学科领域的问题 3．具有全球化意识和国际视野，熟练掌握一门外语，能够通过继续学习、更新专业知识，提高专业能力，实现个人整体素养的不断提升	1．半导体激光器及其应用 2．光集成器件 3．光电成像与图像处理 4．光电子器件设计与模拟 5．现代半导体器件制备工艺 6．纳米半导体器件物理 7．电子科学与技术学科前沿 8．半导体材料制备与分析技术
普通本科	产品研发工程师 设备工程师 智能照明产品经理 应用工程师（结构、光学、电子） LED 封装工程师 样品工程师 照明设计师 材料工程师 测试工程师 光学工程师	1．能够针对半导体照明材料与器件、照明灯具、LED 光学、LED 显示、驱动电源、照明控制及照明光环境设计等光源与照明行业应用需求与工程环境，理解和运用光源与照明领域学科知识及行业技术标准，解决与专业相关的工程技术问题或进行创新创业实践 2．具备一定的工程创新能力和创业能力，能够独立从事光源与照明产品的设计、开发、生产管理和质量检测，或照明工程项目的设计、实施、运行和维护等工作 3．能够与国内外同行进行有效沟通，能够在光源与照明产品设计、生产、销售，以及照明光环境设计和项目实施等团队中担任组织协调或管理角色	1．半导体光电器件专业课程 2．LED 照明专业课程 3．LED 显示专业课程
职教本科	产品研发工程师 设备工程师 应用工程师（结构、光学、电子） 样品工程师 材料工程师 测试工程师 光学工程师 电子工程师	1．具备光电通信系统的基本操作、安装调试、运行维护、安全保障、故障检修、二次开发、设计结构的能力 2．具备各种光电成像系统的使用、维护、改进能力，以及新型成像系统设计、集成能力 3．具备信息处理系统的设计、集成、运行、改进的能力	1．光电信息工程技术专业课程 2．半导体照明技术专业课程 3．光电显示专业课程

（续）

学段	岗位群（产业链）	专业能力要求	课程体系
职教本科		4．具备熟练运用各种光电检测技术对产品进行自动化生产改造、质量检测、分类筛选，以及各种信号监控的能力 5．具备新型光电器件的仿真设计能力以及运用光学知识进行光电信息工程设计的能力 6．具备使用计算机进行程序编写、自动化控制，使用工业互联网、大数据、人工智能技术的能力 7．具备根据所学知识分析问题和解决问题的能力 8．具有探究学习、终身学习与可持续发展的能力	
高职	LED 封装工艺工程师 LED 灯具生产工程师 智能照明应用工程师 LED 产品测试工程师	1．具有计算机的基本操作和基本应用能力 2．具有一定的英语阅读与听说能力 3．具备常用电子测试、LED 监测仪器的使用能力 4．具备 LED 封装工艺与生产管理能力 5．具备 LED 电源驱动电路的设计能力 6．具备一定的 LED 照明的市场营销和相关企业的技术管理能力 7．具备 LED 照明灯具装配能力 8．具备照明工程设计能力 9．具备照明工程施工管理能力	1．智能光电技术应用专业课程 2．应用电子技术专业课程 3．光电显示技术专业课程
中职	LED 封装操作工 LED 产品装配工 LED 产品检测工 LED 产品维修工 办公设备维修工 LED 产品销售员	1．LED 照明/显示产品设计与检测能力 2．LED 产品制造能力	1．LED 照明/显示产品设计与检测专业课程 2．LED 产品制造专业课程

5.3.1.3　光电子领域各层级人才培养方案

1. 光电子领域（中职）人才培养方案

（1）光电子领域（中职）人才培养课程体系

表 5-5 为光电子领域中职部分产业导向的人才培养课程体系。

表 5-5　光电子领域中职部分产业导向的人才培养课程体系

企业岗位	LED 封装操作工、LED 产品装配工、LED 产品检测工、LED 产品维修工、办公设备维修工、LED 产品销售员
专业方向	电子技术应用（光电产品应用与维护方向）（710103）
公共基础课/专业基础课	语文、数学、英语、政治、历史、体育与健康、心理健康与职业生涯、职业道德与法治、哲学与人生、信息技术、职业素养、艺术
专业核心课	电工电子学基础、电子产品制造工艺、电子测量与仪器、电子电路 CAD、单片机原理与应用、光电传感与检测、PLC 原理及应用、LED 应用技术、LED 封装与检测、物联网技术及应用
拓展课/专业方向课	光与照明概论、半导体照明技术基础、LED 照明产品设计与检测、办公设备使用与维修、移动通信终端设备测试与维修、项目设计
实验/实训	电工技能实训、电子技能实训、单片机综合实训、办公设备使用与维修实训、PLC 综合实训、电子设计自动化实训、物联网技能实训、LED 封装实训、LED 照明产品检测实训
竞赛	电子产品装调与应用（国赛，省赛，市赛） 智能硬件开发与应用（省赛，市赛）
毕业论文	光电产品应用与检测、电路板设计与制作

（2）光电子领域（中职）人才培养核心课程简介

表 5-6 为光电子领域中职部分产业导向的核心课程简介。

表 5-6　光电子领域中职部分产业导向的核心课程简介

序号	课 程 名 称	课 程 简 介
1	LED 应用技术	LED 器件测试、识别及应用；常见 LED 组件的使用及维护；LED 技术综合应用
2	LED 照明产品设计与检测	照明产品设计建模、仿真、测试与数据分析；照明产品设计与检测综合应用
3	LED 封装与检测	LED 封装常识，封装材料及工具使用；封装生产设备的使用；封装工艺流程及操作方法
4	光电传感与检测	传感器的概念、种类和结构组成；传感器的特点、识别、测量，常用传感器在工业中的应用

2. 光电子领域（高职）人才培养方案

（1）光电子领域（高职）人才培养课程体系

表 5-7 为光电子领域高职部分产业导向的人才培养课程体系。

表 5-7　光电子领域高职部分产业导向的人才培养课程体系

企业岗位	LED 封装工艺工程师、LED 灯具生产工程师、智能照明应用工程师、LED 产品测试工程师、LED 显示屏生产与应用工程师
专业方向	智能光电技术应用（510109）、光电显示技术（510110）、应用电子技术（510103）电子信息工程技术（510101）
公共基础课/专业基础课	电路分析、模拟电子技术、数字电子技术、电子工程制图、程序设计基础、电子元器件基础、光学基础、仪器仪表的应用、产品设计与创新、质量管理
专业核心课	光电器件封装工艺、光电器件检测技术、光电器件结构设计、光电封装材料、PCB 设计与制作、单片机应用开发、照明仿真与设计、电源与控制技术、光电显示技术、新型显示技术
拓展课/专业方向课	激光光源制作与应用、健康光源制作与应用、深紫外光源制作与应用、植物照明光源制作与应用、灯具产品制作、智能照明控制技术、景观照明工程、显示屏产品制作、智能显示技术与应用
实验/实训	光电器件封装综合实训、光源性能检测综合实训、智能照明产品制作综合实训、照明产品测试分析综合实训、智能照明工程应用综合实训、显示屏组装应用综合实训、超高清视频技术综合实训
竞赛	世界技能大赛光电技术项目、全国技能大赛光电技术项目、全国行业职业技能竞赛—电光源制造工（光电信息与技术）职业技能竞赛、省职业技能大赛、市职业技能大赛光电技术项目
毕业论文	光电器件封装与测试技术、智能照明产品与应用、光电显示技术应用

（2）光电子领域（高职）人才培养核心课程简介

表 5-8 为光电子领域高职部分产业导向的核心课程简介。

表 5-8　光电子领域高职部分产业导向的核心课程简介

序号	课 程 名 称	课 程 简 介
1	光电器件封装工艺	LED 封装物料、封装工艺、光源测试和光色调控理论知识等
2	光电显示技术	光电显示技术发展历程、LED 光电显示原理和技术应用等
3	光电器件封装综合实训	LED 设备操作与调试、LED 封装技术，LED 封装工艺流程等
4	智能照明产品制作综合实训	AI+LED 设备的控制设置操作、光电应用终端产品制作（如完成 LED 光立方、触控小台灯、建筑模型灯光装饰的制作）等
5	智能照明工程应用综合实训	Arduino 编程，编程控制 LED 亮灭和对多种传感器的数据读取；智能照明系统的设计与制作；LED 照明工程施工与管理等
6	显示屏组装应用综合实训	LED 显示屏的结构与电路设计、生产工艺知识，LED 显示屏的组装、测试、维修技能等

3. 光电子领域（职教本科）人才培养方案

（1）光电子领域（职教本科）人才培养课程体系

表 5-9 为光电子领域职教本科部分产业导向的人才培养课程体系。

表 5-9 光电子领域职教本科部分产业导向的人才培养课程体系

企业岗位	产品研发工程师、设备工程师、应用工程师（结构、光学、电子）、样品工程师、材料工程师、测试工程师、光学工程师、电子工程师
专业方向	光电信息工程技术（310104）
公共基础课/专业基础课	物理光学基础、电路分析基础、模拟电子技术、数字电子技术、工程光学、光电子信息技术、激光原理与技术、信号与系统、计算机程序设计、辐射度照度与色度
专业核心课	光纤与光通信技术、光电传感与系统、光电子材料与器件、新型电光源工程技术、电气工程设计、应用光学设计、光电检测技术、光电信息工程与施工
拓展课/专业方向课	工程计算软件 MATLAB、电路板设计、嵌入式开发应用、数字图像处理、计算机视觉、显示屏系统原理与工程技术、电光源技术、科技论文中英文写作
实验/实训	电路分析、电子技术、光纤技术、电气工程设计、光电技术检测、照明系统仿真设计、电路板设计、LED 芯片封装工艺
竞赛	全国大学生光电设计竞赛（国赛，省赛，市赛） 全国职业院校技能大赛（国赛，省赛）
毕业论文	第三代半导体材料、外延、器件设计及工艺，封装材料及工艺，光电信息处理，光电成像系统，光电传感与信号检测，光电测量与控制，光通信技术、信息电子技术、激光技术等领域的开发设计、系统集成等

（2）光电子领域（职教本科）人才培养核心课程简介

表 5-10 为光电子领域职教本科部分产业导向的核心课程简介。

表 5-10 光电子领域职教本科部分产业导向的核心课程简介

序号	课 程 名 称	课 程 简 介
1	光电子材料与器件	光电效应基本原理、材料的光电性能，光电材料性能、芯片封装工艺、质量监控等
2	光电检测技术	检测标准、数据处理、图像检测与处理技术、光电参数测量与分析等
3	新型电光源工程技术	光度学基本参数（如光通量、照度、发光强度）介绍、色度学基本参数（如三刺激值、色温、显色指数）介绍、DIALux EVO 等设计软件应用、照明工程相关标准、规划、设计等
4	光电信息工程与施工	光电、照明工程基本结构、施工设备、技术要领，光电类、电子类信息工程施工、质量监控等

（续）

序号	课 程 名 称	课 程 简 介
5	应用光学设计	TracePro 照明光学设计，光学基础知识，光质量、光控制以及常见光学工艺设计，应用光学知识
6	光电传感与系统	光电传感器工作原理、结构与类型，光电传感器的设计与制造，光电信息系统等
7	电气工程设计	电气工程原理与应用、ProtelDXP 电路设计、AutoCAD、电气工程设计等
8	光纤与光通信技术	光纤原理、结构与类型，光纤制造工艺，光纤系统构成、光纤熔接工艺等

4. 光电子领域（本科）人才培养方案

（1）光电子领域（本科）人才培养课程体系

表 5-11 为光电子领域本科部分产业导向的人才培养课程体系。

表 5-11　光电子领域本科部分产业导向的人才培养课程体系

企业岗位	产品研发工程师、设备工程师、智能照明产品经理、应用工程师（结构、光学、电子）、LED 封装工程师、样品工程师、照明设计师、材料工程师、测试工程师、光学工程师
专业方向	光源与照明（080603T）、光电信息科学与工程（080705）、电子科学与技术（080702）
公共基础课/专业基础课	电路基础、数字电子技术、模拟电子技术、工程电磁场理论、量子力学与统计物理、工程光学、信号与系统、单片机技术与应用、固体物理、工程制图
专业核心课	半导体物理、半导体封装技术、光电子技术、光电检测技术、半导体材料、半导体器件原理、显示技术基础、显示器件驱动技术、激光原理与技术、微电子制造技术
拓展课/专业方向课	半导体照明器件、智能照明、照明系统与设计、光电图像处理、显示技术基础、显示器件驱动技术、功能与传感材料、新型光电子材料与器件、微纳加工技术、光电集成技术
实验/实训	现代电子系统综合实验、LED 封装与检测技术实验、光电检测综合实验、光电系统设计综合实验、照明智能控制系统的设计与实现、程序设计训练、照明工程实训、微电子工艺工程训练
竞赛	“挑战杯”全国大学生课外学术科技作品竞赛、中国国际“互联网+”大学生创新创业大赛、全国大学生光电设计竞赛
毕业论文	光电材料、光电器件的研究与制备、照明供电设计、半导体照明灯具的设计及制备、照明系统设计、显示系统设计、照明控制系统设计等

（2）光电子领域（本科）人才培养核心课程简介

表 5-12 为光电子领域本科部分产业导向的核心课程简介。

表 5-12　光电子领域本科部分产业导向的核心课程简介

序号	课 程 名 称	课 程 简 介
1	半导体封装技术	半导体封装及电子组装制造的基本概念、封装的基本工艺、封装的选择、设计、封装的可靠性及失效分析、研究开发热点（如三位封装、MEMS 封装、系统级封装和绿色电子）
2	显示器件驱动技术	显示器件驱动技术的原理和方法、显示的驱动和控制应用电路、前沿驱动技术
3	LED 封装与检测技术实验	LED 封装规范、固晶环节、焊线环节、配胶灌胶环节、切脚初测环节、分选包装环节、LED 光色电参数检测等实验
4	光电检测综合实验	设置综合性、设计性实验，具体包括光电二极管、光电晶体管、光电池、光敏电阻等特性测试实验；光电耦合传感器、红外传感器等特性实验；激光光电测试系统实验；光电信号检测电路设计实验等
5	智能照明控制系统设计与实现	常用的几种微处理器的应用,电力载波通信系统软、硬件设计要点，照明自动控制的基本执行电路，可编程序控制器及其在照明自动控制中的应用；设计和实现内容包含室内照明网络控制，建立 CAN、LonWorks 等现场总线的多级控制网络，模拟智能建筑控制模型等
6	照明工程实训	通过照明项目的实际操作，掌握照明设计、照明节能改造、灯具选型、灯具布置、灯具安装及照明检测
7	光电系统设计综合实验	光电传感器原理与变换电路实验，线阵 CCD 传感器原理与应用实验，面阵 CCD 图像传感器与数字图像处理技术实验，应用光学与光学系统实验等

5. 光电子领域（研究生）人才培养方案

（1）光电子领域（研究生）人才培养课程体系

表 5-13 为光电子领域研究生部分产业导向的人才培养课程体系。

表 5-13　光电子领域研究生部分产业导向的人才培养课程体系

企业岗位（群）	研发工程师、项目经理、产品经理、软件工程师、硬件工程师、材料工程师、光学设计工程师、芯片测试工程师、半导体设备工程师、半导体工艺工程师
专业方向	光学工程（0803）、电子科学与技术（0809）
公共基础课/专业基础课	矩阵论、数理统计、数值分析、随机过程、高等电磁场、近代工程优化设计方法、光电信号处理、非线性光学

（续）

专业核心课	半导体激光器及其应用、光集成器件、光电成像与图像处理、光电子器件设计与模拟、现代半导体器件制备工艺、纳米半导体器件物理、电子科学与技术学科前沿、半导体材料制备与分析技术
拓展课/专业方向课	半导体发光材料与器件、现代实用光学系统、光电成像与遥感技术、微光学器件与系统、新型光电子材料与器件、宽带隙半导体材料及器件、微电子器件可靠性、微电子制造技术、薄膜物理与工艺、高等材料制备技术
实验/实训	项目管理实践、光电技术综合实验、激光技术实验、现代光电子技术实验、开关电源系统设计、微纳米技术新进展专题
竞赛	“挑战杯”全国大学生课外学术科技作品竞赛、中国国际“互联网+”大学生创新创业大赛、全国大学生光电设计竞赛
毕业论文	半导体材料与器件的研发、新型光电子材料与器件研发、照明系统设计、显示系统设计、智能照明控制系统设计、光学工程学科前沿问题研究、电子科学与技术学科前沿问题研究等

（2）光电子领域（研究生）人才培养核心课程简介

表 5-14 为光电子领域研究生部分产业导向的核心课程简介。

表 5-14　光电子领域研究生部分产业导向的核心课程简介

序号	课 程 名 称	课 程 简 介
1	光集成器件	光集成概论、主要技术、光通信网络及光集成器件、集成光接收器、光网络用光集成节点器件等
2	光电子器件设计与模拟	半导体电子器件设计中的物理模型和数值分析方法，内容涵盖光电子器件中描述各相关物理过程的主导方程推导、解释、数值求解技术，基于前述建模和求解技术的光电子器件设计与仿真实例
3	现代半导体器件制备工艺	半导体微电子、光电子器件的制备工艺理论基础（包括光刻、腐蚀、干法刻蚀、氧化、扩散与注入、溅射、蒸发、PECVD、键合等基础工艺理论），半导体微电子、光电子器件的基本工艺过程和工艺原理（包括纳米器件、MEMS、NEMS、生物器件等新型器件）
4	半导体材料制备与分析技术	半导体外延材料制备的基本原理与技术要点（包括半导体材料表面分析技术、电学和光学检测技术的基本测试原理、测试设备、制样及数据分析），相关的外延设备和生长检测技术等领域的最新发展
5	光电技术综合实验	从信息的获取方式、探测结构与器件、信号处理原理、光电系统的设计等出发，基于新型传感器的组成、信号探测模式、组件设计原理，分析辐射探测、光电成像等光电系统的设计

（续）

序号	课 程 名 称	课 程 简 介
6	现代光电子技术实验	新体制光电成像、光电图像处理与分析、光电仪器分析与测试等；精密激光光谱、激光测距、激光雷达、激光陀螺仪等先进应用技术；新型光电信息感知与处理和新型显示技术实验；结合电波技术、雷达技术、红外技术、X 射线技术、光纤技术、量子技术、图像处理技术等，建立和发展探测、测量、认识现实环境的实验等
7	开关电源系统设计	开关电源电路（设计）的功率转换和脉宽调制原理、驱动电路与闭环反馈的稳定性及磁性元件的设计原则；功率变换器器件的参数选择和变换器各部分波形的定量分析；开关电源电流、电压环反馈系统的稳定性；高频开关电源在功率因数校正技术、软开关技术、电子镇流器技术等方面的应用

5.3.2　电力电子领域

5.3.2.1　电力电子领域贯通人才培养定位与目标

表 5-15 为高职、本科、研究生衔接产业导向的电力电子领域贯通人才培养定位与目标。

5.3.2.2　电力电子领域贯通人才培养方案

表 5-16 为高职、本科、研究生等各学段产业导向的电力电子领域贯通人才培养方案。

5.3.2.3　电力电子领域各层级人才培养方案

1. 电力电子领域（高职）人才培养方案

（1）电力电子领域（高职）人才培养课程体系

表 5-17 为电力电子领域高职部分产业导向的人才培养课程体系。

（2）电力电子领域（高职）人才培养核心课程简介

表 5-18 为电力电子领域高职部分产业导向的核心课程简介。

2. 电力电子领域（职教本科）人才培养方案

（1）电力电子领域（职教本科）人才培养课程体系

表 5-19 为电力电子领域职教本科部分产业导向的人才培养课程体系。

表 5-15 电力电子领域贯通人才培养定位与目标

类型	学历层次	就业面向	专业名称	培养目标	接续专业
高等教育	研究生	第三代半导体及超宽禁带材料研发高级工程师 第三代半导体外延研发高级工程师 第三代半导体器件设计及工艺研发高级工程师 第三代半导体封装材料及工艺研发高级工程师 消费类电子功率器件封装及系统研发高级工程师 车用功率器件封装及系统研发高级工程师 电力系统及工业电力电子器件封装及系统研发高级工程师	材料科学与工程（0805） 电子科学与技术（0809） 电气工程（0808）	在本科所学基础之上，专精第三代半导体材料衬底外延，及电力电子器件设计、制造、封装、模组及系统应用等知识体系，具备在本专业跟踪及验证新理论、新知识、新技术的能力，以国际化和产业化为导向，具有从事科学研究工作或独立担负专门技术工作能力的高级专业人才，并具有成为电力电子技术制造和设计的创新型领军人才的潜力	无
	本科	第三代半导体材料研发工程师 第三代半导体外延研发工程师 第三代半导体器件设计及工艺研发工程师 第三代半导体封装材料及工艺研发工程师 消费类电子功率器件封装及系统研发工程师 车用功率器件封装及系统研发工程师 电力系统及工业电力电子器件封装及系统研发工程师	新能源汽车工程（080216T） 新能源材料与器件（080414T） 电子科学与技术（080702） 微电子科学与工程（080704） 光电信息科学与工程（080705） 电子封装技术（080709T）	掌握半导体基本理论、微电子器件与集成电路原理、设计及制造、第三代半导体材料及电力电子基础技术，具备在本专业领域跟踪新理论、新知识、新技术的能力，能在本领域从事工程设计、技术开发、技术管理等工作的高级专门人才	材料科学与工程（0805） 电子科学与技术（0809） 电气工程（0808）

（续）

类型	学历层次	就业面向	专业名称	培养目标	接续专业
高等教育	本科		集成电路设计与集成系统（080710T） 电子信息科学与技术（080714T） 电气工程与智能控制（080604T）		
职业教育	职教本科	器件设计研发工程师 电路仿真设计工程师 芯片工艺整合工程师 芯片封装研发工程师 产品应用研发工程师 产品制造工艺研发工程师 可靠性测试工程师	集成电路工程技术（310401）	培养能够践行社会主义核心价值观，德、智、体、美、劳全面发展，具备一定的技术研发、工艺设计、现场管理、技术支持等技术实践能力，具有较强的就业能力和可持续发展能力，面向第三代半导体行业的电力电子领域，具备新能源汽车、电力装备等应用场景的电力电子器件及产品的设计、制造、封装、测试及检修应用工作能力的高层次技术技能人才	电子科学与技术（0809） 材料科学与工程（0805） 电气工程（0808）
	高职	工艺技术员 制造技术员 测试技术员 封装技术员 产品开发技术员 产品测试技术员 产品质检技术员 产品检修技术员	电气工程及自动化（260302） 电力系统继电保护技术（430106） 集成电路技术（510401） 微电子技术（510402） 电子信息工程技术（510101）	培养理想信念坚定、德技并修、德智体美劳全面发展，具有一定的科学文化知识、良好的人文素养、职业道德和创新意识，精益求精的工匠精神；具备集成电路设计、生产、应用、开发及营销，电力电子产品生产、封装、测试、质量管理、生产管理等工作能力的高素质技术技能人才	普通本科：新能源汽车工程（080216T） 新能源材料与器件（080414T） 电子科学与技术（080702） 微电子科学与工程（080704） 光电信息科学与工程（080705）

（续）

类型	学历层次	就业面向	专业名称	培养目标	接续专业
职业教育	高职		工业过程自动化技术（460307） 工业自动化仪表技术（460308） 汽车智能技术（510107）		电子封装技术（080709T） 集成电路设计与集成系统（080710T） 电子信息科学与技术（080714T） 电气工程与智能控制（080604T） 职教本科：集成电路工程技术（310401）
	中职	1．制造工 2．测试工 3．封装工 4．产品检修工	微电子技术与器件制造（710401） 新能源装备运行与维护（660204）	掌握大规模集成电路及其半导体器件制造工艺基本知识，具有从事芯片生产过程的工艺加工、设备维护、器件测量能力的高级技术应用性专门人才。掌握汽车、新能源装备等方面电力电子设备结构原理、组装检修等方面知识，具备汽车、新能源装备等方面电力电子设备组装及检修能力的技能人才	电子信息工程技术（310101） 集成电路技术（510401） 微电子技术（510402） 电气工程及自动化（260302） 电力系统继电保护技术（430106） 工业过程自动化技术（460307） 工业自动仪表技术（460308） 汽车智能技术（510107）

表 5-16　电力电子领域贯通人才培养方案

学　段	岗位群（产业链）	专业能力要求	课 程 体 系
研究生	第三代半导体及超宽禁带材料研发高级工程师 第三代半导体外延研发高级工程师 第三代半导体器件设计及工艺研发高级工程师 第三代半导体封装材料及工艺研发高级工程师 消费类电子功率器件封装及系统研发高级工程师 车用功率器件封装及系统研发高级工程师 电力系统及工业电力电子器件封装及系统研发高级工程师	1. 掌握第三代半导体及超宽禁带半导体材料衬底外延技术，及电力电子器件设计、制造、封装、模组及系统应用等知识 2. 具备在本专业跟踪及验证新理论、新知识、新技术的能力 3. 能够应用相关知识及工具，具备独立创新的能力 4. 具有国际化视野和一定产业化能力，具有从事科学研究工作或独立担负专门技术工作能力 5. 具有成为电力电子技术制造和设计的创新型领军人才的潜力	• 第三代半导体专业方向课程 • 消费类电子专业课程 • 车用功率器件专业课程 • 电力系统及工业电力电子器件专业课程
普通本科	第三代半导体材料研发工程师 第三代半导体外延研发工程师 第三代半导体器件设计及工艺研发工程师 第三代半导体封装材料及工艺研发工程师 消费类电子功率器件封装及系统研发工程师 车用功率器件封装及系统研发工程师 电力系统及工业电力电子器件封装及系统研发工程师	1. 掌握半导体基本理论、微电子器件与集成电路原理、设计及制造、第三代半导体材料及电力电子基础技术等知识 2. 具备在本专业领域跟踪新理论、新知识、新技术的能力 3. 能够应用相关知识及工具，协助完成科学研究工作或独立担负专门技术工作的能力	• 微电子专业核心课程 • 第三代半导体专业方向课程 • 消费类电子专业课程 • 车用功率器件专业课程 • 电力系统及工业电力电子器件专业课程
职教本科	器件设计研发工程师 电路仿真设计工程师 芯片工艺整合工程师 芯片封装研发工程师 产品应用研发工程师 产品制造工艺研发工程师 可靠性测试工程师	1. 具有电力电子器件电路的设计、制造、封装、测试、应用等方面专业知识 2. 具有汽车、新能源装备等电力电子设备应用场景知识 3. 具备电力系统、电力供应、电力运用、电力安全等方面电力电子器件设计研制的能力 4. 具备电力电子产品设计、组装、测试及检修方面的能力	1. 微电子专业核心课程 2. 第三代半导体专业方向课程 3. 消费类电子专业课程 4. 车用功率器件专业课程 5. 电力系统及工业电力电子器件专业课程

（续）

学　段	岗位群（产业链）	专业能力要求	课程体系
职教本科		5．具备从事电子材料制备、集成电路器件设计、集成电路制造、电路应用开发、电力电子器件设计、自动化设备设计、组装、测试及维护检修等工作的能力	
高职	工艺技术员 制造技术员 测试技术员 封装技术员 产品开发技术员 产品测试技术员 产品质检技术员 产品检修技术员	1．具有电力电子器件设计、生产、应用、开发及营销方面专业知识；具有电路版图设计、电路工艺线生产、半导体产品封装、测试、质量管理、生产管理、电子产品开发以及 IC 产品营销等方面的专业知识 2．具备电力电子器件及产品制备、封装、调试、测试、标定、质量检验、相关工艺管理和现场管理工作的能力 3．具备汽车、新能源装备等领域电力电子产品试制、试验的能力	1．微电子专业核心课程 2．第三代半导体专业方向课程 3．消费类电子专业课程 4．车用功率器件专业课程 5．电力系统及工业电力电子器件专业课程

表 5-17　电力电子领域高职部分产业导向的人才培养课程体系

企业岗位	工艺技术员、制造技术员、测试技术员、封装技术员、产品开发技术员、产品测试技术员、产品质检技术员、产品检修技术员
专业方向	电气工程及自动化（260302）、电力系统继电保护技术（430106）、电子信息工程技术（310101）、集成电路技术（510401）、微电子技术（510402）、工业过程自动化技术（460307）、工业自动化仪表技术（460308）、汽车智能技术（510107）
公共基础课/专业基础课	计算机应用基础、大学物理、电工技术、模拟电子技术、数字电子技术、电子测量与仪器、电子产品营销与技术服务
专业核心课	单片机原理及应用、半导体器件物理、电子线路 CAD、电子产品设计与制作、电力电子产品测试技术、电力电子器件模块化与封装、电力电子产品（分场景）装调技术
拓展课/专业方向课	第三代半导体材料、半导体制造工艺与设备、半导体封装工艺与设备、电力电子产品（分场景）研发
实验/实训	电力电子技术实验、半导体器件物理实验、单片机应用实训、电子线路辅助设计实训、电子产品工艺、电力电子产品测试、电力电子器件模块化与封装、电力电子产品（分场景）装调

（续）

竞赛	全国大学生电子设计竞赛，全国集成电路设计·应用创新大赛、全国大学生 FPGA 创新设计竞赛、全国职业院校技能大赛电子产品设计与制作赛项、“挑战杯”全国大学生课外学术科技作品大赛、中国国际“互联网+”大学生创新创业大赛
毕业论文/顶岗实习	芯片制造工艺，芯片测试技术，芯片封装工艺等方面应用；各应用场景的电力电子设备设计与组装、调试

表 5-18　电力电子领域高职部分产业导向的核心课程简介

序号	课程名称	课程简介
1	单片机原理及应用	了解单片机类型和工作原理，具备单片机程序开发能力，能完成特定功能的单片机产品开发
2	半导体器件物理	熟悉半导体物理基础和常见半导体器件的基本结构、工作原理、性能和主要工艺
3	电子线路 CAD	熟悉 PCB 设计相关软件安装与使用方法；了解电路原理与布局布线；能创建项目文件；能绘制电路原理图；能绘制电路单面/双面 PCB 图；能进行设计规格检查；能生成生产用的 BOM 表和光绘文件
4	电子产品设计与制作	掌握电子电路的设计方法，运用电子电路知识能正确选择元器件，对电路进行设计和制作；具有电路安装与焊接能力；具有电路故障排除能力，掌握常见仪器仪表的使用
5	电力电子产品测试技术	了解电力电子产品生产工艺，掌握电力电子产品的测试方法；能熟练调测电子产品和设备；能进行测量数据的基本分析和处理；能完成电子产品生产企业的基本质量管理
6	电力电子器件模块化与封装	熟悉 SiC-IGBT 模块等典型电力电子器件的封装工艺流程、封装技术、封装性能的表征、封装缺陷与失效分析技术、质量鉴定等方面内容
7	电力电子产品（分场景）装调技术	熟悉电力电子相关元器件的选择，掌握电路板的设计及焊接技术，主要包含调光灯电路的安装与调试、直流可逆拖动系统的安装与调试、开关电源的安装与调试、无级调整电风扇的安装与调试、变频器的运行、调试与维护等任务

表 5-19　电力电子领域职教本科部分产业导向的人才培养课程体系

企业岗位	器件设计研发工程师、电路仿真设计工程师、芯片工艺整合工程师、芯片封装研发工程师、产品应用研发工程师、产品制造工艺研发工程师、可靠性测试工程师
专业方向	集成电路工程技术（310401）
公共基础课/专业基础课	计算机应用基础、大学物理、电工技术、模拟电子技术、数字电子技术、C 语言程序设计

（续）

专业核心课	单片机原理及应用、半导体器件物理、电子线路 CAD、电子产品设计与制作、电力电子产品测试技术、电力电子器件模块化与封装、电力电子产品（分场景）装调技术、电子测量与仪器、电子产品营销与技术服务、VLSI 设计与实践、MATLAB 与电力电子系统仿真、无线通信原理及应用、信号与系统
拓展课/专业方向课	第三代半导体材料、第三代半导体特色工艺与设备、第三代半导体封装工艺与设备、电工技术、Python 程序设计、高频电子电路、电力电子技术、EDA 技术
实验/实训	电力电子技术实验、半导体器件物理实验、单片机应用实训、电子线路辅助设计实训、电子产品工艺、电力电子产品测试、电力电子器件模块化与封装、电力电子产品（分场景）装调、电子测量实训、电子产品营销实训、MATLAB 与电力电子系统仿真实训
竞赛	全国大学生电子设计竞赛，全国集成电路设计·创新大赛、全国大学生 FPGA 设计创新竞赛，“挑战杯”全国大学生课外学术科技作品大赛、中国国际“互联网+”大学生创新创业大赛
毕业论文	电力系统安全稳定控制，电能质量监测仪单片机子系统设计，基于直流电动机的大型风力机特性模拟系统开发，基于 MATLAB 的电力传动系统仿真研究

（2）电力电子领域（职教本科）人才培养核心课程简介

表 5-20 为电力电子领域职教本科部分产业导向的核心课程简介。

表 5-20　电力电子领域职教本科部分产业导向的核心课程简介

序号	课 程 名 称	课 程 简 介
1	半导体器件物理	掌握半导体物理基础和常见半导体器件基本结构、工作原理、性能和主要工艺
2	电力电子产品测试技术	熟悉电力电子产品生产工艺，掌握电力电子产品的测试方法；能熟练调测电子产品和设备；能熟练分析、处理测量数据；能完成电子产品生产企业的基本质量管理
3	电力电子器件模块化与封装	掌握 SiC-IGBT 模块等典型电力电子器件的封装工艺流程封装技术、封装性能的表征、封装缺陷与失效分析技术、质量鉴定等方面内容
4	电子测量与仪器	学习电子测量与仪器，掌握电子测量的基本原理，方案设计、测量误差理论及数据处理方法，具备运用通用电子测量仪器开展实际测量工作的能力，了解现代测量技术及测量仪器的最新进展
5	VLSI 设计与实践	掌握逻辑门、触发器、动态逻辑的晶体管级电路结构，掌握大规模集成电路设计流程和设计技术，能运用硬件描述语言进行基本的数字电路模块设计
6	MATLAB 与电力电子系统仿真	掌握整流电路、直流斩波电路、逆变电路以及部分实际应用广泛的典型电力电子电路，如 PWM 整流器、多电平逆变器、交直流电力拖动系统等的 MATLAB 仿真设计

3. 电力电子领域（本科）人才培养方案

（1）电力电子领域（本科）人才培养课程体系

表 5-21 为电力电子领域本科部分产业导向的人才培养课程体系。

表 5-21　电力电子领域本科部分产业导向的人才培养课程体系

企业岗位	第三代半导体材料研发工程师、第三代半导体外延研发工程师、第三代半导体器件设计及工艺研发工程师、第三代半导体封装材料及工艺研发工程师、消费类电子功率器件封装及系统研发工程师、车用功率器件封装及系统研发工程师、电力系统及工业电力电子器件封装及系统研发工程师
专业方向	新能源汽车工程（080216T）、新能源材料与器件（080414T）、电子科学与技术（080702）、微电子科学与工程（080704）、光电信息科学与工程（080705）、电子封装技术（080709T）、集成电路设计与集成系统（080710T）、电子信息科学与技术（080714T）、电气工程与智能控制（080604T）
公共基础课/专业基础课	固体物理、半导体物理器件、数字电路、模拟电路、版图设计及工艺、微电子器件封装及测试
专业核心课	第三代半导体材料与外延工艺、第三代半导体器件设计、第三代半导体器件工艺与设备、第三代半导体封装工艺与设备、第三代半导体测试及仿真技术
拓展课/专业方向课	消费类电子专业课程、车用功率器件专业课程、电力系统及工业电力电子器件专业课程
实验/实训	模拟集成电路实验，数字集成电路实验，先进数字 CMOS 集成电路设计实验、集成电路工艺原理实验、第三代半导体电力电子器件实验、新工科课程创新项目实验等；集成电路设计实习、集成电路工艺实习、第三代半导体电力电子器件工艺实习等；产业化企业实习，国内大学间或国内外大学间以交换生方式学习等
竞赛	全国集成电路设计・创新大赛、全国大学生 FPGA 设计创新竞赛等
毕业论文	第三代半导体材料、外延、器件设计及工艺，封装材料及工艺，消费类电子，车用功率器件，电网电力电子器件等

（2）电力电子领域（本科）人才培养核心课程简介

表 5-22 为电力电子领域本科部分产业导向的核心课程简介。

表 5-22　电力电子领域本科部分产业导向的核心课程简介

序号	课 程 名 称	课 程 简 介
1	第三代半导体材料与外延工艺	针对电力电子应用，介绍第三代半导体 SiC 及 GaN 材料及衬底，以及相应的外延工艺
2	第三代半导体器件设计	针对电力电子应用，介绍 SiC 器件及 GaN 器件，详细介绍二极管、MOSFET、IGBT 等多种类型器件，开展器件设计培养
3	第三代半导体器件工艺与设备	针对电力电子应用，依托第三代半导体器件制造设备，开展器件版图设计、仿真及工艺培养

（续）

序号	课程名称	课程简介
4	第三代半导体封装工艺与设备	针对电力电子应用，依托第三代半导体器件封装设备，开展封装模组设计、仿真及工艺培养
5	消费类电子专业课程	针对消费类电子应用，以硅基 GaN 为基础，结合器件、封装及系统开展专业能力培养
6	车用功率器件专业课程	针对车用功率器件应用，以 SiC 材料衬底外延为基础，结合器件、封装及系统开展专业能力培养
7	电力系统及工业电力电子器件专业课程	针对电力系统及工业电力电子器件应用，以 SiC 材料衬底外延为基础，结合器件、封装及系统开展专业能力培养

4. 电力电子领域（研究生）人才培养方案

（1）电力电子领域（研究生）人才培养课程体系

表 5-23 为电力电子领域研究生部分产业导向的人才培养课程体系。

表 5-23　电力电子领域研究生部分产业导向的人才培养课程体系

企业岗位	第三代半导体及超宽禁带材料研发高级工程师、第三代半导体外延研发高级工程师、第三代半导体器件设计及工艺研发高级工程师、第三代半导体封装材料及工艺研发高级工程师、消费类电子功率器件封装及系统研发高级工程师、车用功率器件封装及系统研发高级工程师、电力系统及工业电力电子器件封装及系统研发高级工程师
专业方向	材料科学与工程（0805）、电子科学与技术（0809）、电气工程（0808）
公共基础课/专业基础课	第三代半导体材料、第三代半导体外延工艺、第三代半导体器件设计、第三代半导体器件工艺与设备、第三代半导体封装工艺与设备、第三代半导体测试及仿真技术
专业核心课	第三代半导体 SiC 器件，第三代半导体 SiC 器件封装，第三代半导体 SiC 器件测试、系统及可靠性；第三代半导体 GaN 器件，第三代半导体 GaN 器件封装，第三代半导体 GaN 器件测试、仿真及可靠性；超宽禁带半导体 半导体基本工艺、半导体材料基础、纳米尺度半导体器件物理、微电子制造及可靠性、微系统封装概论、功率半导体封装概论、现代功率半导体器件基础、宽禁带电力电子应用导论、高频电力电子学、可靠性工程及应用等
拓展课/专业方向课	消费类电子功率器件、封装及系统设计、车用功率电子器件、封装及系统设计,电网电力电子器件、封装及系统设计
实验/实训	集成电路工艺原理实验、第三代半导体电力电子器件实验、新工科课程创新项目实验等；第三代半导体电力电子器件工艺实习等；校内课程助教、横向科研项目、产学研项目、企事业单位、大学交换等实习实践
竞赛	全国集成电路设计·创新大赛、全国大学生 FPGA 设计创新竞赛等
毕业论文	第三代半导体材料、外延、器件设计及工艺，封装材料及工艺，消费类电子，车用功率器件，电力系统及工业电力电子器件等

（2）电力电子领域（研究生）人才培养核心课程简介

表 5-24 为电力电子领域研究生部分产业导向的核心课程简介。

表 5-24　电力电子领域研究生部分产业导向的核心课程简介

序　号	课程名称	课程简介
1	第三代半导体 SiC 器件	针对电力电子应用，详细分析第三代半导体 SiC 材料结构、衬底制备、外延生长、器件设计、仿真计算、工艺原理、器件测试以及所需设备等
2	第三代半导体 SiC 器件封装	针对电力电子应用，详细分析 SiC 器件封装所需材料、封装设计、仿真计算、封装工艺、封装测试以及相应的设备等
3	第三代半导体 SiC 器件系统测试及可靠性	针对电力电子应用，结合 SiC 器件和封装模组，进行电路设计及系统构建，并开展系统测试、失效分析及可靠性研究
4	第三代半导体 GaN 器件	针对电力电子应用，详细分析第三代半导体 GaN（硅基 GaN）材料结构、衬底制备、外延生长、器件设计、仿真计算、工艺原理、器件测试以及所需设备等
5	第三代半导体 GaN 器件封装	针对电力电子应用，详细分析 GaN（硅基 GaN）封装所需材料、封装设计、仿真计算、封装工艺、封装测试以及相应设备等
6	第三代半导体 GaN 器件系统测试及可靠性	针对电力电子应用，结合 GaN（硅基 GaN）器件和封装模组，进行电路设计及系统构建，并开展系统测试、失效分析及可靠性研究
7	消费类电子功率器件、封装及系统设计	培养独立进行消费类电子功率器件、封装及系统设计综合能力，并拓展到同类型系统领域
8	车用功率电子器件、封装及系统设计	培养独立进行车用功率器件、封装及系统设计综合能力，并拓展到同类型系统领域
9	电力系统及工业电力电子器件、封装及系统设计	培养独立进行电力系统及工业电力电子器件、封装及系统设计综合能力，并拓展到同类型系统领域

5.3.3　微波射频领域

5.3.3.1　微波射频领域贯通人才培养定位与目标

表 5-25 为高职、本科衔接产业导向的微波射频领域贯通人才培养定位与目标。

表 5-25 微波射频领域贯通人才培养定位与目标

类型	学历层次	就业面向	专业名称	培养目标	接续专业
高等教育	研究生	外延工艺工程师 器件模型与测试工程师 射频芯片设计工程师 射频工程师 系统集成工程师	电子科学与技术（0809） 信息与通信工程（0810） 集成电路科学与工程（1401）	具有第三代半导体、微波射频领域扎实的理论和知识，良好的材料衬底外延工艺和微波射频器件、电路、芯片的设计制造封测及系统应用开发等工程实践能力，能够在第三代半导体微波射频领域具有解决行业复杂工程问题能力的高素质研发型工程人才	无
	本科	外延工艺工程师 封装工艺工程师 射频芯片设计工程师 版图工程师 可靠性测试工程师 系统集成工程师	电磁场与无线技术（080712T） 电波传输与天线（080713T） 通信工程（080703） 物联网工程（080905） 电子信息科学与技术（080714T） 电子信息工程（080701） 电子科学与技术（080702） 微电子科学与工程（080704） 集成电路设计与集成系统（080710T）	具有物理电子学、电子线路、计算机、信号处理、通信以及第三代半导体、微电子器件、电磁场与射频微波、集成电路及集成系统等领域扎实的理论知识，良好的微波射频集成电路材料、器件、电路、系统开发的工程实践能力，能够在第三代半导体微波射频领域具有解决行业复杂问题能力的厚基础、宽口径、高素质工程技术人才	电子科学与技术（0809） 信息与通信工程（0810） 集成电路科学与工程（1401）
职业教育	职教本科	外延工艺研发工程师 设计与设计服务工程师 器件工艺研发工程师 工艺工程师 器件应用测试工程师 射频工程师 半导体产品开发工程师	集成电路工程技术（310401） 电子信息工程技术（310101）	具有第三代半导体、微波射频扎实的理论知识，良好的半导体器件/芯片设计、制造工艺、封装测试、系统应用开发工程实践能力，能够在第三代半导体微波射频领域具有解决行业工程问题能力的高素质工程型专业人才	电子科学与技术（0809） 信息与通信工程（0810） 集成电路科学与工程（1401）

（续）

类　型	学历层次	就业面向	专业名称	培养目标	接续专业
职业教育	高职	版图工程师 质量工程师 设备工程师 封装工艺工程师 射频产品工程师 调试工程师 生产技术员 可靠性测试工程师 品质工程师 厂务电气工程师	现代通信技术（510301） 现代移动通信技术（510302） 卫星通信与导航技术（510304） 通信系统运行管理（510306） 物联网工程技术（310102） 物联网应用技术（510102） 电子信息工程技术（310101） 集成电路技术（510401） 微电子技术（510402）	具有第三代半导体、微波射频基本的理论知识，良好的集成电路版图设计、制造工艺、封装测试工程实践能力，能够在第三代半导体微波射频领域具有工程应用实施能力的高素质技能型专业人才	普通本科： 电磁场与无线技术（080712T） 电波传输与天线（080713T） 通信工程（080703） 物联网工程（080905） 电子信息科学与技术（080714T） 集成电路设计与集成系统（080710T） 电子信息工程（080701） 电子科学与技术（080702） 微电子科学与技术（080704）

5.3.3.2　微波射频领域贯通人才培养方案

表 5-26 为高职、本科、研究生等各学段产业导向的微波射频领域贯通人才培养方案。

表 5-26　微波射频领域贯通人才培养方案

学　段	岗位（产业链）	专业能力要求	课程体系
研究生	外延工艺工程师 器件模型与测试工程师 射频芯片设计工程师射频工程师 系统集成工程师	1. 具有宽禁带半导体材料生长及外延工艺理论、缺陷理论相关知识 2. 具有使用晶体质量测试表征方法的能力 3. 具有优化宽禁带半导体制备工艺与使用测试设备的能力 4. 具有宽禁带半导体微波射频器件与集成电路设计理论相关知识	1. 宽禁带半导体材料工艺专业课程 2. 微波射频集成电路设计专业课程 3. 微波射频应用系统专业课程
普通本科	外延工艺工程师 封装工艺工程师 射频芯片设计工程师 版图工程师 可靠性测试工程师 系统集成工程师	1. 具有宽禁带半导体材料相关知识 2. 具备优化宽禁带半导体加工与封测设备及工艺的能力 3. 具备宽禁带半导体微波射频器件与集成电路版图设计的能力 4. 具备宽禁带半导体微波射频器件系统应用的能力 5. 具备高频电子线路、电磁场、无线通信相关理论知识	1. 宽禁带半导体材料工艺专业课程 2. 微波射频集成电路与版图设计专业课程 3. 微波射频集成电路测试专业课程 4. 微波射频应用系统专业课程
职教本科	外延工艺研发工程师 设计与设计服务工程师 器件工艺研发工程师 工艺工程师 器件应用测试工程师 射频工程师 半导体产品开发工程师	1. 具有宽禁带半导体材料相关知识 2. 具备宽禁带半导体微波射频器件与集成电路版图设计的能力 3. 具备宽禁带半导体工艺制造相关技术能力 4. 具备宽禁带半导体封装相关技术能力 5. 具备宽禁带半导体测试相关技术能力 6. 具备宽禁带半导体微波射频器件应用的能力 7. 具备通信原理、微波与射频技术相关理论知识	1. 宽禁带半导体材料工艺专业课程 2. 微波射频集成电路设计与版图设计技术专业课程 3. 微波射频集成电路工艺制造技术专业课程 4. 微波射频集成电路测试应用开发技术专业课程 5. 微波射频系统应用专业课程

（续）

学　段	岗位（产业链）	专业能力要求	课 程 体 系
高职	版图工程师 质量工程师 设备工程师 封装工艺工程师 射频产品工程师 调试工程师 生产技术员 可靠性测试工程师 品质工程师 厂务电气工程师	1．具有宽禁带半导体材料相关知识 2．具备集成电路版图设计能力 3．具备宽禁带半导体生产制造相关设备操作及应用能力 4．具备宽禁带半导体封装相关设备操作及应用能力 5．具备宽禁带半导体测试相关设备操作及应用能力 6．具备宽禁带半导体微波射频器件的应用能力 7．具有微波与射频技术相关理论知识	1．宽禁带半导体材料工艺专业课程 2．微波射频集成电路版图设计技能专业课程 3．微波射频集成电路工艺制造技能专业课程 4．微波射频集成电路封装测试技能专业课程 5．微波射频系统应用专业课程

5.3.3.3 微波射频领域各层级人才培养方案

1. 微波射频领域（高职）人才培养方案

（1）微波射频领域（高职）人才培养课程体系

表5-27为微波射频领域高职部分产业导向的人才培养课程体系。

表5-27 微波射频领域高职部分产业导向的人才培养课程体系

企业岗位	版图工程师、质量工程师、设备工程师、封装工艺工程师、射频产品工程师、调试工程师、生产技术员、可靠性测试工程师、品质工程师、厂务电气工程师
专业方向	现代通信技术（510301）、现代移动通信技术（510302）、卫星通信与导航技术（510304）、通信系统运行管理（510306）、物联网工程技术（310102）、物联网应用技术（510102）、电子信息工程技术（310101）、集成电路技术（510401）、微电子技术（510402）
公共基础课/专业基础课	电工技术、模拟电子技术、数字电子技术、C语言程序设计
专业核心课	半导体器件物理、通信原理概述、半导体集成电路、集成电路版图设计、集成电路制造工艺、芯片测试技术、EDA技术、电子测量与仪器、电子产品营销与技术服务
拓展课/专业方向课	第三代半导体材料基础入门、半导体制造工艺与设备、半导体封装工艺与设备、微波射频技术、5G基站建设与维护
实验/实训	电子线路实验、半导体器件物理实验、集成电路版图设计实验、集成电路制造工艺实验、芯片测试技术实验、EDA技术实验、集成电路封装技术实验、电工电子专项实训、单片机实训、EDA 实训、集成电路版图绘制实训、集成电路封装测试实训、电子产品制造实训

（续）

竞赛	全国职业院校技能大赛、中国国际“互联网+”大学生创新创业大赛、中华人民共和国职业技能大赛
毕业论文	顶岗实习（毕业作品）

（2）微波射频领域（高职）人才培养核心课程简介

表 5-28 为微波射频领域高职部分产业导向的核心课程简介。

表 5-28　微波射频领域高职部分产业导向的核心课程简介

序号	课 程 名 称	课 程 简 介
1	通信原理概述	通信的基本概念以及无线通信基础知识，包括信号、传输、信道、编码、同步等
2	GaN 微波射频技术	GaN 微波与射频技术的基本概念、电磁场与电磁波的基本理论、传输线、微波波导与微带传输线、微波与射频谐振电路等
3	GaN 微波射频器件封装工艺	GaN 微波射频器件封装物料、封装工艺、成品测试等
4	GaN 微波射频应用	GaN 微波射频在无线通信基础设施、射频能量、卫星通信、雷达等方面的应用
5	5G 基站建设与维护综合实训	5G 基站安装、操作与调试，5G 基站维护等
6	射频能源应用综合实训	无线充电、微波加热系统等射频能源应用系统安装与调试等

2. 微波射频领域（职教本科）人才培养方案

（1）微波射频领域（职教本科）人才培养方案

表 5-29 为微波射频领域职教本科部分产业导向的人才培养课程体系。

表 5-29　微波射频领域职教本科部分产业导向的人才培养课程体系

企业岗位（群）	射频产品工程师、可靠性测试工程师、外延工艺工程师、射频芯片设计工程师、版图工程师、系统集成工程师
专业方向	集成电路工程技术（310401）、电子信息工程技术（310101）、现代通信工程（310301）
公共基础课/专业基础课	电路分析基础、信号与系统、模拟电子技术基础、数字电路与逻辑设计、通信原理、数字信号处理、计算机组成原理、集成电路 EDA 与硬件描述语言
专业核心课	半导体物理、现代数字通信、模拟集成电路设计、数字集成电路设计、电磁场与电磁波、微波技术、集成电路制造工艺、集成电路封装技术
拓展课/专业方向课	宽禁带半导体材料、宽禁带半导体电子器件、宽禁带半导体制造工艺、宽禁带半导体封装技术、射频集成电路设计、微波电路设计

（续）

实验/实训	电路与电子线路实验、模拟电子技术实验、射频电路设计实训、集成电路版图设计实验、电磁场与微波实验、电子材料与电子器件实验、EDA 技术实验、FPGA 应用实训、单片机与嵌入式系统实训
竞赛	全国职业院校技能大赛、中国国际"互联网+"大学生创新创业大赛、中华人民共和国职业技能大赛、全国大学生集成电路创新创业大赛
毕业论文	外延加工工艺、5G 通信与微波通信等领域的应用设计、微波射频器件与芯片制造和封装测试等

（2）微波射频领域（职教本科）关键核心课程简介

表 5-30 为微波射频领域职教本科部分产业导向的核心课程简介。

表 5-30　微波射频领域职教本科部分产业导向的核心课程简介

序号	课 程 名 称	课 程 简 介
1	半导体物理	半导体中的电子状态、杂质和缺陷能级、载流子的统计分布、半导体的导电性、非平衡载流子、PN 结等
2	模拟集成电路设计	模拟集成电路设计中常用基本模块如放大器、带隙基准源、模数/数模转换等的分析和设计方法
3	数字集成电路设计	CMOS 电路的基本原理、逻辑与功能模块的设计技术及数字电路的设计方法
4	电磁场与电磁波	电磁场基本理论、电磁波的辐射与传播
5	微波技术	传输线、波导、微波网络等微波技术基本概念和基础理论
6	现代数字通信	数字通信系统与网络的基本概念、理论与性能分析基本方法，包括调制、编码、同步、数字交换与网络技术等

3. 微波射频领域（本科）人才培养方案

（1）微波射频领域（本科）人才培养课程体系

表 5-31 为微波射频领域本科部分产业导向的人才培养课程体系。

表 5-31　微波射频领域本科部分产业导向的人才培养课程体系

企业岗位	外延工艺工程师、封装工艺工程师、射频芯片设计工程师、版图工程师、可靠性测试工程师、系统集成工程师
专业方向	电磁场与无线技术（080712T）、电波传输与天线（080713T）、通信工程（080703）、物联网工程（080905）、电子信息科学与技术（080714T）、电子信息工程（080701）、电子科学与技术（080702）、微电子科学与工程（080704）、集成电路设计与集成系统（080710T）

（续）

公共基础课/专业基础课	矩阵论、电路分析基础、信号与系统、模拟电子技术基础、数字电路与逻辑设计、通信原理、数字信号处理、计算机组成原理、集成电路 EDA 与硬件描述语言、无线通信基础、物联网工程
专业核心课	半导体物理、现代数字通信、模拟集成电路设计、数字集成电路设计、电磁场与电磁波、微波技术、集成电路制造工艺、集成电路封装技术
拓展课/专业方向课	宽禁带半导体材料、宽禁带半导体电子器件、宽禁带半导体制造工艺、宽禁带半导体封装技术、射频集成电路设计、微波电路设计
实验/实训	电路与电子线路实验、模拟电子技术实验、通信电路与系统实验、射频电路设计实训、集成电路版图设计实验、电磁场与微波实验、电子材料与电子器件实验、EDA 技术实验、FPGA 应用实训、单片机与嵌入式系统实训
竞赛	“挑战杯”全国大学生课外科技学术作品大赛、中国国际“互联网+”大学生创新创业大赛、全国大学生电子设计竞赛、全国大学生集成电路创新创业大赛
毕业论文	第三代半导体材料、外延加工工艺，微波射频器件与电路设计，5G 通信与微波通信等领域的应用设计，微波射频器件与芯片制造和封装测试等

（2）微波射频领域（本科）人才培养核心课程简介

表 5-32 为微波射频领域本科部分产业导向的核心课程简介。

表 5-32　微波射频领域本科部分产业导向的核心课程简介

序号	课 程 名 称	课 程 简 介
1	半导体物理	半导体中的电子状态、杂质和缺陷能级、载流子的统计分布、半导体的导电性、非平衡载流子、PN 结等
2	模拟集成电路设计	模拟集成电路设计中常用基本模块如放大器、带隙基准源、模数/数模转换等的分析和设计方法
3	数字集成电路设计	CMOS 电路的基本原理、逻辑与功能模块的设计技术及数字电路的设计方法
4	电磁场与电磁波	电磁场基本理论、电磁波的辐射与传播
5	微波技术	传输线、波导、微波网络等微波技术基本概念和基础理论
6	现代数字通信	数字通信系统与网络的基本概念、理论与性能分析基本方法，包括调制、编码、同步、数字交换与网络技术等

4. 微波射频领域（研究生）人才培养方案

（1）微波射频领域（研究生）人才培养课程体系

表 5-33 为微波射频领域研究生部分产业导向的人才培养课程体系。

表5-33　微波射频领域研究生部分产业导向的人才培养课程体系

企业岗位	外延工艺工程师、器件模型与测试工程师、射频芯片设计工程师、射频工程师、系统集成工程师、第三代半导体产品研发工程师
专业方向	信息与通信工程（0810）、电子科学与技术（0809）、集成电路科学与工程（1401）
专业基础课	现代半导体器件物理、集成电路制造技术、集成电路封装技术、集成电路测试技术与可靠性
专业核心课	射频集成电路设计、通信理论与系统、计算电磁学、宽禁带半导体材料与器件、天线理论与技术、雷达信号处理、微波工程、高等固体物理
拓展课/专业方向课	嵌入式系统与SoC设计、集成微系统技术、量子电子学、微机电系统MEMS器件与设计、微纳感知器件分析与设计、薄膜物理与技术、射频收发前端模块设计和分析
实验/实训	射频电路设计实训、天线设计实训、先进材料表征实验、先进MEMS加工实践、集成电路测试方法与实践、GaN半导体材料生长制备、SiC半导体材料生长制备
竞赛	“挑战杯”全国大学生课外科技学术作品大赛、中国国际“互联网+”大学生创新创业大赛、全国大学生集成电路创新创业大赛、中国研究生创“芯”大赛
毕业论文	第三代半导体材料、外延加工工艺，微波射频器件与电路设计，5G通信与微波通信等领域的应用设计，微波射频器件与芯片制造和封装测试等

（2）微波射频领域（研究生）人才培养核心课程简介

表5-34为微波射频领域研究生部分产业导向的核心课程简介。

表5-34　微波射频领域研究生部分产业导向的核心课程简介

序号	课程名称	课程简介
1	射频集成电路设计	射频集成电路基础理论与关键模块如低噪声放大器、混频器、功率放大器、振荡器、锁相环等的设计方法
2	通信理论与系统	以数字通信为主体的现代通信理论和技术，数字调制、多信道和多载波传输、信道编码、扩展频谱通信等
3	计算电磁学	电磁理论与电磁场问题的建模与仿真、优化与设计、计算方法、算法实现
4	宽禁带半导体材料与器件	宽禁带半导体材料的生长机理与方法、器件的制备与应用
5	天线理论与技术	天线的基础理论，天线基本定理与基本辐射源，天线电参数、超宽带天线、阵列天线等的概念与分析方法
6	雷达信号处理	雷达系统的基本原理、雷达目标与环境以及雷达信号处理基础
7	微波工程	现代微波工程中常用的分布电路和网络分析方法，微波电路和器件设计

第6章

第三代半导体产业从业人员能力提升体系

6.1 第三代半导体产业从业人员能力提升的目的和意义

经过 20 多年发展，我国第三代半导体产业已取得长足进步，正处于从受制于人，跟跑，并跑，到领跑的历史转折阶段，并进入了高速发展期。2021 年 3 月，《中华人民共和国国民经济和社会发展第十四个五年规划和 2035 年远景目标纲要》中，将“碳化硅、氮化镓等宽禁带半导体发展”列入“集成电路”科技前沿领域攻关。技术发展驱动的源动力是人才技能的提升，由于第三代半导体产业知识更新快，对产业从业人员必须要进行自我的知识体系更新和技术技能的不断提升。每一个企业都应该结合自身发展实际情况，开展企业员工从业能力提升培训，不断培养建设高水平、高素质的人才队伍，以适应第三代产业发展所面临的新形势、新问题、新需求。

第三代半导体产业从业人员技术技能（能力）提升培训是围绕第三代半导体产业总体发展战略，帮助行业员工提高技术技能水平而开展的一系列技术技能学习以及管理体系的培训，通过不断知识更新，构建的技能提升体系。通过技能提升、激发第三代半导体人才队伍的新活力、新动能和创新能力，不断提升企业员工的岗位胜任能力，增强企业的创新能力，使企业能够在应对乌卡（VUCA）时代商业环境的不确定性形式下，持续创新，避免增长停滞和被颠覆性技术取代的威胁风险。通过技术的创新，将涌现出更多第三代半导体产业的新技术、新产品、新工艺、新材料、新器件、新服务，促使第三代半导体产业向多元化、融合化发展，从而推动第三代半导体产业的技术结构、产品结构、上下游供应链结构等不断优化、重组，为第三代半导体产业培养一批顶尖科学家、一批领跑者以及一批领域融合发展后新兴前沿交叉领域的开拓者，最终推动整个第三代半导体产业健康、稳定、创新、可持续高质量发展。

6.2　第三代半导体产业从业人员能力提升体系

人力资源是产业发展的第一推动力，第三代半导体产业发展需要战略科学家、科技领军人才、卓越工程师、高素质技能人才等各级各类人才的支撑。本节从第三代半导体行业各级各类人才能力发展出发，编制了如表 6-1 所示从业人才能力提升框架。

表 6-1　第三代半导体产业各类从业人员能力提升框架

层　　次	能力和素养提升计划	
	专 业 能 力	创 新 能 力
战略科学家	细分领域前沿技术与理论	技术系统跨越式发展分析与规划
科技领军人才	细分领域前沿技术与理论	系统创新方法与思维
卓越工程师	细分领域专业技能	技术创新工具与实践
高素质技能型人才	细分领域专业技能	技术创新工具与实践

6.3　第三代半导体产业从业人员能力提升方案

本节侧重于第三代半导体从业人员的技能培训，主要按照第 4 章中第三代半导体产业从业人员岗位能力体系来划分，同时也给出通用类从业人员，即品质、市场及管理类人员的技能提升方案。

6.3.1　材料类从业人员培训方案

1. 技术类从业人员培训方案

对于晶体生长研发、仿真、晶体生长、衬底加工及清洗、分析检测与分析、外延研发及外延工艺的技术类研发工程师，主要的技能提升为第三代半导体晶体生长、衬底加工及外延技术等相关技术知识。由于第三代半导体衬底、外延产业方向涉及 GaN、SiC 两种材料，且两种材料制造方法以及外延工艺有所不同，因此按照两种材料的维度进行建议培训主题，培训建议主题见表 6-2。

表 6-2　材料类技术类从业人员培训建议主题

方向	序号	建议主题
GaN	1	GaN 衬底及其应用
	2	GaN 基 LED 材料的 MOCVD 外延生长基础理论
	3	物理气相输运技术与原理
	4	GaN 晶体生长多物理场仿真
	5	GaN 晶体缺陷表征技术
	6	GaN 化学机械抛光工艺原理
	7	污染物和杂质的分类及清洗方法
	8	蓝宝石衬底 GaN 外延技术
	9	硅基 GaN 外延技术
	10	碳化硅衬底 GaN 外延技术
	11	GaN 同质外延技术
	12	紫外 LED 外延技术
	13	分子束外延技术制备氮化物半导体材料与器件研究进展
	14	GaN 外延片检测技术
	15	MOCVD 反应器件输运过程的优化和模拟
SiC	1	宽禁带 SiC 材料研究进展
	2	宽禁带半导体 SiC 材料与器件研究
	3	SiC 晶体生长原理与进展
	4	SiC 晶体生长多物理场仿真
	5	SiC 晶体缺陷表征技术
	6	SiC 化学机械抛光工艺原理
	7	SiC 衬底污染物和杂质的分类及清洗方法
	8	SiC 外延技术进展及机遇

2. 技能类从业人员培训方案

第三代半导体衬底、外延技术员/操作员主要是进行晶体生长工艺、衬底加工、清洗及外延生长、设备维护的操作人员，要求具有较强的动手能力、掌握工艺流程以及设备操作和维修能力，需要学习相关晶体生长、加工、处延技术及设备原理及操作知识，培训建议主题见表 6-3。

表 6-3 材料类技能类从业人员培训建议主题

方向	序号	建议主题
GaN	1	GaN 晶体生长热场与工艺
	2	GaN HVPE 设备原理及操作
	3	GaN 外延生长工艺
	4	GaN 晶体的定向方法
	5	GaN 线切割技术
	6	GaN 衬底加工技术
	7	GaN 衬底的清洗技术
	8	GaN MOCVD 设备原理与操作
	9	GaN 外延片缺陷表征技术
	10	GaN 光电芯片外延片表征方法
	11	GaN（SiC）电力电子芯片外延片表征方法
	12	GaN 射频芯片外延片表征方法
SiC	1	PVT 设备操作
	2	碳纯化技术
	3	SiC 合成工艺
	4	SiC 晶体的定向方法
	5	SiC 线切割技术
	6	SiC 衬底加工技术
	7	SiC 衬底清洗技术
	8	SiC 衬底表征技术
	9	SiC CVD 设备原理操作
	10	SiC 外延片表征技术

6.3.2 器件类从业人员培训方案

1. 技术类从业人员培训方案

器件类技术类岗位人员主要是针对第三代半导体器件设计、器件研发、器件仿真工程师，工艺工程师，工艺整合工程师，封装设计及测试工程师，需要提升器件设计、新器件工艺开发、器件良率及封装技术开发的技能，学习第三代半导体器件原理、工艺及封测相关内容，具有器件的开发能力，培训建议主题见表 6-4。

表 6-4　器件类技术类从业人员培训建议主题

序号	建 议 主 题
1	功率器件可靠性建模与分析
2	GaN 器件模拟仿真设计
3	GaN 器件工艺技术
4	GaN 器件特性分析
5	GaN 功率器件及其应用
6	GaN 电力电子器件增强型与可靠性技术
7	GaN 电子器件产业概况
8	GaN 基功率电子器件进展及二极管若干问题研究
9	GaN 器件封装材料与工艺
10	针对 GaN HEMT 的原子层级 ALE/ALD 蚀刻与沉积方案
11	电子封装关键材料
12	高压大功率压接器件封装中的电磁问题
13	碳化硅门极可关断晶闸管（SiC GTO）研究进展
14	国产 SiC 二极管产品及应用
15	功率型电子封装散热的性能分析与结构优化
16	功率半导体封装设备基板与芯片连接
17	针对第三代半导体功率器件的先进封装材料与系统的解决方案
18	互连材料在电子行业中的应用现状及发展趋势
19	IC 封装可靠性与封装材料及制程的关系
20	LED 电极及表面粗化技术
21	LED 封装与检测
22	SiC 器件封材料与工艺
23	激光技术在第三代半导体领域中的应用

2. 技能类从业人员培训方案

器件类技能类人员要主包括研发技术员、工艺技术员、产品技术员、测试员等，需要了解第三代半导体的器件工艺、学习相应的器件制造及持测技术，并能够熟悉操作相应的设备，开展产品生产活动，培训建议主题见表 6-5。

表 6-5　器件类技能类从业人员培训方案建议主题

序号	建 议 主 题
1	LED 芯片制造技术
2	LED 封装器件制造
3	GaN HEMT 器件制造技术

（续）

序号	建 议 主 题
4	SiC 器件制造技术
5	电力电子器件封装技术
6	射频器件封装技术
7	设备原理与操作
8	封装工艺技术及品质控制
9	封装设备的安装和管理

6.3.3　应用类从业人员培训方案

1. 第三代半导体光电系统集成产业从业人员培训方案

（1）技术类从业人员培训方案

光电企业是第三代半导体占比最大的应用方向，该方向主要针对产品研发、材料、工艺以及结构、光学、电子工程开展培训，学习光源设计与仿真、热管理、显示驱动、显示技术、紫外、光通信等内容，能够进行光电子器件集成模块及系统的改进与开发，培训建议主题见表 6-6。

表 6-6　第三代半导体光电系统集成产业技术类从业人员培训建议主题

序号	建 议 主 题
1	LED 照明与光环境设计
2	DIALux 软件及照明设计应用
3	Trace Pro 软件培训——LED 光学仿真分析
4	Light Tools 应用于 LED 二次光学设计
5	LED 灯具结构设计与应用创新
6	EFD 软件培训——LED 灯具散热仿真设计
7	照明效果表现及三维动画表现设计
8	LED 驱动电源及控制
9	LED 背光源关键技术及应用
10	LED 显示关键技术及应用
11	设计软件及照明设计应用
12	紫外材料与器件、封装及应用
13	LED 光源和灯具设计专利、知识产权保护
14	可见光通信技术
15	LED 模组设计及散热原理
16	光生物安全效应、标准与检测

（续）

序号	建 议 主 题
17	半导体照明技术
18	LED 光学设计及仿真
19	LED 二次光学设计与仿真
20	照明效果及三维动画表现设计与改良
21	封装热管理技术
22	光电器件封装原理
23	光健康与光医疗
24	Mini/Micro-LED 器件技术
25	激光显示技术
26	照明的视觉和颜色基础
27	半导体照明智能控制原理与实现

（2）技能类从业人员培训方案

第三代半导体衬底技术员、操作员主要是进行光电器件集成模块及系统的一线技术员，要求具有较强的动手能力、掌握工艺流程以及设备操作及维修能力，培训建议主题见表 6-7。

表 6-7　第三代半导体光电系统集成产业技能类从业人员培训建议主题

序号	建 议 主 题
1	LED 应用技术
2	电子封装工艺
3	电光源制造基础与工艺
4	LED 制造工艺基础
5	光电性能检测技术
6	LED 应用技术
7	半导体照明设计

2. 第三代半导体电力电子系统集成产业从业人员培训方案

电力电子系统集成目前主要基于 GaN 和 SiC 两种器件。GaN 基 HEMT 器件主要用来制造中低压电力电子器件，SiC 材料主要应用方向是高压电力电子器件。

（1）技术类从业人员培训方案

电力电子系统集成方向技术类人员主要包括器件设计工程师、版图设计工程师、器件研发工程师、系统架构工程师、工艺开发工程师、工艺整合工程师、测试工程师、封装工程师及系统开发工程师，需要提升器件设计、封装技术及集成应用的开发能力，需要学习第三代半导体 TACD 器件设计与仿真、封装与应用类内容，能够将 SiC 与 GaN 材料芯片应用于电网、车辆及电源领域，培训建议主题见表 6-8。

表 6-8　第三代半导体电力电子系统集成产业技术类从业人员培训建议主题

序号	建 议 主 题
1	SiC 功率器件设计
2	GaN 功率器件设计
3	消费类电子设计仿真
4	车用电驱电控系统设计系统
5	电网功率半导体系统设计
6	GaN 电力电子器件制造工艺
7	SiC MOSFET 器件
8	SiC 肖特基器件
9	表面组装技术
10	电子器件与组件结构设计
11	先进基板技术
12	电网用高压 SiC 器件
13	GaN 器件电源适配器系统
14	电力系统用高压碳化硅电力电子器件需求分析
15	应用宽禁带器件的高频电源技术
16	GaN 推动电源行业的变革
17	SiC 模块封装在车用电机驱动中的应用探索
18	宽禁带器件的宇航应用技术探讨

（2）技能类从业人员培训方案

针对电路仿真工程师、工艺仿真工程师、封装工程师及应用工程师，提升版图设计、器件仿真、芯片及模组测试能力，培训建议主题见表 6-9。

表 6-9　第三代半导体电力电子系统集成产业技能类从业人员培训建议主题

序号	建 议 主 题
1	电力电子器件版图设计
2	电力电子器件仿真验证
3	GaN 电力电子芯片测试技术
4	GaN 电源适配器测试
5	车用 SiC 器件
6	车规级电源测试

3. 第三代半导体微波射频产业从业人员培训方案

（1）技术类从业人员培训方案

第三代半导体微波射频产业涉及的器件为氮化镓基射频芯片，技术类从业人员涉及的岗位有设计开发工程师、封装及系统集成工程师、测试工程师、应用工程师多个岗位。相应的培训建议主题见表 6-10。

表 6-10　第三代半导体微波射频产业技术类从业人员培训建议主题

序号	建 议 主 题
1	射频与微波工程基础
2	射频功率放大器和 GaN 技术
3	射频功率放大器设计理论和原理
4	GaN 射频器件芯片开发技术
5	氮化物半导体微波毫米波太赫兹器件
6	面向 5G 应用的硅基 GaN 微波毫米波器件技术
7	固态微波毫米波器件与 5G 应用
8	GaN 射频器件 SPICE 模型
9	射频电路设计–理论和仿真 ADS/AWR
10	使用 ADS 和 SysView 进行射频系统设计和模拟仿真
11	PLL 和频率合成器设计
12	雷达原理和系统
13	GaN 芯片宽带 PA 设计、仿真、制造、组装、测试和验证

（2）技能类从业人员培训方案

第三代半导体微波射频产业涉及的器件为 GaN 基射频芯片，技能类涉及具体的产品版图设计工程师、测试工程师及设备操作工程师等多个岗位。相应的培训建议主题见表 6-11。

表 6-11　第三代半导体微波射频产业技能类从业人员培训建议主题

序号	建 议 主 题
1	微波测试测量原理与测试测量设备操作
2	GaN 射频微波器件测试
3	GaN 射频微波器件产品标准
4	ADS 射频微波仿真基础与应用
5	多层 PCB 小型微波电路的设计模拟和布局
6	射频芯片版图绘制

6.4 通用类从业人员技能提升方案

6.4.1 品质/质量类从业人员技能提升方案

第三代半导体产业的品质/质量类从业人员涉及从材料、外延、器件、封测及应用各方面的产品品质管控人员，需要提升第三代半导体相关标准及质量管控理论等知识，需要学习第三代半导体质量标准、测试标准以及可靠性及失效分析等内容，能够制定产品检验规范、负责原料和成品检验等职能，培训建议主题见表 6-12。

表 6-12　品质/质量类从业人员培训建议主题

序号	建 议 主 题
1	第三代半导体物料检查
2	GaN 晶体质量检测标准
3	GaN 外延片质量标准
4	SiC 晶体质量检测标准
5	SiC 外延片质量标准
6	GaN 电力电子芯片质量标准
7	GaN 射频器芯片质量标准
8	第三代半导体光电子器件可靠性及封装工艺造成失效典型案例
9	第三代半导体光电子应用模组国内外标准、认证及检测
10	第三代半导体光电子应用模组的可靠性
11	SiC 电子电子器件测试
12	SiC 功率器件抗辐照特性测试
13	质量管控理论（QC 七大手法，SPC、六西格玛等）
14	质量统计分析软件
15	GaN 光电子质量标准
16	GaN 电力电子芯片测试方法
17	GaN 射频器芯片测试方法
18	SiC 电力电子器件品质标准
19	光电器件封装可靠性与失效分析
20	LED 光电子应用方向品质标准
21	GaN 电源适配器品质控制
22	车规级芯片品质控制
23	电网功率器件测试标准
24	GaN 射频微波芯片质量标准

（续）

序号	建 议 主 题
25	第三代半导体射频微波器件可靠性及封装工艺典型失效案例分析
26	第三代半导体射频微波应用模组国内外标准、认证及检测
27	第三代半导体射频微波应用模组的可靠性

6.4.2 市场类从业人员技能提升方案

第三代半导体产业市场类从业人员涉及从材料、外延、器件、封测及应用产品等，需要提升对第三代半导体市场机会的预测和把握能力，规划市场开发计划与销售目标，需要学习第三代半导体产品相关知识、相应产品领域的市场等内容，能够实现既定销售目标，培训建议主题见表6-13。

表6-13 市场类从业人员培训建议主题

序号	建 议 主 题
1	第三代半导体产品
2	第三代半导体行业与市场
3	半导体照明产品及市场
4	电力电子行业及市场
5	第三代半导体射频微波行业与市场
6	第三代半导体射频微波产品

6.4.3 管理类从业人员技能提升方案

第三代半导体产业管理类从业人员涉及从材料、外延、器件、封测及应用产品生产管理及企业管理等，需要提升生产计划的把控、完成生产目标，需要学习第三代半导体质量标准、测试标准以及可靠性及失效分析等内容，能够制定产品检验规范、负责原料和成品检验等，培训建议主题见表6-14。

表6-14 管理类从业人员培训建议主题

序号	建 议 主 题
1	第三代半导体行业状况
2	市场发展与前景
3	新兴科技和产业
4	第三代半导体产业政策

6.5　第三代半导体产业企业人员的技能提升体系展望

1. 加强产业纵深领域培训，促进产业良性发展

第三代半导体产业正处于快速成长阶段，在衬底及外延材料质量、器件工艺水平、器件性能及应用领域范围等纵深方向发展迅速，芯片与模组也在不断向集成化发展。这些发展特点对从业员在知识体系、技能体系、职业素养方面都会有新的要求，对新技术的熟悉、理解、掌握与运用能力提出了新的挑战。因此，相应的培训方案也会随之深化，使从业人员快速适应、快速发展形势，不断进行技能提升。

2. 多学科交叉，培育新的产业增长点

第三代半导体产业涵盖了照明、显示、通信、电力电子、雷达射频等多个应用方向，同时一些第三代半导体的新材料、新器件及新系统也逐步涌现，涉及多学科交叉领域，具有较长知识链与创新链，就这要求在技能提升方面注重多学科交叉、多学科融合。

3. 引入先进技术，提升培训效果

互联网的快速发展也给技能提升提供了各种新的方式，通过将知识体系进行模块化分割，利用在线培训、虚拟仿真（VR）培训等各类知识平台，可构建出更加高效的技能提升渠道与途径，从而提高培训效率与效果。

第 7 章

第三代半导体产业国际化人才培养

随着全球半导体产业供应链重构加速，各个国家和地区纷纷发力布局本土半导体产业，2020 年以美国、欧洲、韩国为代表的国家和地区半导体产业从业人数呈现较为明显的增长。例如美国一改近几年直接从事半导体产业的人员维持不变的情况，从业人员呈现增长态势，达到近 30 万人，较 2019 年增长了 14.87%；欧洲半导体产业从业人员规模呈现小幅增长，2020 年从业人数为 20 万人左右，其中头部企业人数保持增长；韩国半导体产业从业人员规模近 18 万，较 2019 年增长了 17.17%，预计到 2030 年其半导体相关岗位将增至 27 万个。

纵观整个半导体行业，整体上我国这些年来一直在追赶业界技术先进国家，同时由于半导体产业高度依赖全球分工协作，所以在人才的培育、培养方面，国外先进的方式、方法也很值得国内第三代半导体产业参考、借鉴。本章将以半导体产业其他国家和地区的人才培养、培育模式与案例为主进行介绍。

7.1 国外半导体产业发达国家与地区人才培养模式借鉴

半导体产业经过六十多年的发展，已基本形成依照各个国家和地区资源要素分工的全球化市场格局，人才分布也随各个国家和地区产业规模呈现出区域集中的特点。表 7-1 为一些国家和地区半导体产业从业人员规模。

表 7-1 一些国家和地区半导体产业从业人员规模

国家/地区	半导体行业从业人员规模/（万人，约）
美国	30
欧洲	20
日本	16

（续）

国家/地区	半导体行业从业人员规模/（万人，约）
韩国	18
新加坡	3

注：数据来自公开资料整理，截至 2021 年 8 月。

发展半导体产业已经被各个国家和地区提上了日程，因此都在通过各种模式支持半导体人才培养工作。本节将聚焦国外半导体产业高端人才（半导体芯片设计、半导体设备制造等）的培养，受篇幅所限，产线操作类人员、市场销售人员的培育、培养不在讨论范围内。

7.1.1　美国半导体产业人才培养模式

美国的半导体产业人才发展政策主要集中于支持本国教育和研究，以及吸引、培养并留住其他国家优秀人才两方面。由于半导体产业是一个高度工程化的产业，美国教育界很早就认识到半导体产业人才和 STEM 教育之间存在着因果关系。2018 年 12 月 4 日，美国公布了《制定成功路线：美国 STEM 教育战略》，详细介绍了联邦政府致力于扩大和提高全民 STEM 教育，为未来经济保驾护航的 5 年战略。2019 年 11 月，美国教育部宣布将投资 5.4 亿美元支持 STEM 教育。2020 年，美国联邦政府机构共设立 STEM 教育项目 174 个，预算共计 36.8 亿美元，比 2019 年增加了约 15%。美国 2021 年在《无尽前沿法案（Endless Frontier Act）》中也提出，5 年内拨款 100 亿美元用于创建 10 个技术中心，将美国各地的制造业中心和研究型大学连接起来，分散投资，以支持和扩大新技术的研究，包括半导体、人工智能和机器人技术等。

此外，一些大型半导体企业也通过与中学、高校和社区学院合作推进 STEM 教育，如设立奖学金吸引学生攻读相关专业、建立员工教育援助项目、鼓励女性学习相关专业、促进族裔多元化等方式鼓励并培养相关人才。比如美国某半导体企业每年提供数百万美元经费支持员工攻读与工作相关的学位，或为员工提供每年数万美元的学费报销；还有一些企业通过雇佣合作/学生实习等方式为企业培养储备人才。相关高校也通过开设实践相关的课程或设置导师项目，帮助学员提前了解行业情况和工作内容。

美国的第三代半导体人才培养模式是业界的标杆，而且早已进入成熟期。我们以 QS 排名最靠前的两所高校的课程设置为例进行分析。

1. 斯坦福大学

斯坦福大学拥有全球顶尖的电气工程系，同时其也是斯坦福大学工程学院最大的系，其半导体专业、半导体实验室都隶属于该系。在第三代半导方面有专门的“Integrated Circuits & Power Electronics”专业，隶属于硬件/软件系统专业方向，主要涉及电子电路系统的应用设计，涵盖从低频到毫米波和太赫兹的广泛频谱。该专业研究融合了多种技术，包括新兴的纳米和 MEMS 器件、纳米 CMOS 和 BiCMOS 工艺，以及各类分立电子器件。

该专业具体研究方向包括：

1）混合信号集成电路设计（数据转换器、传感器接口、成像技术和生物仪器）。

2）射频和毫米波集成电路设计（宽带通信系统、微波和毫米波成像、相控阵、集成天线）。

3）电力电子（开关模式电源转换器、谐振转换器、开关模式射频功率放大器无源元件设计、使用 SiC 和 GaN 的 10MHz 的转换器、高压电源、无线电力传输系统、脉冲电源应用、高压电源、无线电力传输系统，脉冲电源应用）。

4）新兴的纳米系统（数字及模拟电路系统），包括设计方法、验证和测试、近似计算以及鲁棒电路和系统等方面。

5）用于数字和模拟电路的硅技术建模，包括光电/射频应用、生物传感器和计算机辅助生物传感器设计、无线植入式传感器。

2. 加利福尼亚大学洛杉矶分校

加利福尼亚大学洛杉矶分校（UCLA）的亨利·萨缪里工程和应用科学学院（Henry Samueli School of Engineering and Applied Science）的电气工程（EE）专业包含集成电路相关学科，相关课程包括模拟集成（IC）设计、VLSI 电路和系统的设计和建模、RF 电路和系统设计、信令和同步、VLSI 信号处理和通信系统设计。

7.1.2 欧洲半导体产业人才培养模式

2019 年 11 月，由国际半导体产业协会（SEMI）与欧洲 14 个国家的 19 个合作伙伴共同发起了一项名为 Microelectronics Training，Industry and Skills（以下简称 METIS）的微电子学教育鼓励计划。该计划将获得总计 400 万欧元的公共资金，用于促进欧洲微电子人才的发展。

2020 年 11 月，欧盟委员会发布了《技能公约（Pact for Skills）》，旨在让成千上万的工人适应新变化，掌握新技能，熟悉新岗位，帮助成员国实现绿色生态和数字化转型。在微电子产业，技能公约计划募集 20 亿欧元，为产业集群内超过 25 万名工人和学生提供培训。

2022 年 2 月 8 日，欧盟委员会正式公布了《欧洲芯片法案（European Chips Act)》，计划投入超过 430 亿欧元的公共和私有资金，以提振欧洲芯片产业。该组织计划到 2030 年将其在全球的芯片生产份额从目前的 10%增加到 20%。

同时，欧盟委员会还宣布在包括微电子在内的关键工业生态系统领域建立欧洲技能合作伙伴关系，通过联合所有相关合作伙伴的力量，将人才投资的影响最大化，以提升现有人才的技能水平，适应绿色生态和数字化转型的新需求。欧盟委员会还呼吁产业界、企业雇主、社会伙伴、商会、协会、教育和培训机构、职业介绍所等共同努力，为欧盟成员国国内所有适龄工作人员提供培训，共同推进欧洲人才的技能提升，从而填补转型道路上的人才缺口。

《欧洲芯片法案》主要包括欧洲芯片倡议、确保供应安全的新框架、欧盟层面的协调机制 3 个主要组成部分。其中欧洲芯片倡议将汇集欧盟及其成员国和第三国的相关资源，建立确保供应安全的芯片基金。该法案条款还包括监测欧盟产芯片出口机制，可在危机时期控制芯片出口；强调加强欧盟在芯片领域的研发能力，允许支持各国建设芯片生产设施，支持小型初创企业。

在 2021 年 2 月，欧盟 19 国推出了“芯片战略”，计划为欧洲芯片产业投资约 500 亿欧元，打造欧洲自己的半导体生态系统。欧盟还推出了“2030 数字罗盘”计划，希望到 21 世纪 20 年代末，能生产全球 20%的尖端半导体芯片。

以意大利为例，2021 年 3 月意大利最新出炉的一份法令草案显示，该国计划在 2030 年前拨出逾 40 亿欧元的资金用于推动本土芯片制造业发展，以吸引全球领先的半导体企业的投资。同时，意大利政府也在一直撮合英特尔在罗马建造一座芯片工厂，罗马负责提供公共资金与其他优惠条件，该项目投资约 80 亿欧元，计划十年建成。

欧盟是第三代半导体专业人才培养的另一标杆，以下列举三所欧洲的高校，通过分析其课程构成剖析其人才培养模式。

1. 荷兰代尔夫特大学

欧盟在电子工程方面有非常完备的课程体系，其中以荷兰代尔夫特大学最为完备，这也是 ASML 等荷兰半导体设备公司能够长期占据全球半导体行业制高点的原因之一。

其课程分为无线通信和传感、信号和系统、微电子学三个方向，其课程设置见表 7-2。

表 7-2　荷兰代尔夫特大学半导体相关专业课程设置

课 程 类 型	无线通信和传感方向	信号和系统方向	微电子学方向
基础公共核心课	先进计算系统 资料查阅及学术技能 统计数字信号处理 控制系统设计 电磁学 网络技术基础 测量和仪器 模拟电路设计基础 系统工程 应用于电气工程的机器学习		
跟踪型核心课程	高性能数据网络 信息论 电磁波的传播和散射 雷达基础：从基本原理到应用 无线通信基础 估计与检测 无线网络	应用凸优化 信息论 波场成像 数据压缩：熵编码和稀疏编码 无线通信基础 估计与检测	结构化电子设计 模拟 CMOS 设计 I 半导体器件物理 用于无线应用的集成电路和系统 数字集成电路设计 传感器和执行器 集成电路和 MEMS 技术
专业选修课	气体观测 天线系统 电磁学进阶 应用凸优化 分布式信号处理 信息论 电磁波的传播和散射 准光学系统 波场成像 电磁学谱域方法 雷达对象分类学	医学成像信号和系统 解剖学和生理学 生理学和工程学 天线系统 数字音频和语音处理 应用凸优化 分布式信号处理 信息论 电磁波的传播和散射 波场成像 先进的磁共振成像 雷达对象分类学	解剖学和生理学 计算机算法学 HDL 系统设计 模拟 CMOS 设计 II 应用凸优化 有源植入式生物医学微系统 量子计算电子学 波场成像 无线概念和系统 用于无线应用的集成电路和系统

（续）

课程类型	无线通信和传感方向	信号和系统方向	微电子学方向
专业选修课	数据压缩：熵编码和稀疏编码 传感器信号和数据处理 纠错码 电信架构和商业模式 通信信号处理 雷达基础：从基本原理到应用 超宽带技术 雷达进阶：理论与系统设计 测量和模拟互联网 无线、微波和雷达工程中的应用电磁分析 无线通信基础 估计与检测 自组织网络 复杂自然及人造网络 无线网络 高级移动通信技术 网络安全 分布式算法 “黑客实验室”应用安全分析 智能手机感应 通信网络和系统的性能分析	基于贝叶斯技术的机器学习 矩阵处理 传感器信号和数据处理 纠错码 生物医学电子学 生物电 通信信号处理 雷达基础：从基本原理到应用 超宽带技术介绍 雷达进阶：理论与系统设计 传感器和执行器 无线通信基础 估计与检测 自组织网络 神经网络 模式识别 安全和密码学 医学可视化 项目系统与控制 鲁棒多变量控制设计 控制理论 过滤和识别 集成项目系统与控制 模型预测控制 基于知识的控制系统 系统和控制优化 信号、系统和控制方面的专题 混合系统的建模和控制 车辆机电一体化 傅里叶和拉普拉斯变换 近似理论	高级数字集成电路设计 硬件可靠性 超导天文仪器 生物医学电子学主题 通信信号处理 处理器设计项目 模拟集成电路设计 纳米电子学 传感器和执行器 微系统集成 微电子可靠性 过采样数据转换器 奈奎斯特速率数据转换器 高级无线收发器 光伏基础知识 光伏技术 光伏系统 CMOS 技术中的功率转换技术 成像传感器 先进微电子封装 集成电路技术实验 结构化电子设计实验

2. 比利时鲁汶大学

比利时鲁汶大学电气工程专业有专门的电子和芯片设计（Electronics and Chip Design）专业，具体课程参考表 7-3。

表 7-3 比利时鲁汶大学半导体相关专业课程设置

类 型	课 程 名 称
专业必修课	通信及信息系统数字信号处理 模拟及混合信号电子设备信号处理 电信系统构建 数字平台设计 模拟电路的设计与实现 计算机体系结构 模拟及混合信号集成电路设计 微电子技术 PCB、微电子和纳米天线技术 数字集成电路设计 电子技术与芯片设计 计算机辅助集成电路设计 模拟和数字系统中的电磁干扰 用于人工智能和嵌入式处理的计算平台 MEMS 和微系统 射频和毫米波集成电路设计 实时控制软件设计
专业选修课	测量系统 集成射频元件和电路 半导体物理学 纳米电子材料物理与技术 数字通信系统分析 微型和纳米电子元件的可靠性和良率 电磁传播 硬件安全 进阶模拟和射频 IC 设计

3. 意大利都灵理工大学

意大利都灵理工大学电子与电气工程系的国际课程在 2021 QS 排名中获得前 10%的好成绩，其相关专业课程设置见表 7-4。

表 7-4　意大利都灵理工大学半导体相关专业课程设置

类别/方向	集成电子和光电子的器件和技术	微电子学	电子系统
专业必修课	数字电子技术 集成数字系统 测量系统和传感器 测试和认证 高速电子器件 光电子学 电信电子产品 模拟和电力电子 微纳电子器件 微波电子学 无源光学元件 半导体器件 CAD 集成系统技术 光子器件	数字电子技术 集成数字系统 测量系统和传感器 测试和认证 光电子学 电信电子产品 模拟电子和电气电子技术 数字微电子 低功耗电子系统 模拟集成电路 集成系统技术 射频集成电路 集成系统架构 纳米电子系统	测量系统和传感器 测试和认证 光电子学 集成数字系统 电信电子产品 模拟电子和电气电子技术 数字微电子 雷达和遥感 低功耗电子系统 集成系统架构 集成系统技术 操作系统
专业选修课	有限元建模 嵌入式系统集成 信号处理与光传输实验 信号处理与无线传输实验 大数据：架构和数据分析 凸优化及工程应用 用于 AI/ML 的嵌入式电子系统 开放光网络 信号完整性和合规性的先进设计 生物信息学 电磁场和生物组织：效应和医学应用 工程管理心理学 用于物联网的创新无线平台	有限元建模 嵌入式系统集成 信号处理与光传输实验 信号处理与无线传输实验 无源光学元件 雷达和遥感 辐射电磁系统 大数据：架构和数据分析 凸优化和工程应用 用于 AI/ML 的嵌入式电子系统 开放光网络 信号完整性和合规性的先进设计 生物信息学 电磁场和生物组织：效应和医学应用	有限元建模 嵌入式系统集成 信号处理与光传输实验 信号处理与无线传输实验 先进天线工程 协同设计方法和工具 信号完整性和合规性的先进设计 大数据：架构和数据分析 凸优化和工程应用 用于 AI/ML 的嵌入式电子系统 开放型全光网络 生物信息学 电磁场和生物组织：效应和医学应用 工程管理心理学

（续）

类别/方向	集成电子和光电子的器件和技术	微电子学	电子系统
专业选修课	用于能源应用的纳米材料和纳米技术 通信系统项目和实验 数字技术与社会 纳米电子系统 射频集成电路 晶体和有机半导体中的电子传输	工程管理心理学 用于物联网的创新无线平台 用于能源应用的纳米材料和纳米技术 通信系统项目和实验 数字技术与社会	用于物联网的创新无线平台 用于能源应用的纳米材料和纳米技术 通信系统项目和实验 数字技术与社会

7.1.3 日本半导体产业人才培养模式

据不完全统计，日本自 2019 年发布《超智能社会高技术人才培养计划》以来，尚未有国家层面的半导体产业人才相关政策，但自 2021 年以来其出台了多项产业发展战略。在支援本国企业加强研发的同时，还大力引进世界顶尖研发制造企业。2021 年 2 月，台积电公司宣布在日本筑波科技城设立 3D IC 研究开发中心。日本政府鼓励半导体生产设备企业、材料企业与之合作。2021 年 3 月，日本产业技术综合研究所与佳能、东京电子公司、SCREEN 达成联合开发协议，为迎接新一代高速通信技术的普及，出资 420 亿日元共同开发 2nm 级半导体芯片及其生产技术。

2021 年 6 月 4 日，日本经济产业省宣布，日本已完成对半导体、数字基础设施及数字产业战略的研究汇总工作，确立了以扩大国内生产能力为目标的“半导体数字产业战略”。至此，重振日本的半导体和数字产业，作为一项国家层面的战略被提出。通过这一战略，日本将加强与海外合作，联合开发尖端半导体制造技术并确保生产能力；加快数字投资，强化尖端逻辑半导体设计和开发；促进绿色创新；优化国内半导体产业布局，加强产业韧性。通过总结日本半导体产业发展的经验教训，并结合国际社会新的地缘政治形势，日本政府决定对半导体产业政策进行重大调整，采取超常规措施，将引进海外半导体企业到日本办厂作为国家重点支持项目。

以日本东北大学为例，该校是其国内较早开展半导体专业人才培养的高校，其相关课程设置非常庞大，同时配套了数十个实验室以打通产业化和学术研究间的隔阂，这也是日本半导体产业一直在亚洲位于第一梯队的重要原因。

日本东北大学半导体相关专业的具体课程见表 7-5。

表 7-5　日本东北大学半导体相关专业课程设置

学　段	电气与电子工程专业	信息与通信工程专业
研究生	凝聚态半导体理论 电力电子电路与系统 纳米材料测量技术 能量系统理论 能源装置理论 模拟集成电路 纳米材料测量 光伏发电基础 等离子工程 光与物质基础理论 无线通信工程 电磁波专题讲座 超大规模集成电路工程 电气建模和仿真 固体物理专题 高频测量工程 电力工程专题讲座 知识信息资源和专利的利用 电子物理性质基础理论 超大规模集成电路系统设计 脉冲电源工程 电力电气系统分析与控制 光通信系统 双极晶体管和化合物半导体 电力电子电力系统应用 半导体存储器专题讲座 信息存储工程 电力电子控制与分析专题讲座 量子化学专题讲座（材料） 光电子学 波导电路理论 电气与电子工程研究 成像材料 光与物质基本理论 纳米器件材料分析/等离子处理专题讲座	模拟集成电路 信息光学处理 基本传感信息学 仿真大脑计算 医学影像系统 以人为本的信息系统 超大规模集成电路系统设计 通信和计算机工程 高级通信系统工程 多维信息处理 无线信号处理 大脑和并行计算的统计理论 资讯及通信工程研讨 并行和可重构的 VLSI 计算 高级信号处理（ICT） 现代密码学 数据通信系统 医学信息学 信息与通信工程研讨 超大规模集成电路布局设计 医学图像处理 视觉感知机制 虚拟现实与交互 语言工程 先进的信息和通信网络 感官信息的高级测量 媒体质量 高级信息与通信理论 IT 社会与信息安全 语音信息技术 信息与通信工程课程校外项目 移动通信高级专题 量子信息处理 信息与通信工程研究实习合作 信息与通信工程专项实验

（续）

学　段	电气与电子工程专业	信息与通信工程专业
研究生	磁与自旋工程专题讲座 磁悬浮与磁支撑工程 先进功能电子设备 纳米结构器件 人工智能与通信网络系统专题讲座 介电特性和有机器件专题讲座 光与物质基本理论 纳米材料电子 专业英语	
本科	电子学基础 电路Ⅰ 傅里叶变换和拉普拉斯变换 电与磁Ⅱ 计算算法和编程 半导体物理学 电气与电子工程实验 电路Ⅱ 电和磁Ⅰ 控制理论 应用概率和统计理论 电气和电子工程师分析 量子力学 电磁场和波 模拟电子电路 离散时间系统 电力工程Ⅰ 电子测量 波导工程和无线电法 先进的电子电路 机械工程概论 电子器件Ⅱ 半导体和器件应用的光学物理 信号系统 科学与工程伦理（电气与电子工程） 高压工程 能源电力转换技术	信号和系统分析 传播理论（ICT） 高级计算机编程（ICT） 线性电路 信息与通信工程概论 信息与通信工程实验Ⅰ 逻辑电路理论与设计 信息与通信工程基础Ⅰ 概率统计（ICT） 基本计算机编程（ICT） 信息与通信工程基础Ⅱ 代数系统和编码理论 自动机和语言（ICT） 信息与通信工程Ⅲ 计算机逻辑设计（ICT） 电路 数字信号处理 信息与通信工程实验Ⅱ 离散结构和算法 逻辑推理 通信系统 统计信号处理 网络架构和控制 计算机体系结构（ICT） 感觉和感知系统 机器学习（ICT） 独立研究项目（ICT）

（续）

学　段	电气与电子工程专业	信息与通信工程专业
本科	电力电子 计算机体系结构（电气和电子工程） 核工程概论 数字电子电路 材料力学基础 电气与电子工程实验室 ⅢA 集成电路技术 通信理论（电气与电子工程） 电气电子项目 半导体制造工艺 电源设备 光电子学 电力工程 II 电子电气材料 电子材料科学 电气化铁路 电机及仪器 电力工程实验 存储设备 线性控制定理 工程写作 电机设计与绘图 电力工程规范与运行管理 电子设备 I 环境净化实验室	泛函分析和逆问题 高级独立研究项目 通信网络基础 具体数学 多媒体分发技术 嵌入式系统 使用信息通信技术的服务设计 集成电路设计 学院高级独立研究项目（ICT 领域） 信息与通信工程 数学规划 线性电子电路 人工智能（ICT）基础 数值分析（ICT） 密码技术与网络安全

7.1.4　韩国半导体产业人才培养模式

2021 年 5 月，韩国政府发表了《K 半导体战略》，旨在保持韩国在存储芯片行业的领先地位，并争取引领系统芯片行业。同时，韩国政府宣布为实现该目标将使用 4500 亿美元用以支持未来 10 年的项目研发工作。在人才培养方面，该战略的目标是到 2031 年培养 3.6 万名半导体人才，设置与设备、企业等相关的新学科，并将面向在职者或就业准备生提供半导体专门实务教育。此外，为防止人力外流，还将制定“半导体名人”、聘用特聘教授等有吸引力的人才保留方案。

在人才培养方面，韩国将从中小学阶段起加强 STEM 教育，着重提升数学及科学教育基础能力。针对本科及硕士研究生教育，韩国则将建立更加符合产业现场需求的人才培育体系，主要有如下措施：

1）优化学位取得途径，不仅可以依托传统的论文撰写取得，还可以依托产业或创业实务取得。

2）引入双轨制培养，扩大非学位型的创新课程，在各类工学院全面引进 AI 教育及现场实战教育，建设灵活且适应未来需求变化的产业人才培养体系。

3）积极扩大民间主导的人才培育。

4）针对在职人员，建立专业能力持续开发体系，提供工业 4.0 领域的高水准专业在职教育。

5）加强大学回流教育（Recurrent Education），建构专业技术人员职务转换支援体系等。

在人才引进方面，韩国将进一步强化海外人才引进政策，比如提供优秀人才签证特例、破格吸引核心领域人才、建设全球人才特区、促进国际合作研究、搭建硕博士交流平台等，以扩大全球研究网络，持续吸引人才及推动交流合作。针对具高层次科技人才，发掘其可持续活跃的新活动领域，建构高层次科技人才支撑体系，包括设立资深科技人才支持中心，研定高层次科技人才综合计划，协助其参与科技领域的政府开发援助（Official Development Assistance，ODA）计划等。

韩国是全球内存芯片制造的领头羊，同时也一直兼顾非存储类的逻辑芯片领域。作为韩国经济增长的主要动力，半导体领域在未来 10 年将出现 3 万名左右的人才短缺，所以韩国也在不遗余力地发展相关人才培养计划。只要在政府指定的专门从事半导体领域的高等教育机构进行综合本科学习，就可获得可观且稳定的国家补助金。同时，政府也鼓励各机构设立研究生院，开设硕士和博士课程，进而培养更多、更高端的具备相关领域知识的专家，从而达到扩充具有相关经验和研究专长的产业和学术人员队伍的目的。

另外，人文社会科学专业的学生也将学习半导体，并将学习领域扩大到零件、材料、设备等领域。

韩国深刻理解明白半导体产业链是一个高度全球化的市场，但可以通过不断提高在某项市场领域的专注度，或者完善生产制造环节的方式，降低对其他市场的依赖。目前韩国已经决定从 2021 年起增加半导体专业大学的招生名额，规模增至每年 700 名以上。同时也会设立专门的教育项目和机构，每年规划培养 1200 名半导体专业领域人才。韩国已经下定决心实现在半导体核心领域的自主的发展，因此人才培养已经成为其国家信息产业发展的关键环节。

下面以韩国最著名的首尔大学为例剖析韩国半导体人才培养模式。该大学也是韩国半导体人才的主要培育场所，其课程规模比较大，具备各类先进的实验室和专业的教学资源。其相关专业课程设置见表 7-6。

表 7-6　韩国首尔大学半导体相关专业课程设置

类型	电气专业	微电子专业	计算机专业
必修课	电子电路与实验导论 电气与电子工程导论研讨 数字逻辑设计与实验 电磁学导论与实践 电气系统的编程方法论 线性代数 高级电气与电子工程研讨 电磁学 电力与能源系统概论 机电能量转换 信号与系统 随机变量过程概论 数据通信网络概论 通信概论 控制工程基础	电子电路与实验导论 电气与电子工程导论研讨 数字逻辑设计与实验 电磁学导论与实践 高级电气与电子工程研讨会 量子力学应用 半导体器件 电子电路导论和实验 模拟电子电路	电子电路与实验导论 电气与电子工程导论研讨 数字逻辑设计与实验 电磁学导论与实践 编程方法论 数据结构导论 电子电路与实验导论 高级电气与电子工程研讨 计算机组织 算法导论 数字 系统设计与实验
选修课	电力系统经济学 通信系统 机器人学概论 日本电气和电子工程新工业技术 数字信号处理 智能系统简介 电机与控制 电磁工程 先进的控制技术 电力电子 网络协议设计与实验	量子力学应用 半导体器件 电子电路导论和实验 模拟电子电路 纳米电子器件基础 电物理概论 数字集成电路 光子学概论 微系统技术概论 有机电子器件 生物医学工程概论 生物仪器	电气和电子工程 电气设备和系统的设计项目 操作系统 嵌入式系统设计 编译器设计

7.1.5 新加坡半导体产业人才培养模式

新加坡政府在 1991 年制定了跨世纪发展战略《新加坡：新的起点》，规划了 20 世纪前 30 年的发展，指出要在 2030 年将人均 GDP 发展到与美国相同的水平。为了达到这一目标，新加坡采取了多项措施，包括吸引更多跨国公司在新加坡设立地区总部、鼓励将本国企业发展成具有世界一流水平的企业、积极推进结构调整与产业升级、加速整体经济从技术“引进型”向“创新型”转变、全面提高教育质量等。

吸引半导体人才及企业到新加坡发展的首要条件是良好的营商环境，包括当地政府的政策、便利的交通位置和健全的司法保障。回顾新加坡的经济发展，其政府在调整各阶段经济结构中发挥了重要作用，让新加坡摆脱了依靠低端劳动力的经济结构，发展成为亚洲的金融、科技中心。

注重人才培养的新加坡有着全球顶尖的教育资源。新加坡国立大学在 2021 年的 QS 世界大学排名中排名第十一位，南洋理工大学排名第十二位。新加坡国立大学的材料工程全球排名第三，计算机科学与信息系统全球排名第四，电气工程全球排名第五；南洋理工大学的材料科学全球排名第一，电气工程全球第四，机械工程全球第五。而这些专业都与半导体行业息息相关，因此大量的相关专业的人才也是新加坡能够吸引半导体厂商的关键因素。南洋理工大学是东南亚地区重要的高等学府，提供了完整的半导体人才培养通道，其课程设置见表 7-7。

表 7-7 南洋理工大学半导体相关专业课程设置

类　别	电气与电子工程
必修课	社会工程学 从计算思维到编程 高等数学 Ⅰ & Ⅱ 电气与电子工程物理基础 简明工程实践 EEE 实验室 Ⅰ 电路分析 模拟电子 数码电子 半导体基础 电气设备和机器 工程数学 Ⅰ & Ⅱ 数据结构与算法

（续）

类　别	电气与电子工程
必修课	信号与系统 工程电磁学 数据科学与人工智能简介 工程通信
选修课	数字集成电路（IC）设计 模拟IC设计 先进晶圆加工 高级半导体器件 集成电路（IC）封装 通信工程 计算机工程 数据智能与处理 生物医学电子 电力与能源智能系统与控制工程 项目管理与科技创新 用于无线通信的射频电路 遗传算法和机器学习 电磁兼容设计 量子信息与工程 LED照明与显示技术 先进半导体物理学 激光技术 光电子学高级工程 微处理器 建模与控制 沟通原则 半导体器件与加工 数字信号处理 电力系统与转换 计算机通信 简明光子学 集成电子电路

7.2 我国半导体国际化人才培养模式实践与探索

近年来我国半导体产业的飞速发展，也离不开吸引了一批具有专业技术和产业经验的国际人才，基本上覆盖了第三代半导体产业的各个环节，包括设计、制造、封测以及设备材料、EDA 与 IP 等产业链。这些高端人才在到我国工作之前基本上都有丰富的从业经验，同时又都具备国际顶尖学府的学历和学位。国内这些年在 ISSCC、IEDM、VLSI 等顶级会议上屡见学术成果，也同高端技术人才进入高校有一定的关系。

由于第三代半导体具有典型的跨界特性，因此国际化半导体人才的培养对于整个行业来说非常重要，主要的人才培养渠道还是以高等教育和企业培养为主，职业教育为辅。

7.2.1 我国半导体国际化人才培养模式

目前半导体国际化人才的培养途径主要有以下几种模式：

1）院校通过合作办学的形式培养，这种模式是最主流的国际化人才培养渠道。

2）专班模式，通过领军人物建设专班，力求迅速解决行业的突出问题。

3）产学联合培养模式，通过与企业合作，打破人才培养和就业的壁垒。

4）政产重点培养模式，当地政府重点投入，打造人才高地，迅速积累资源。

7.2.2 我国半导体国际化人才培养模式展望

国内的高校承载着培育、培养新一代半导体人才的重任，结合国内和国外实际，与行业企业进行深度联动才能够在国家整体产业布局大框架下更加有效地培养出国际化的半导体人才。

1. 对接国家重大国际战略部署，是行业高校继续教育发展的重要前提

在新的历史时期，对接国家“一带一路”倡议，与专业半导体企业、“一带一路”沿线国家的高校开展教育互联互通合作、人才培养培训合作和丝路合作机制共建，搭建国际化人才培养平台，拓展海外合作办学网络，创新人才培养模式，在国际化人才培养方面积累丰富的经验，大幅提升服务能力与服务水平。

2. 校企合作共建共享，是行业高校继续教育发展的基本保障

国际化人才培养紧密对接我国“十四五”发展规划，充分整合高校内外、国内外优质资源，依托国内知名企业和海外合作院校、企业，大力推进校企、校校合作共赢，以在国际化人才培养方面取得较好的成效，保障学校继续教育

办学水平与办学质量的提升。

3. 海外培训基地建设，是行业高校提升国际化水平的有力抓手

培训基地国际化是对标国际标准、实现国家半导体发展战略的重要内容，更是学校不断提升国际化办学水平的有力抓手。通过整合国内外优质资源，在海外建设各类培训中心和分校，建成覆盖国内外合作区的继续教育基地群，可以加快推进国际化人才培养、不断提升国际化办学水平。

4. 线上与线下相结合，是国际化人才培养和培训业务拓展的捷径

通过在线教育和线下实操的融合，构建数字化学习与课堂教学相结合、在线学习与脱产培训相结合、自主学习与协作学习相结合、虚拟实验与现场实训相结合的混合式教学模式。充分依托云计算、大数据与在线学习平台，同合作企业、机构、高校共同推进云上学院建设，面向“一带一路”沿线国家大力开展常规教学、远程教学、继续教学服务，成为创新发展与转型发展的强劲动力。

第8章

第三代半导体产业人才培养案例

8.1 行业组织人才培养案例

“行校企”多主体育人，“产教科”全要素协同——联盟搭建产教融合平台、支撑产业健康快速发展

一、实施背景

第三代半导体是指以氮化镓（GaN）、碳化硅（SiC）为代表的宽禁带化合物半导体材料，具备高频率、大功率、耐高压、耐高温、高光效、抗辐射能力强等优越性能。第三代半导体主要面向电力电子、微波射频和光电子三大应用方向，是支撑下一代移动通信、新能源汽车、高速列车、能源互联网、国防军工等产业自主创新发展和转型升级的重点核心材料和关键电子元器件。因此，第三代半导体成为国外对我国技术封锁的重点领域，是关系全局、影响深远、战略必争的高技术领域。

我国政府高度重视第三代半导体的技术创新和产业发展。“十一五”期间，科技部就部署了第三代半导体光电方向的“863”重大专项——半导体照明工程；“十二五”期间，除“863”重大专项部署外，国家发展改革委等几部委还出台了《半导体照明节能产业规划》。这一时期，我国第三代半导体的先锋——光电半导体产业快速崛起。经过十五年的发展，我国已经成为全球光电半导体制造、应用和出口的第一大国，年产值近 8000 亿元。科技部“十三五”战略性先进电子材料重点专项在光电基础上重点部署了面向电力电子、微波射频应用方向的研发计划。“十四五”启动了针对第三代半导体的“新型显示与战略性电子材料”重点专项。在国家政策的连续支持和推动下，产业迎来蓬勃的发展期。

产业发展的关键要素归结为“人才、技术、资本和政策”四个方面，四要

素中“人才”是根本，是技术创新和产业化发展的源动力，是其他三要素的出发点。联盟的人才工作始于“十二五”初期，产业进入发展快车道。经调研发现，产业人力资源需求总量新增超过 100 万人。其中，复合型高端产业领军人才的需求约 5000 人，高级技术、管理和研发人才约 5 万人，专业技术人才需求约 30 万人。然而，全国开设相关专业的本科及高职院校不足 100 所，年培养规模不足 5 万人，无法满足产业发展对专业人才的迫切需求。

二、关键问题

第三代半导体产业是一个学科跨度大、技术更新快、应用面宽的行业，产业人才培养方面存在诸多问题。

1）产业人才培养标准与评价鉴定体系欠缺导致院校人才培养与企业人才培训工作无章可循。

2）产业需求与院校的专业设置脱节，院校人才培养无法支撑产业发展。

3）校企合作“一头热”，企业参与院校人才培养工作缺乏积极性。

4）院校教育资源及配套设施不足，在课程、师资、实训设备及研发支撑等方面，缺乏实用性与时效性。

为此，经国家半导体照明工程研发及产业联盟（现名为中关村半导体照明工程研发及产业联盟，CSA，以下简称联盟）理事会决议，联盟秘书处于 2011 年组建了人力资源工作委员会（见图 1），邀请企业技术专家、管理者、教授学者、院校教师等共商产业人才发展大计，共建产科教协同的人才培养体系和平台。

图 1　联盟人力资源工作委员会成立大会

（中科院院士南昌大学副校长 江风益教授（前排右三）任委员会主任）

三、主要做法

在科技部、教育部以及人力资源和社会保障部的支持和指导下，联盟依托人力资源工作委员会，秉承共商、共建、共享的原则，探索和建立了以产业为主导、以技术为引领、以教育为支撑的产科教融合发展人才培养新模式。

（一）制定产业人才标准，绘制岗位学习地图

1. 开展产业人才研究

2010 年，联盟组织专家对企业进行人才专项调研，编写并发布了《2009 年中国半导体照明产业人力资源状况调研报告》（见图 2），梳理了企业的人力资源状况和需求。2012 年，联盟委托人民大学对我国高校专业建设情况开展了调研，编写和发布了《2011 半导体照明产业高校人才白皮书》（见图 2）。其以半导体照明产业的人才需求为出发点，对目前国内具有相关专业的主要高校进行了调查研究，全面梳理了产业相关院校的人才培养和人才供给状况。

2009 年中国半导体照明产业人力资源状况

调研报告

二〇〇九年六月

图 2　联盟发布人力资源状况调研报告及产业高校人才白皮书

随后，联盟启动了“Lighting The Future——半导体光电产业高校人才引进计划”，组织了 100 多家光电企业在全国 40 多所相关高校举办了行业专场招聘会，并跟踪记录了学生在产业的就业和职业发展情况。经过跟踪调研发现，院校人才培养与产业需求严重脱节。其原因一方面是产业对人才的需求没有统一的能力标准；另一方面是院校专业建设严重滞后，师资、教材、试验和实训条件不足。

2. 开发专业能力和职业能力标准

鉴于产业和院校调研中发现的问题，联盟发挥作为国家团体标准试点单位

的优势，组织国内外产业、技术和管理专家以及 30 余家行业龙头企业、科研院所和十几所高校共同参与，历时一年，通过大量的调查研究，在对光电半导体产业链关键技术岗位分析的基础上建立了岗位能力素质模型。于 2011 年开始制定和颁布了系列工程师职业资格标准。例如，半导体照明封装工程师职业标准——《半导体照明工程师专业能力规范〈封装〉》，以及包括光学、电学与控制、热学、系统设计四个专业方向的半导体照明应用工程师职业标准——《半导体照明工程师专业能力规范〈应用产品热学方向〉》，如图 3 所示。这是当时国内乃至国际上首份光电半导体行业专业能力标准。职业标准的推出为建立科学的专业技术人才培养与评价体系提供了重要支撑。

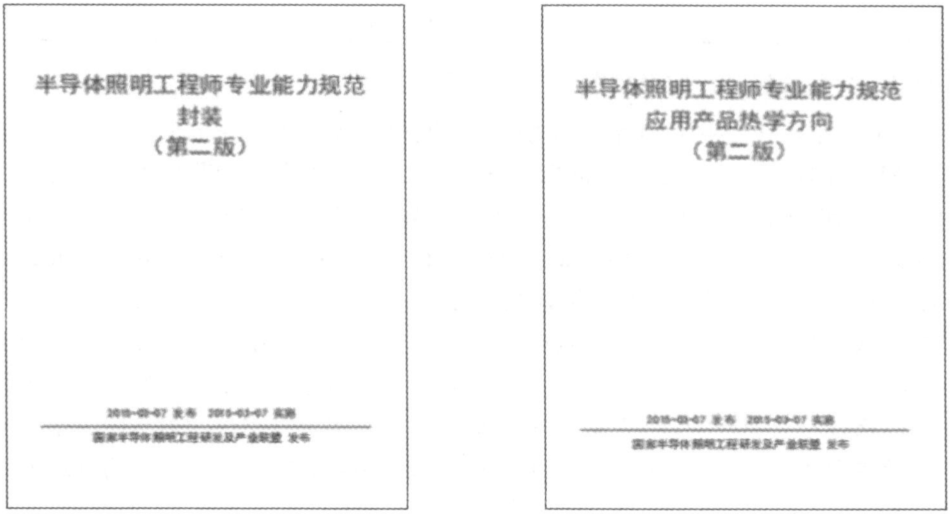
半导体照明工程师专业能力规范
封装
（第二版）

半导体照明工程师专业能力规范
应用产品热学方向
（第二版）

图 3　《半导体照明工程师专业能力规范》

同时，联盟组织全链条龙头企业的一线工艺技术、生产制造以及设备专家，根据工艺流程提炼和总结出了 16 项专项职业能力（见表 1），涵盖芯片制程、器件封装以及应用产品制造等三大环节。

表 1　半导体照明制造类专项职业能力

外延/芯片制造技术	1	LED 芯片化学刻蚀专项能力
	2	LED 芯片衬底研磨专项能力
LED 封装器件制造	3	LED 封装过程检测专项职业能力
	4	LED 点胶加工专项职业能力

（续）

LED 封装器件制造	5	LED 分选专项职业能力
	6	LED 封装材料的检验与质量控制专项职业能力
	7	LED 封装产品性能测试设备与技术专项职业能力
	8	LED 固晶加工专项职业能力
	9	LED 焊线加工专项职业能力
	10	LED 模压加工专项职业能力
	11	LED 荧光粉调配加工专项职业能力
LED 产品应用	12	LED 灯具电性能检测专项职业能力
	13	LED 灯具光色检测专项职业能力
	14	LED 灯具结构性能检测专项职业能力
	15	LED 灯具热性能检测专项职业能力
	16	LED 灯具样品制作专项职业能力

3. 绘制关键岗位学习地图

2012 年，在专业能力标准的基础上，联盟组织各方专家依据工作分析、能力建模、课程设计和体系建立的四步法，开发并推出了外延/芯片工程师 CCEE（CSA Certificate EPI/Chip Engineer）、封装工程师 CCPE（CSA Certificate Packaging Engineer）和应用产品工程师 CCAE（CSA Certificate Application Engineer）工程师进阶培训和认证体系（见图 4）。根据任职要求、知识结构以及能力要求的不同，分为初级（Level 1）、中级（Level 2）、高级（Level 3）三个级别，根据关键岗位不同的职业技能要求，将学习内容分类别、分层级，并按照职业发展路径形成相应的晋级包，进而形成清晰完整的关键岗位学习地图。工程师认证及培训体系的推出，不仅使培训过程紧密联系企业的实际需要，而且还缩短了人才培养的周期，为产业导入新鲜血液开辟了一条有效的途径。

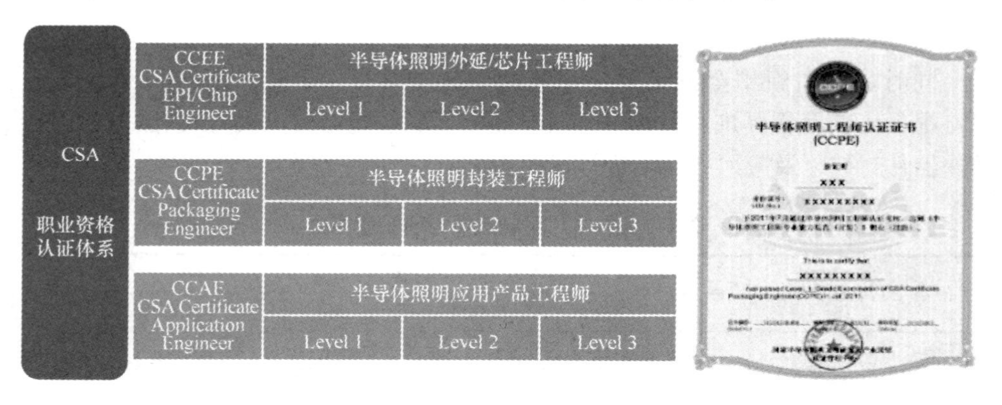

图 4　联盟半导体照明工程师职业资格认证体系

（二）开发中职、高职、本科贯通人才培养方案，赋能院校专业建设

1. 开发各层次人才培养方案

要满足产业各层次人才需求，需要提高供给侧的规模和质量。为此，联盟组织产业专家深入院校，完成了中、高、本衔接的专业建设方案如图 5 和表 2 所示。具体包括：针对本科院校的《高等教育学校光源与照明本科专业教学方案》；针对高职院校的《高等职业教育电气自动化技术（半导体照明技术方向）专业教学方案》；针对中职院校的《中等职业学院校电子技术应用专业（半导体照明技术方向）专业教学方案》。这些方案从不同层次为半导体照明产业培养、输送专业化的技能人才奠定了坚实的基础。

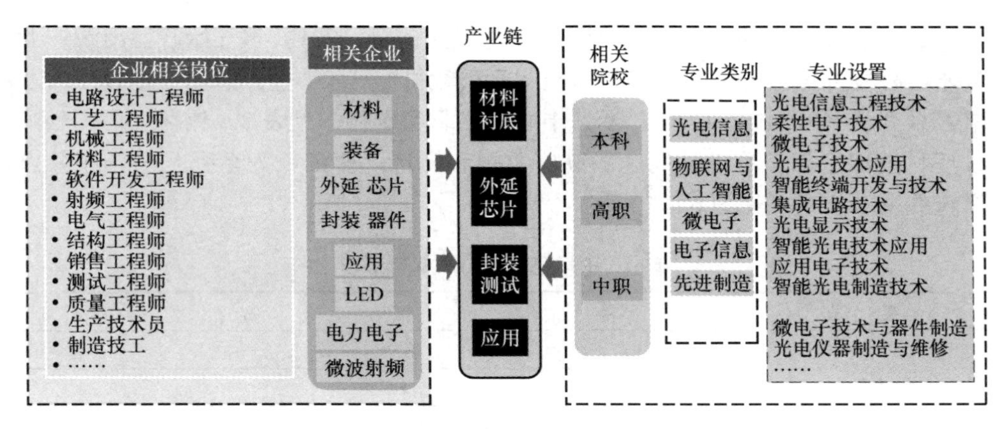

图 5　产业关键岗位与院校学科专业衔接

表 2　以就业为导向的中高本贯通的人才培养架构

类型	专　业	就 业 面 向
中职	电子技术应用 微电子技术与器件制造 电子技术应用	• LED 封装企业生产设备运维 • LED 外延、芯片企业设备操作 • LED 应用企业灯具结构设计 • LED 封装企业工艺技术
高职	电气自动化技术 工业设计 应用电子技术 电子设备与运行管理	• LED 企业生产设备安装、调试、应用、维护、维修与设备管理 • LED 应用企业灯具设计、开发 • LED 企业电源设计、开发 • LED 企业控制系统和生产设备装配、测试、维护及技术管理 • LED 器件生产、管理、器件测试 • LED 芯片封装、产品组装、检测和维修 • LED 灯具开发设计、光环境设计 • LED 应用企业显示屏开发、设计、生产

（续）

类型	专　业	就业面向
本科	光电信息工程 光电子技术 信息显示与光电技术 光源与照明	• 通信、激光与电子技术、光电传感、光电显示、能源与照明等领域研究、开发或管理 • 光电子产品、整机装置、光传感器、软件、组件等研究、开发、应用、管理和经营 • 信息显示及光电技术领域从事技术研发、信息检测、产品设计、制造与应用及工程管理 • 照明行业企业产品设计、开发、制造、检测等工作 • 物理应用、光电仪表、光电检测、光电控制、设备维护及应用开发等工作

2. 组织编写行规教材

鉴于学校开设相关课程教材匮乏、落后的情况，2013 年开始联盟组织产业专家、院校专家共同编写了半导体照明系列教材——《半导体照明技术技能人才培养系列丛书》，共计 12 本，涵盖中职、高职和本科，见表 3。该项工作得到了时任科技部副部长曹健林同志的高度重视和支持，曹部长为系列丛书作序并出席新书发布仪式（见图 6）。

表 3　半导体照明系列教材书目

类　别	序　号	书　名
本科类	1	《半导体照明概论》
	2	《LED 工艺技术》
	3	《LED 照明应用技术》
高职类	1	《LED 驱动与智能控制》
	2	《LED 封装技术》
	3	《电气照明技术》
	4	《LED 测试技术》
	5	《LED 照明设计》
中职类	1	《LED 封装工艺与测试技术》
	2	《LED 应用技术》
	3	《智能控制应用》
	4	《LED 灯具设计与组装》

为进一步丰富教材配套资源，方便读者阅读学习，联盟组织清华大学、宁波职业技术学院等 20 余所相关院校和 30 余家龙头企业，启动了行业课程资源共享平台——“LED 大学堂”（见图 7）的建设工作，以构建学习、认证、就业于一体的在线学习平台。该项目得到了教育部教学资源库项目的立项和资金支

持。现已经完成了专业建设库、课程学习库、行业标准库、产业资讯库、培训认证库等模块资源建设任务，共建成了10800多个素材资源，11500多道题目，共计22000多条资源，内容涵盖专业基本知识点、岗位基本技能点及典型工作任务，其中LED芯片、大功率LED照明技术等为半导体照明行业新技术，电子技术、物联网技术、芯片设计技术等涵盖了本专业前沿科技和最新成果。平台注册用户超过2万人，活跃用户超过14000人。

图6　半导体照明系列教材评审会和发布会

图7　“LED大学堂”线上学习平台

（三）行校企共建人才培养公共平台

1. 建立人才培养基地开展行校订单人才培养

联盟支持和发展了一批贴近产业集群且具有光电半导体教学和科研能力的高校和研究机构，作为产业人才培养基地。其中包括中国科学院半导体研究所、哈尔滨工业大学、复旦大学、中山大学、桂林电子科技大学、深圳大学、南京工业大学、大连工业大学、天津工业大学、五邑大学、深圳信息职业技术学院、宁波职业技术学院、福建信息职业技术学院、厦门集美职业技术学校、东莞理工学校等。联盟深度参与了相关院校专业人才培养方案及师资培养工作，其中包括院校半导体照明类专业建设、示范校专业建设、师资队伍建设与培养以及行校订单人才培养等工作。

桂林电子科技大学是联盟建立的第一个人才培养基地，并于2011年启动了行业第一个光电半导体封装工程师行校订单人才培养项目。课程设置、实训安排、课程教材及培训师资统一由联盟组织安排，培训结束后组织双选会，对接企业用人需求。共有40名来自该校机电工程学院电子封装技术专业的学生参加了为期三个月的“理论+实操”培训（见图8）。培训结束后超过90%的学员通过了当年的半导体照明封装初级工程师认证，所有学员均被联盟成员企业录用。据跟踪统计，2021年该班仍有超过60%的学员在半导体光电领域从事研发、生产、管理等工作，大部分已经成为企业骨干，个别学员进入公司的管理层。行校订单人才培养项目的模式得到了企业和学校的高度认可。

图8　第一期行校订单人才培养开班及结业

2. 贴近产业集群组建职教集团

为满足产业日益增长的专业技能人才需求，以及院校专业升级发展的需要，联盟选取产业大省广东省组建职教集团。2015年，在东莞市政府的支持下，联盟组织20家企业和科研机构、30多家院校组建了国内首个的光电半导体职业教育集团，职教集团秘书处常设东莞理工学校。联盟培训部派出团队参与职教集团的日常运营和管理。职教集团的骨干企业主要承担实训平台建设，并派出技术专家为学生授课、为教师提供培训，并提供学生实习和就业岗位。职教集团的骨干院校主要提供物理空间，承担教学管理、教学方案优化以及组织选拔学生参与定向培养工作。其运营模型如图9所示。

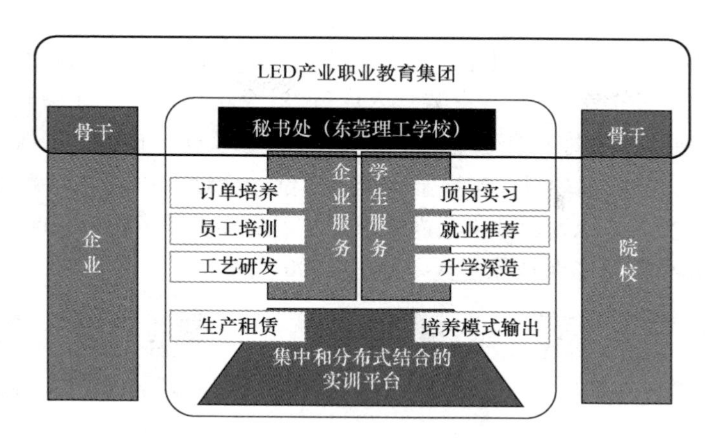

图 9　职教集团运营模型

3. 建设生产型实训基地加强学生实操能力

半导体产业的特点决定了其专业技术人员和生产人员需要掌握相关工艺技术和设备操作、维护技能。只停留在理论学习是永远无法胜任相关技术岗位工作的。然而，学校没有经验和能力建设并运用这样的实训平台，企业也无法提供实际生产线用以学生培养。此外，半导体上游芯片生产线的建设和运用维护成本也是院校无法承担的巨额开支。

为解决这一矛盾，联盟组织职教集团骨干企业和院校商讨确定以产业链中游封装测试环节为切入点建设实训实验室和实训车间。一方面封装环节承上启下，另一方面建设和维护成本相对较低。其次采用众筹的方式配置实训条件，职教集团秘书处单位东莞理工学校提供了 2000m^2 的实训场地，并争取到政府的专项经费支持用于购置部分设备和仪器。联盟组织芯片及材料供应商、生产和检测设备商等企业以捐赠、租赁、成本价购买等多种形式配置设备，按照企业生产标准建设实训车间（见图 10）。该车间拥有半导体光电封测的全套固晶机、焊线机、点胶机、分光测试编带机、贴片机等全自动化生产和检测设备，可交付小批量产能 1800 万颗/月（按 SMD LED 芯片数计算）。

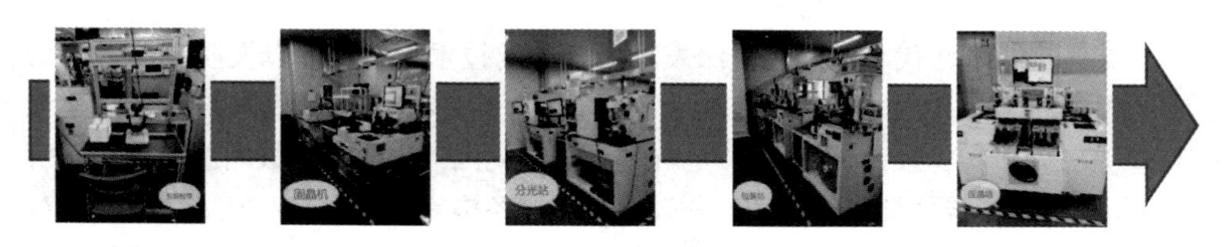

图 10　半导体光电封测实训车间（东莞）

根据 LED 封装的生产工艺，实训车间的工艺流程配置了固晶、焊线、点胶、外观全检、分离、分光、卷装、入库等 8 个工序的实训工位，开展 SMD LED 器件封装各工序的工艺流程、报表填写、设备操作、设备维护保养、产品检验测试等一系列的实训项目，实现了与企业岗位无缝对接（见图 11）。自 2015 年建成以来，该实训基地为职教集团内外部学生提供实训服务超过 2000 人/年，累计为行业培养和输送专业技能型人才超过 8000 人。

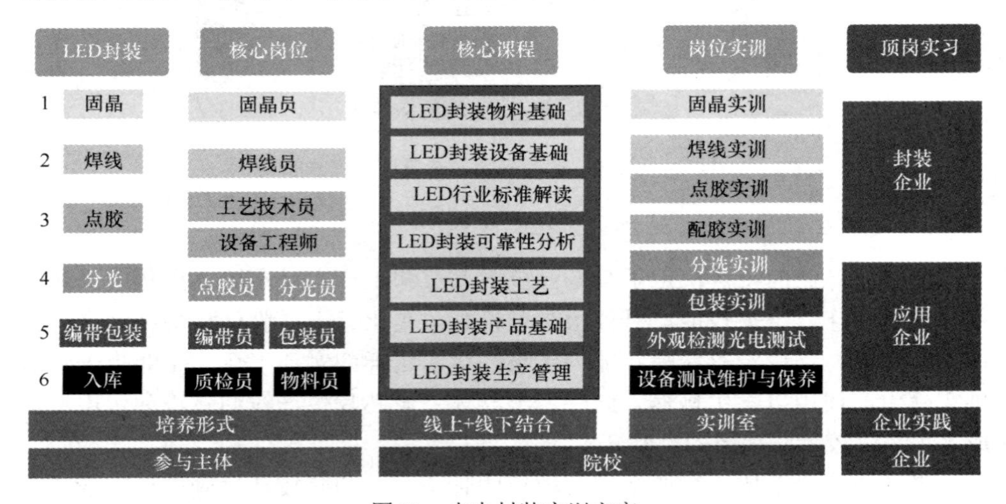

图 11 光电封装实训方案

基于广东省东莞市实训平台的成功经验，联盟将这一模式复制到江苏省、福建省等产业集群。分别依托常州半导体照明应用技术研究院、福建信息职业技术学院以及厦门集美职业技术学校建设了公共实训平台。2017 年，联盟作为首批国家科技服务业试点项目建设承担单位，将实训平台作为人才培养工作的重点建设任务，给予了相关实训基地建设单位专项科技服务业试点经费支持。

4. 探索协同创新、融合育人新模式

技术的快速迭代和产业的升级发展对企业的技术创新能力以及院校的人才培养提出了更新的、更高的要求。2019 年初，深圳市政府与联盟签署协议合作建设“国家第三代半导体技术创新中心”。深圳力争成为国家重大科技战略的支撑点，引领我国第三代半导体技术创新和产业发展。为服务国家和深圳产业发展战略，针对产业发展短板，整合联盟产学研资源，依托深圳技术大学，在深圳坪山区政府的支持下共同建立了“第三代半导体产教融合工程技术创新及人才培养中心”，探索和实践第三代半导体工程技术研发与人才培养相结合的产教融合新模式。

秉承共商、共建、共享的原则，由政府引导和支持，院校与企业共同投入，专业化团队运营管理，整合产、科、教各方资源，建立了“四位一体”软硬件相结合的实体化公共平台（见图 12）。四位一体是指：以国家第三代半导体技术创新中心为指引的工程应用技术研发体系；以学校为主导建设的工程技术验证及实训条件平台；以联盟为主导建设的全链条、全周期人才培养体系；以企业为主导建立的工程技术创新中心。

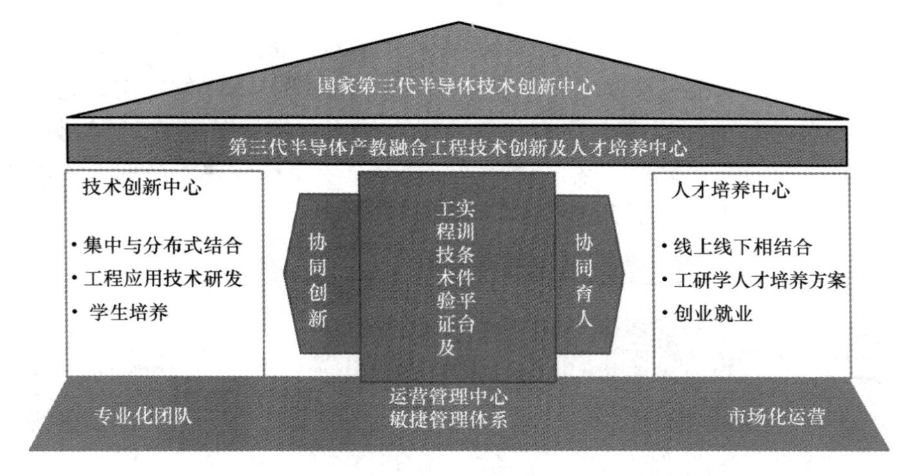

图 12　第三代半导体产教融合工程技术创新及人才培养中心

（1）技术创新中心

引入龙头企业与学校按照 1∶1 的经费投入模式，共建支撑工程技术研发的公共实验室。依托国家第三代半导体技术创新中心以及学校的条件平台和优势科研团队，将学校科研项目与企业的研发项目结合，侧重工程技术研发、技术验证以及应用集成。目前已经与轨道交通领域的龙头企业深圳恒之源公司建立了“轨道交通半导体应用技术联合实验室”；与拥有紫外 LED 国际新进技术的紫芯科技成立了“紫外 LED 应用技术联合实验室”；与中兴通讯、长方科技成立了“光通信技术联合实验室”。

（2）人才培养中心

从研发设计到应用制造，以工程技术研发任务为导向，搭建校企交互的师资团队，设置相关环节人才培养任务。学校选派学生与企业研发人员组成联合项目组，以科研项目提高学生的知识转化和运用，以实训项目培养学生的动手和实操能力。

（3）运营管理中心

联盟委派专人参与中心的日常运营管理，为企业工程技术研发项目以及人才培养项目提供及时的信息及资源配置，提高研发创新效率，缩短人才培养周期。

四、成果成效

（一）建立产业人才开发体系，提升产业人才水平

着眼于产业健康可持续发展，着手于人才培养体系（见图 13）建设，联盟主导开发的人才标准以及职业资格认证成为企业关键技术岗位定岗、定编、定级的主要参考依据。以专业能力和职业能力培养方案为基础，扩展到本科院校、职业院校的专业建设方案，整合教学资源，丰富和优化了产业人才培养模式，为产业各层次人才的培养奠定了坚实的基础。

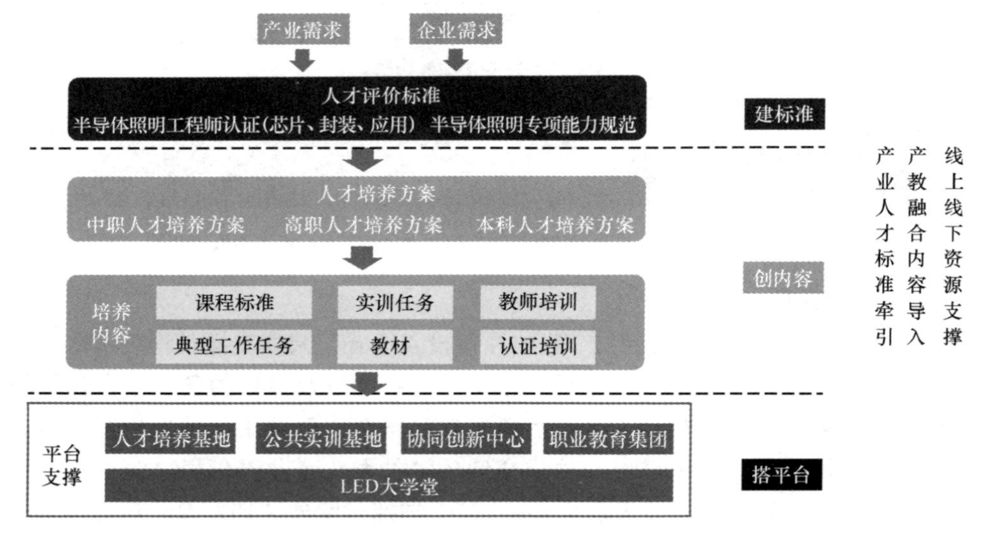

图 13　光电半导体人才培养体系

联盟系统性、结构化的人才培养工作得到了有关部委的大力支持的高度认可。人力资源和社会保障部职业技能鉴定中心将联盟人才培养工作的总体成果纳入到《我国技能人才开发与储备模式研究》。中国就业培训技术指导中心与联盟合作出版《半导体照明产业技能人才开发指南》，将产业人才开发的经验、模式、成果等进行提炼和总结，如图 14 所示。该书已经成为我国光电半导体领域院校和企业人才培养的必备工具书。

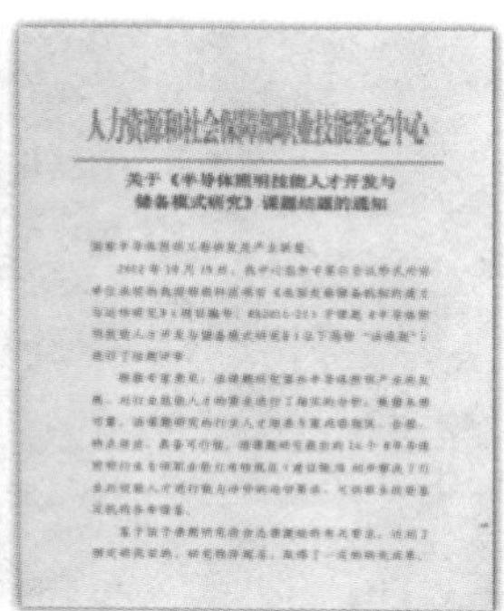

人力资源和社会保障部职业技能鉴定中心

关于《半导体照明技能人才开发与储备模式研究》课题结题的通知

图 14　光电半导体人才培养指南

（二）建立人才培养基地，加大产业人才供给

过去十年间，联盟在广东、福建、江苏三个产业聚集的区域建立了 3 个实训基地；依托院校、龙头企业、地方行业组织在全国建立了 15 个人才培养基地；与近百所本科及职业院校建立了合作关系，累计为产业培养和输送各级、各类人才超过 10 万人，极大地缓解了企业人才紧缺问题，有力地支撑了产业快速发展。

五、经验总结

产业人才培养是一个系统工程，并非一个企业、一所学校能够单独完成。特别是第三代半导体这样的高技术新兴产业，其产业链长涵盖多种形态的技术研发和生产制造，技术复杂度高需要多专业的知识结构和技能。因此，联盟团结“行校企”各类育人主体，整合“产科教”各类培养资源，构建了支撑产业链和研发链的人才链，与市场链、资本链有机互动形成产业科技链网，如图 15 所示。

（一）顶层设计

联盟高度重视人才工作，聘请中国科学院院士江风益教授领衔人力资源工作委员会工作，吸纳龙头企业、科研机构以及相关院校的技术专家、产业专家以及教育专家组建人才工作委员会（见图 16）。这样一支有“产教研”全要素专家组成团队，准确把握了产业的人才发展方向，并制定出清晰的人才发展工作路径。同时，联盟秘书处培训部抽调专门工作组支撑人才委员会的各项工作，组织和协调相关资源，落实各项任务目标的达成。

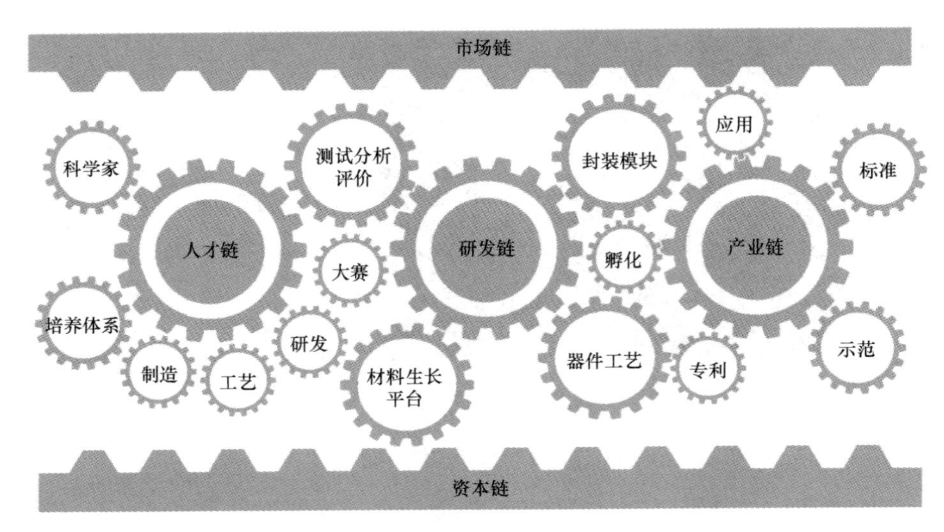

图 15　第三代半导体产业科技链网架构

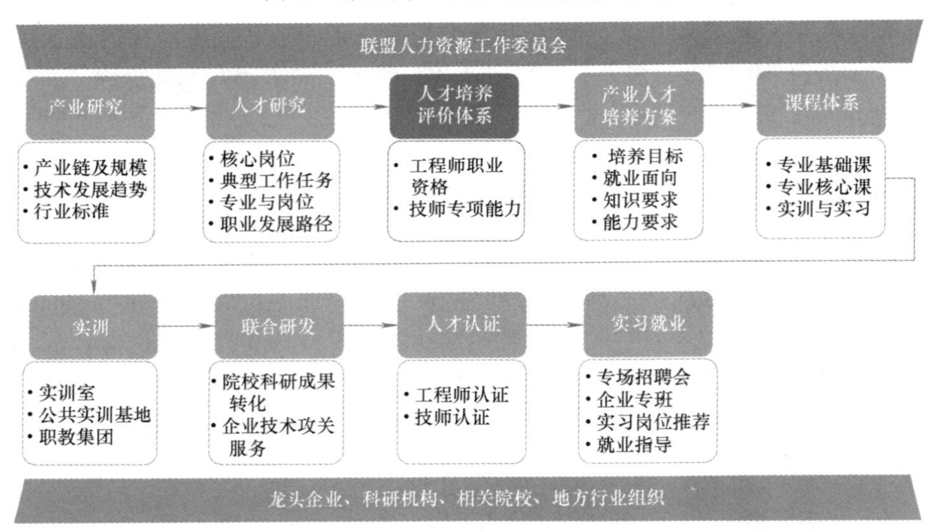

图 16　产业人才发展工作路径图

（二）双链耦合

人才链与产业链的耦合程度直接影响产业的发展质量。为加强双链紧密耦合，联盟依托人才工作委员会充分调动“行校企”各方，共商、共建、共享产教融合生态体系，形成以人才为纽带，需求从企业中来，成果到企业中去的闭环（见图 17）。人才培养过程与研发和生产过程紧密衔接，以完成研发和生产任务为学习目标，在解决实际问题中培养人才。

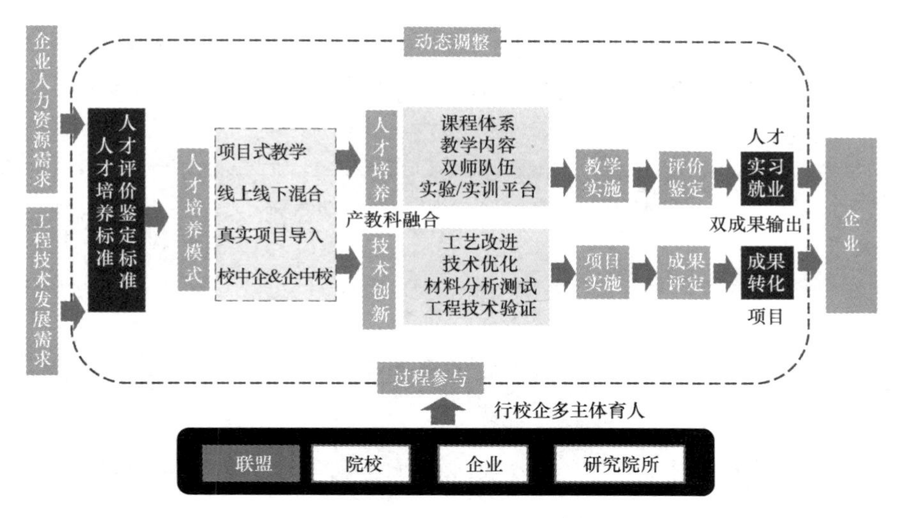

图 17　双链耦合双成果输出

（三）平台建设

联盟依托半导体照明联合创新国家重点实验室、国家第三代半导体技术创新中心等国家级创新平台，联合地方政府提供土地、政策、资金等方面的支持，依托学校的物理空间、教师和科研团队以及资产管理主体，引入企业和科研院所的资金、项目、设备、人员等，建立协同创新与融合育人并行的产业公共服务平台（见图 18）。

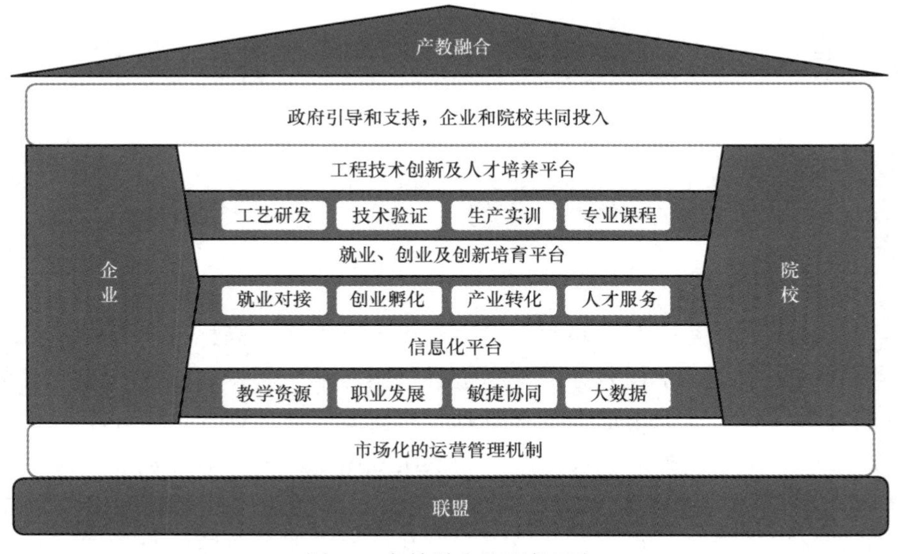

图 18　产教科公共服务平台

同时，引入专业化团队或委托专业化机构对公共服务平台进行管理和运营，协调各方诉求合理配置资源，并以市场化的机制保障公共服务平台的可持续发展（见图 19）。

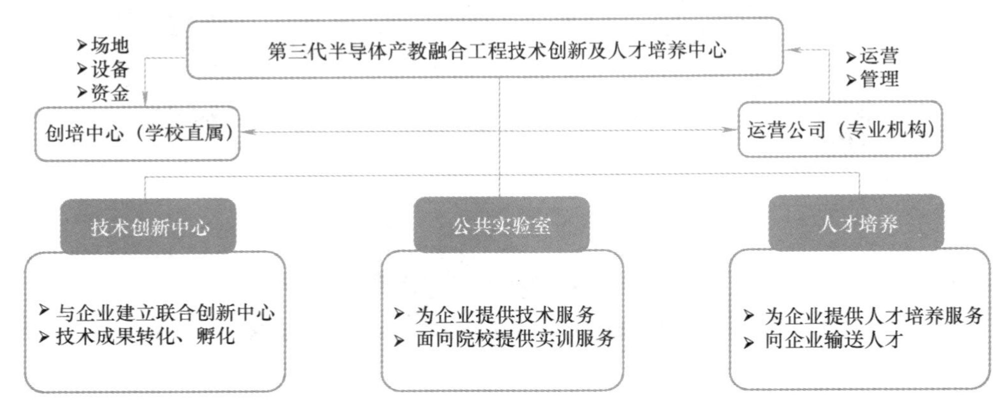

图 19　公共服务平台运营管理机制示意图

经过十余年的不断探索，联盟人才工作取得了一些成绩，当然也存在很多不足。“十年树木，百年树人”，产业人才培养任重道远。联盟将在教育部、科技部的指导下，持续构建和优化产业生态，做强人才链。面对当前产业人才紧缺困局与企业技术瓶颈，联盟也将继续团结各方力量，探索与时俱进的人才培养新路径，持续服务产业发展。

8.2　院校国际化人才培养案例

产教合作共同进步

深圳技术大学与深圳恒之源技术股份有限公司全面合作探索

一、实施背景

深圳技术大学是广东省和深圳市高起点、高水平、高标准建设的本科层次公办普通高等学校。学校充分借鉴和引进德国、瑞士等发达国家一流技术大学先进的办学经验，致力于培养本科及以上层次具有国际视野、工匠精神和创新创业能力的高水平工程师、设计师等高素质应用型人才，努力建成一流的应用型技术大学。深圳技术大学新材料与新能源学院坚持面向高端制造业发展需求，以解决当今面临的材料、能源、资源和环境问题为重要使命，通过校企合作、产教融合、工学结合等形式，开展研究和教学工作。

深圳恒之源技术股份有限公司是全球轨道交通行业专业的照明产品供应商，在产品研发及技术研发上处于行业领先地位。该公司研发中心成立了技术研究院，针对行业未来发展需求的核心技术进行专题研发，公司倡导与院校合作研发，发挥院校的科研优势，迅速转化为产品及生产力，为中国轨道交通发展做出贡献。

深圳技术大学新材料与新能源学院的光源与照明专业与深圳恒之源技术股份有限公司轨道交通智慧照明产品高度契合，为双方在项目开发和学生培养方面提供了坚实的基础。双方一致同意整合双方的人员、资源优势，联合成立实验室，在轨道交通行业的关键技术研发，及轨道交通行业人才培养方面进行深度合作。

二、主要做法

1. 校企合作战略框架协议及校外实习基地合作协议的签订

深圳技术大学与深圳恒之源技术股份有限公司双方就深化产教融合、校企合作、政产学研用一体化协作培养人才的办学理念达成一致，同意在优势互补、互惠互利、发展共赢的基础上，共同探索、构建和实践“以产业实际需求为牵引、以学科发展规律为约束、以市场为导向、以企业为主体、产学研用深度融合的协同创新体系”。2019 年 5 月双方签订《深圳技术大学与深圳恒之源技术股份有限公司战略合作框架协议书》。在战略合作框架协议基础上，为推动学生校外实习和社会实践工作的开展，培养具有较强实践能力的应用型技术人才，实施校企合作，共同育人，为社会培养合格的人才。深圳技术大学和深圳恒之源技术股份有限公司根据《中华人民共和国合同法》及其他相关法律、行政法规的规定，本着互相协作，互惠互利、共同发展的原则，经双方共同协商，共同签订了本科及研究生的校外实习基地合作协议。

2. 学生实习课程

为认真执行协议条款，双方组织成立实习基地领导小组。领导小组由双方相关领导、技术人员和教师组成。领导小组定期研究有关协作事宜，对实习指导教师进行上岗培训，并对学生实习工作质量进行监控。

（1）深圳技术大学主要工作

1）发挥深圳技术大学作为学校的智力优势，为深圳恒之源技术股份有限公司提供技术支持和服务，对深圳恒之源技术股份有限公司员工进行培训，讲授相关专业知识，向深圳恒之源技术股份有限公司推荐优秀毕业生。

2）深圳技术大学的学生在深圳恒之源技术股份有限公司实习活动期间，必须遵守有关法规和深圳恒之源技术股份有限公司的管理制度。

3）实习期间由深圳技术大学派出实习带队老师负责协调具体的实习事务，负责对学生进行思想政治、组织纪律、道德诚信等相关方面的教育，以及其他相关工作。

4）深圳技术大学应提前向深圳恒之源技术股份有限公司提交学生的实习计划（如学生人数、专业、实习时间、实习内容等）。在和深圳恒之源技术股份有限公司充分协商的基础上，落实实习计划。

（2）深圳恒之源技术股份有限公司的主要工作

1）在不影响深圳恒之源技术股份有限公司正常工作情况下，为深圳技术大学的学生提供实习条件和便利，协助深圳技术大学完成实习教学任务。

2）根据深圳技术大学的实习计划和学生自身条件，预先提出具体实习安排方案（要求），将该专业学生安排到合适的岗位上进行学习和锻炼。在实习安排方案（要求）确定后，以书面形式尽快反馈深圳技术大学，沟通确定后，以便双方执行。

3）深圳恒之源技术股份有限公司配备专门人员参加实习指导工作，同时选派思想作风好，有丰富经验的工程技术人员、经营管理人员担任实习指导教师。

4）深圳恒之源技术股份有限公司在深圳技术大学学生实习期间，负责对深圳技术大学学生进行生活和工作安全方面的教育、培训和监护。深圳恒之源技术股份有限公司应确保深圳技术大学实习学生在其工作岗位上的安全。

5）深圳恒之源技术股份有限公司对实习学生的实习成绩提出建议，做出实习鉴定并出具实习证明。深圳恒之源技术股份有限公司可根据实习鉴定的结果择优邀请深圳技术大学实习生毕业后到深圳恒之源技术股份有限公司正式工作。

3. 共建联合实验室

为提高企业创新技术实力，促进学校科研成果有效转换，深圳恒之源技术股份有限公司与深圳恒之源技术股份有限公司在互惠互利的前提下，经双方友好协商，一致同意共建联合实验室（见图 1）。双方在技术研发方向上有很多重合，经过协商同意整合双方的人员、资源优势，在轨道交通行业的关键技术研发，及轨道交通行业人才培养方面进行深度合作，共同建设轨道交通半导体应用技术联合实验室。

图 1　深圳技术大学与深圳恒之源技术股份有限公司实施战略合作共建联合实验室的揭牌仪式

合作研发内容具体包括：

1）车辆杀菌及空气净化：目前的空气净化和杀菌技术有静电吸附、负离子发生器、深紫外杀菌、光触媒技术等，研究适合安装在车辆空调出风口的车辆空气净化及杀菌产品，并尽快实现产品化。

2）光通信技术：开发基于可见光通信的车辆 VIP 区域光通信灯具及接收接口客户端；下行带宽不小于 100Mbit/s，上行采用红外线通信技术；可保证照明和通信两不误；外电气，结构设计，接口设计，软件兼容性方面都要能够符合车辆应用的需要。

3）健康照明：基于全光谱 LED 健康照明的概念，融合去蓝光、全光谱、可调频谱等技术，实现下一代健康光谱照明技术。

4）舒适性照明：基于智能控制技术，融合调亮度、调色温、调颜色，人流量监测、温度检测、车辆运行工况监控及时间控制等技术，实现适合车辆实时运行的情景模式，满足乘客舒适性需求。

5）高速光通信车辆通信技术：基于高速光通信技术的车辆与车辆之间的高速通信通道，解决未来 10～20 年的车辆大容量通信技术。

6）其他新技术：根据公司发展需要，临时确定技术研发课题。

联合实验室根据合作研发项目及目标，形成实验室的研发工作计划，并分头实施，参与到实验室的人员及项目的科研经费统一由深圳技术大学核算，按规范流程处理；定期举行研发工作进度汇报会及问题沟通会，及时反馈和沟通项目实施及合作中的问题，确保项目及合作顺利进行。

三、成果成效

在深圳技术大学新材料与新能源学院和深圳恒之源技术股份有限公司的大力支持下，联合实验室的工作取得了较大进步，初步建立了 UVC 杀菌实验平台，并进行了人员培训。目前项目教师和学生已经开展了细菌培养、杀菌及评估的实验，同时为企业的新产品设计和投产进行了杀菌效果评估。此外，还推进了健康舒适照明及对人生理心理影响课题的进展，完成了不同条件下太阳光谱取样分析、类太阳光谱 LED 光源仿真分析，并开发出了类太阳光谱 LED 器件，搭建了多种评估灯具平台，完成了生理测评仪器的采购，相对应的实验工作将在未来正式开展。激光白光照明光源的研究已完成了陶瓷荧光片仿真和实验、系统光学仿真设计实验、驱动电路设计及实验、热管理实验。相对上述项目而言，可见光通信项目在 2020 年取得较大进展，已通过专家鉴定。鉴定会后课题组师生再接再厉，陆续实现了 120m、180m 的通信距离，不断刷新百兆以太网可见光通信的世界最高纪录。

联合实验室自建立以来，通过高级研究项目和兴趣小组等方式，已经吸收 20 余名深圳技术大学研究生参与了项目的研发工作（见图 2），通过该项目的实施提高了学生的动手能力和解决实际问题的能力。

图 2　半导体应用技术联合实验室 2020 年会部分与会代表合影

四、经验总结

深圳技术大学新材料与新能源学院和深圳恒之源技术股份有限公司能够在学生培养、共建实验室和项目开发方面开展深入合作的基础是深圳技术大学建成一流的应用型技术大学的办学理念，也是深圳恒之源技术股份有限公司开发高端产品和培养人才的需求。双方的研究方向一致也是能够开展深入合作的基石。

双方目前开展的合作仍处在探索过程中，还需要后续共同努力、不断磨合、全方位总结在人才方面和共同研究方面的经验，进一步完善合作内容，实现企业和学校双赢的共同目标。

面向未来、面向前沿、面向产业、面向国际，培养新时代光电产业高端技术技能人才

一、实施背景

光电产业是一个新兴的高科技行业，光电技术在现代基础设施建设、城市与路桥建设、科技、经济、军事、文化、医学等领域发挥着极其重要的作用。美国光学学会（Optical Society of American，OSA）统计指出，2020 年全球光电产业产值已达 5000 亿～7000 亿美元。预计未来 3～5 年，全球光电市场将迎来万亿美元规模时代，中国将占据全球光电子约 35%市场份额。中国光电产业已经基本形成以粤港澳大湾区、长三角、京津冀、中西部等四大区域集聚发展的总体产业空间格局。粤港澳大湾区建设，是习近平总书记亲自谋划、亲自部署、亲自推动的重大国家战略。随着大湾区融合建设的深入，在城市建设、景观照明、农业照明、亮化工程、路桥装饰、外墙美化中发挥重要作用的光电技术应用领域也水涨船高，迎来了快速发展的良机。

深圳信息职业技术学院（以下简称“深信院”）身处粤港澳大湾区腹地，始终坚持与党的教育方针同心同向，始终与特区改革开放事业同呼吸共命运，始终与信息技术发展同频共振的“三同”办学理念，以“面向未来、面向前沿、面向产业、面向国际”为行动指南，全力打造中国特色、世界一流的信息类高职院校，着力培养新时代光电产业高端技术技能人才。

二、主要做法

（一）面向未来，打造一流的智能光电技术应用专业

深信院智能光电技术应用专业（以下简称“光电专业”）设立于 2014 年，

现为广东省高职院校高水平专业群重点建设专业。光电专业立足深圳、服务大湾区，以智能照明系统、信息显示为主要方向，实施了“产教科”融合互促、“岗课赛证”融通提质的人才培养模式改革，批量培养了光电产业链中“光电产品制造—光电系统应用实施—光电终端系统维护优化”等岗位的高端技术技能人才。

1. 引育一流师资队伍

深信院光电专业现有专任教师 13 人，博士 12 名，教授 1 名，副教授 4 名。专业带头人是全国先进工作者、珠江学者特聘教授王新中。另有 “全国技术能手”1 名，广东省“南粤优秀教师”1 名，深圳市优秀共产党员 1 名，深圳市高层次人才（后备级 C 类）3 名，海外高层次人才（C 类）1 名。

光电专业试行“联产承包”的模块化教学改革，专任教师需具备模块内所有课程的知识体系和技能，能够胜任模块内所有课程的授课。鼓励教师参加各类高水平的行业、企业技能认证培训并考取相应的高级（端）技能证书，以提高专任教师的专业技能。此外，还通过在光电产业的头部企业设立“教师企业工作站”（见图 1），制度化安排专任教师开展企业实习、企业员工培训、技术咨询等工作，锻炼提高实践能力，培养专任教师的“双师”素质。

图 1　在龙头企业设立“教师企业工作站”，搭建校双向赋能新通道（图片来源：深信院）

光电专业积极引进专业背景良好，产业实际项目经验丰富的兼职教师，打造结构合理的师资队伍，初步形成实践技能课程和岗位实习主要由兼职教师讲授和能工巧匠指导的机制，兼职教师数量占专业课与实践指导教师合计数之比达 20%以上，校内实训指导教师均具有高级工程师及以上职业资格证书或 2 年以上相关企业工作经历。

2. 打造一流教学支撑

光电专业与第三代半导体产业技术创新战略联盟等单位共建了“第三代半导体粤港澳大湾区人才培养示范基地”，如图 2 所示。此外，还建有世界技能大赛光电技术项目中国集训基地（见图 3），为全国光电技术集训选手提供集训场地和教练，承担了日常训练、强化训练的走训任务，承担走训所需设备、工具耗材购置及相关保障工作。此外，还建设了光电器件应用重点实验室和第三代半导体材料与器件研究所，以及电子电路、光学仿真、单片机应用开发、PCB 设计、智能照明、智能显示实训室等多间实训室。联合深圳市聚飞光电股份有限公司（以下简称“聚飞光电”）共建了“光电器件封装与测试人才培养示范基地”，并由企业捐赠价值 248 万元的 LED 封装测试全流程设备，为学生提供了校内生产性实训环境，以真产线、真产品、真项目锤炼学生真技能。

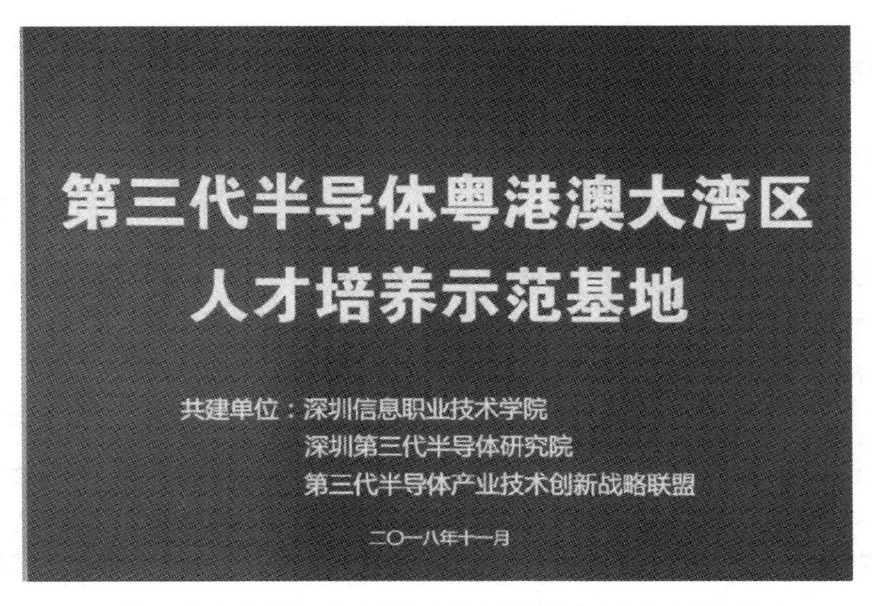

图 2 行企共建第三代半导体粤港澳大湾区人才培养示范基地

图 3　世界技能大赛光电技术项目中国集训基地

光电专业深入推进校企合作，调研企业岗位需求，通过开展以“工作岗位分析—典型工作任务记录与分析—知识与技能重构—专业课程体系构建—实训平台推演与设计”为主线的系统化设计方法，开发实践课程体系，确定实践课程教学内容边界，确保“核心技能不漏项”。引进企业项目，吸纳行业标准，采用“全程项目贯穿”方式进行课程体系的开发，做到用一个工程项目贯穿整个课程体系中；将项目步骤分解，构建子项目库，对应项目所需知识点，融合到课程体系中的不同课程中。以不同课程支撑不同工作阶段的所需要知识技能，从而实现专业知识不重叠、专业技能不漏项，确保人才培养质量。通过理论知识+实践操作的工学交替教学组织方式来实施人才培养，突出专业核心技能、职业核心能力“双核”培养，让学生“学得会，用得上”。

（二）面向前沿，开展一流的光电技术应用基础研究

在珠江学者特聘教授王新中的牵头下，深信院建设了专业科研机构——先进半导体创新中心，协同校外头部企业，瞄准行业共性技术难题，针对第三代半导体和新型显示技术方向展开技术攻关，旨在打造集科技研发、产业服务和人才培养于一体的技术创新平台，助力深圳建设国家第三代半导体技术创新中心，为中国芯片事业发展做出贡献。

先进半导体创新中心已建有教育部第三代半导体应用协同创新中心（见

图 4)、广东省第三代半导体工程技术开发中心、广东省劳模创新工作室等科研平台；秉持“产学研用”一体化的科研导向，通过技术转移和成果转化主动服务企业技术需求。同时，先进半导体创新中心已成功打造一支结构合理、优势互补的科研团队，并已联合培养研究生、博士后 10 余人，获批广东省科技创新团队。

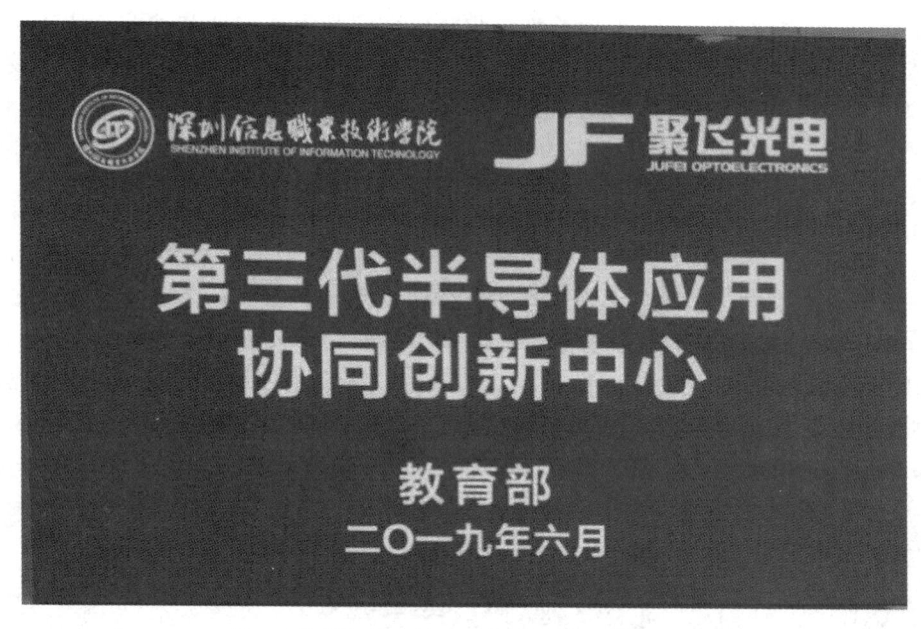

图 4　教育部第三代半导体应用协同创新中心

（三）面向产业，试点一流的现代学徒制人才培养

光电专业深入贯彻落实《国务院关于加快发展现代职业教育的决定》（国发〔2014〕19 号）、《关于开展现代学徒制试点工作的通知》（教职成司函〔2015〕2 号），参照《关于做好 2016 年高等职业教育现代学徒制试点工作的通知》（粤教高函〔2016〕117 号）等文件精神，积极探索构建现代学徒制，有效地整合学校和企业的教育资源，进一步拓展校企合作的内涵，使职业教育和企业行业在人才培养协同发展，与聚飞光电共同制定了现代学徒制工作实施方案，努力为行业企业发展培养更多高端技术技能人才。

依托聚飞光电良好的平台优势和深圳市强大的 LED 产业背景，通过“四联合”协同育人机制，实施“一室两地、理实一体”的工学结合人才培养模式；强化“以学生为中心”的理念，旨在培养思想坚定、德技并修、全面发展，具有一定的文化水平，良好的职业道德、创新创业意识和文化素质，掌握必备的专业基础知识和与岗位需求无缝对接的技术技能工匠人才。

学校和企业联合招生、联合培养、一体化育人。学校承担系统的专业知识学习和技能训练；企业通过师傅带徒形式，依据培养方案进行岗位技能训练，真正实现校企一体化育人。教学任务由学校教师和企业师傅共同承担，形成双导师制。建立带徒师傅选拔、考核、激励机制，制定相关规章制度，选拔企业中技艺高超、经验丰富、敬业爱岗、素质过硬的业务骨干担任带徒师傅。校企双方制定带徒师傅的考核激励制度，共同实施考核，形成优胜劣汰选拔机制。实行弹性学习制度和灵活多样的教学模式（如集中授课、网络教学、企业培训、任务训练、岗位培养等），通过过程性考核、学分制、技能证书等进行学业评价和管理。

（四）面向国际，提供一流的光电技术全球培训服务

光电专业以赛促学、以赛促教，以世界技能大赛光电技术赛项为抓手，推动国际化专业建设。2020 年 5 月，光电专业教研室主任马艳红博士（见图 5）被世界技能组织（WorldSkills, WSI）聘请为光电技术技能竞赛经理（Skill Competition Manager, SCM），是我国在 WSI 的首批专家之一（中国仅三人），全权负责第 46 届世界技能大赛光电技术赛项的开展，制定并发布了光电技术赛项的国际比赛标准（Technical Description, TD）。

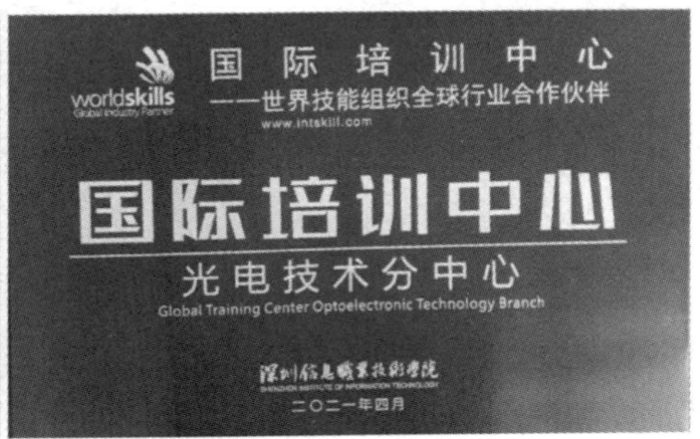

图 5　光电技术技能竞赛经理马艳红博士和国际培训中心光电技术分中心

2021 年 4 月 25 日，世界技能组织国际培训中心光电技术分中心签约授牌仪式暨光电技术国际人才培养标准研讨会在深信院举行。会议邀请了世界技能组织赛事发展委员会主席 Stefan Praschl（奥地利）和来自日本、菲律宾、加纳、俄罗斯、韩国、南非等国家的光电专业领域的专家、学者以及国内行企代表约 40 位嘉宾“线上+线下”同步与会。国际培训中心是在世界技能组织支持和指导

下、由世界技能大赛项目经理和世界技能组织全球行业合作伙伴参与的、面向全球职业技能教育机构和院校以及技能青年开放的国际技能教育平台。

三、成果成效

光电专业承担了教育部半导体照明技术与应用专业国家教学资源库课程建设，建设了电光源技术、LED 制造与应用、光电技术显示、LED 显示屏技术、LED 照明光源与灯具、室内外光环境设计与应用等 5 门精品课程。同时重视自身教材建设，校企合作开发了《LED 光源封装技术》《光电技术应用》《智能照明设计与应用》《智能照明产品检测技术》《智能显示技术》立体化教材 5 本。

光电专业教师联合光电产业的头部企业开展技术攻关，在光电材料、器件等方面取得了显著突破。团队近年来主持国家自然科学基金 4 项，博士后基金 3 项，省市科技计划和企业委托横向课题等 10 余项，授权专利 30 余件，发表 SCI 论文 100 多篇，成长了以全国先进工作者王新中教授（见图 6）为代表的一批卓越人才。

图 6　全国先进工作者——王新中教授

截至目前，国际培训中心光电技术分中心已开展了两次国际培训。为来自奥地利、日本、韩国、俄罗斯、牙买加、巴西等近 20 个国家和地区约 600 名学员提供了英文直播的国际培训。分中心将每年不定期为世界各国的师生提供线上线下光电技术国际培训，与世界技能组织一道在全世界推广光电技术，持续输出“深信特色”国际化影响力。同时深化国际合作交流，牵头与牙买加、奥地利等国家共同在光电技术等领域开展合作，共同进行专业标准、课程标准建设与输出，在约定的领域开展正式学位课程和专业进修课程方面的合作；提供教师交流和学生交流的机会，进行人才培养和师资培养；为合作单位提供集训指导，在相关领域开展科学研究和技术应用方面合作，形成国际品牌。

8.3 研究院所产教融合人才培养案例

产教深度融合背景下多元协同育人创新平台的建设探索与实践

一、实施背景

集成电路产业是信息技术产业的核心，是支撑我国经济社会发展和保障国家安全的战略性、基础性和先导性产业，是培育发展战略性新兴产业、推动信息化和工业化深度融合的核心与基础，是调整经济发展方式、调整产业结构、保障国家信息安全的重要支撑。发展集成电路产业既是信息技术产业发展的内部动力，也是工业转型升级的内部动力，同时还是市场激烈竞争的外部压力，已上升为国家战略。

集成电路产业链是浙江省规划打造的十一大标志性产业链之一。从 2016 年开始，浙江省海宁市积极抢抓集成电路产业发展大机遇，大力发展泛半导体产业，从半导体专用装备、基础材料、核心元器件等基础型、支撑型领域入手，逐步向芯片设计、晶圆制造、封装测试等领域拓展，正在逐步打通半导体上下游产业链。

因此，迫切需要加快培养出大批高质量的集成电路专业人才，缓解行业人才紧缺现状。目前，集成电路人才培养面临三大难题：一是软硬件建设投资需求巨大导致实验条件落后、实训基地匮乏；二是院校具有产业经历的高水平师资严重不足；三是人才培养供给与产业需求需要进一步强化对接。这些问题的有效解决，必须加强产教融合协同育人平台建设。

二、主要做法

海宁先进半导体与智能技术研究院（以下简称研究院）成立于 2018 年 7 月，位于海宁鹃湖国际科技城（见图 1）。由海宁市人民政府和中国科学院半导体研究所共建，立足于半导体科学与智能技术，面向新能源汽车、生命科学、智能传感等应用领域，开发可产业化且具备市场竞争力的新材料、新器件、新技术和新应用，孵化具有产业化前景的实用性成套技术，为海宁市及周边地区泛半导体产业的技术发展起到引领作用（见图 2）。研究院在协同育人平台建设上大力创新，利用自身技术、人才、仪器设备等软硬件资源优势，联合海宁市地方院校和企业，培养产业急需的技术人才，打造产、教融合的新模式，实现了技术链和人才链的无缝对接，走出了一条产教融合发展新路。

图 1　研究院科研及生产基础条件

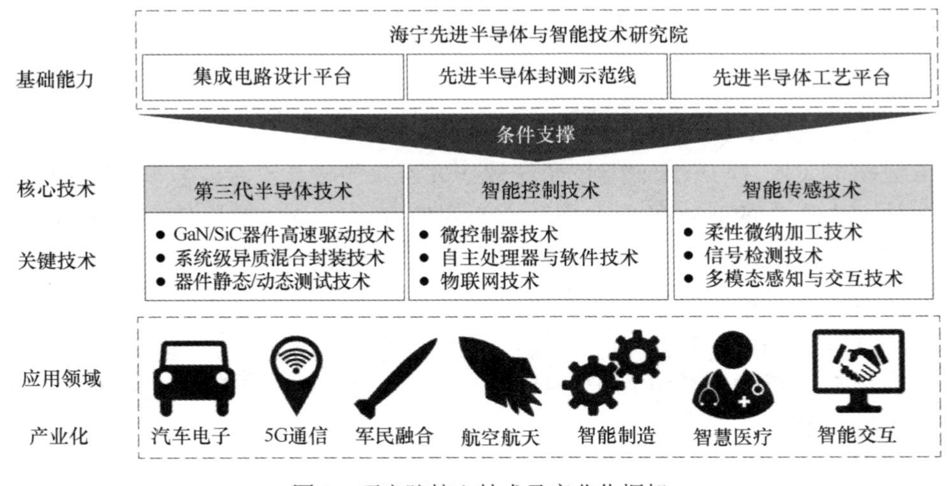

图 2　研究院核心技术及产业化框架

1. 聚力搭建产教融合育人平台

针对集成电路产业链长、技术域宽这一特点，融通“一方建设多方共享”

的建设理念，研究院定位集成电路产业高端，瞄准集成电路先进技术，形成了“设计—制造—封装—测试”的集成电路全产业链格局，为产教融合育人平台建设提供了良好的基础。研究院下设三大公共服务平台，集成电路设计平台、先进半导体封测示范线、先进半导体工艺平台，并在宽禁带半导体、新能源汽车、智能传感、智能医疗电子技术等领域组建了六个专业化的研发团队（见图3），培育了多家科技型企业，链式集聚了集成电路产业链和技术链关键环节的优质教育教学资源，已逐渐形成以集成电路设计、先进半导体工艺、先进半导体封测技术为核心技术的一系列技术开发和技术服务能力。

图3　研究院公共服务平台及专业化的研发团队

2. 标准引领，打造高水平专家团队

研究院采取多种形式大力培养或引进集成电路领域高层次、急需紧缺和骨干专业技术人才，与中国科学院半导体研究所共同构建“专业教师+院所博士+企业技术人员”的高水平专家团队。利用研究院行业优势地位和中国科学院半导体研究所在半导体领域积累的成果及学术水平，为产业链企业提供技术开发与服务、发展规划、人才需求和供给、技术发展趋势等高端智库咨询服务；为院校提供从芯片设计、制造、封测、应用完整的课程体系，并可以根据学校需求，帮助学校进行硬件环境、师资队伍、实践教学体系以及实践教学资源等建设。

3. 精确对接区域产业发展需求，助力校企人才培养

以区域泛半导体产业发展需求为导向，精准对接集成电路发展的人才需求和产业链核心岗位群，研究院明确了以精设计（集成电路版图设计）、懂制造维护（集成电路制造工艺、设备维护）、会测试（集成电路封装测试）的人才

培养目标。对接学校和产业，构建施行多方联动的多主体协同育人模式，针对不同需求提供定制化人才培养服务。

海宁技师学院是一所以培养高级技能应用型人才为主的全日制技工院校，研究院与其开展了多元主体协同育人的合作，并以海宁技师学院为主体，参与组建专家指导委员会和专业指导委员会，共修培养方案、共定评价体系、共建实训基地，为海宁技师学院提供了发展顾问与集成电路专业建设顾问，助力组建由企业高管、研发骨干、院所博士等组成的集成电路导师智库。通过全面深入的合作，一方面帮助学校打造了高素质“双师型”教师团队，另一方面培养了能识读集成电路生产工艺文件、装配工艺规范和印制电路板装配图，能正确操作、维护集成电路生产设备，具备在集成电路制造过程中制程、制图、封装与调试的基本操作技能和一定生产管理能力，并能从事集成电路生产设备安装、调试和维护的应用型中高级技术技能人才（见图 4）。

图 4　为海宁技术学院提供集成电路版图设计培训服务

普源精电科技股份有限公司是业界领先的从事测量仪器研发、生产、销售、售后服务的高新技术企业。针对该公司对于半导体工艺人才的需求，研究院有针对性地开展了围绕半导体材料制备技术、微电子器件与集成电路制造工艺原理与技术等方面的员工技术培训（见图 5），全面提升了该公司的员工技能水平，进一步加强了团队创新力和技术凝聚力。

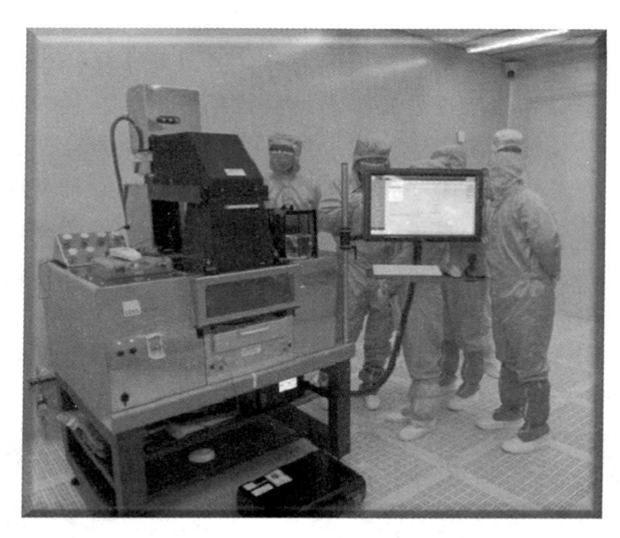

图 5　为普源精电科技股份有限公司提供半导体工艺培训服务

三、成果成效

研究院现已建设完成的集成电路设计平台、先进半导体工艺平台、先进半导体封装测试示范产线，以及在宽禁带半导体、新能源汽车、智能传感、智能医疗电子技术等领域组建的专业化的研发团队，累计培养或引进市级领军人才 5 名，国际人才 1 名，柔性引进国家级人才 10 名，省部级人才 2 名。先后参与国家重点研发计划、中国科学院 STS 项目、浙江省重点研发计划项目等多项国家和地方科技项目。申报国家发明专利、集成电路布图设计保护 73 项，形成专有技术 5 项。

研究院已成功孵化 5 家创业企业，其中规模以上企业 1 家，“中小型科技企业”3 家。2019 年，研究院加入第三代半导体产业技术创新战略联盟，并荣幸当选副理事长单位。2020 年，研究院获评“嘉兴十大创新载体”。研究院先后与中国航天科技集团八〇四研究所、天通高新集团、浙江大学等企事业单位共建了多个联合研究中心或联合实验室，共同开展前沿技术开发和成果转化工作，力争在第三代半导体电力电子技术、新能源汽车芯片与应用技术、航天智能感知与互联技术、智能传感与智能控制技术、功率器件高可靠性封装工艺技术等领域不断取得突破。

8.4　校企联合人才培养案例

汇聚“星”动力，加强“芯”时代

一、实施背景

近年来，在市场拉动和政策支持下，我国集成电路产业快速发展，整体实力显著提升。在集成电路设计和制造环节，我国和世界顶尖水平差距较大，特别是在制造领域最为薄弱，而封测环节则为我国集成电路三大领域最为强势的环节。近年来，国内封测龙头企业通过自主研发和并购重组，在先进封装领域正逐渐缩小同国际先进企业的技术差距。我国封测企业在集成电路国际市场分工中已有了较强的市场竞争力，有能力参与国际市场竞争。

我国集成电路产业连续保持每年 20%左右的复合增长率。在当前新形势下，要保持产业的持续高质量快速发展，尚存在巨大的人才缺口，我国芯片产业比以往任何时候都迫切需要大量的高端人才。虽然经过多年的发展，我国已培养出大批人才队伍，但仍感到人才供给不足。目前的主要问题是：产业人才在供给总量上严重不足、领军人才缺乏、高校专业结构不合理、高校人才培养不均衡、高校的人才培养和产业需求有脱节。

为贯彻落实党中央、国务院“稳就业”“保就业”决策部署，促进高校毕业生更加充分更高质量就业，同时针对国家重点领域（集成电路）人才供需的突出问题，中国半导体行业协会（以下简称中半协）与教育部学生服务与素质发展中心（以下简称学发中心）共同打造了“芯星计划”，以帮助企业培养和招聘实用型、复合型和紧缺型人才。

二、主要做法

中半协和学发中心联合设立“芯星计划”工作组，组织集成电路领域相关高校、企业、协会、政府、媒体等开展相关工作。“芯星计划”项目（见图 1）的支持单位有中国青年报等媒体，参与院校有西安电子科技大学、重庆邮电大学、杭州电子科技大学、南京工业职业技术大学、陕西职业技术学院等知名本科与高职院校，参与企业单位有杭州加速科技、上海思特威科技、北京昂瑞微电子、深圳优矽科技、北京华大九天、深圳市航顺芯片技术、广东利扬芯片测试股份有限公司等知名集成电路企业。

“芯星计划”项目 2022 年目标培训 1000 名应届高校毕业生，由学校组织学生参与，企业帮助完成相应阶段的实训培训任务，培养集成电路方向的技能实操。除了培训应届高校毕业生外，还目标培训集成电路企业从业者新知识普及 500 人，培训企业技术人员技能提升 200 人，促进 300 名高校毕业生高质量就业。“芯星计划”项目还将依托集成电路人才标准，研究推动岗位认证工作。挂牌建立集成电路企业“教师挂职基地”“集成电路师资研修中心”“集成电路人才培养基地”。助力“宏志助航计划”，做好线下就业能力培训的实施，线上提供集成电路有关的优质在线课程。开展多场集成电路公益公开课，支持设立“奖学金”“奖教金”，以表彰优秀师生，特别向西部的集成电路专业师生倾斜。

图 1　汇聚星动力，加速芯时代

“芯星计划”项目率先在集成电路测试领域开展了人才培养，人才培养方向为以 ATE 测试为基础的相关测试就业岗位，进行人才培养的实施单位是杭州加速科技有限公司（以下简称加速科技）。加速科技是目前国内少有的具备数模混合信号测试设备正向设计能力的半导体测试设备提供商。其产品已广泛应用在人工智能、高性能计算、半导体装备、工业机器视觉、边缘计算、云计算等领域。加速科技前后获得小米、长江、达晨、真格、如山和产业基金六轮投资，并和西安电子科技大学教育部重点实验室/科技部重点实验室、航天八院建立联合实验室。近些年来先后荣获国家高新技术企业、国家级科技中小企业、省级科技中小企业、浙江省科技研发中心等称号。

加速科技拥有强大的技术专家团队和专业建设、集创中心运营团队和经过市场验证的测试应用工程师培养体系。通过与高校在专业建设、联合科研方面的战略合作，构建了基于真实工业级设备的产教融合中心，与产业链龙头企业共同打造行业认可的训练体系，形成了强大的产业资源对接能力，目前已经在全国建设了 8 个培训中心以支撑集成电路人才的培养。

在“芯星计划”项目运营过程中，加速科技与合作企业联合进行项目宣讲、学员招募、班级组建、培训实施、人才招聘等。加速科技派驻工程师组建讲师团队，选择合适的课程内容，建立班级管理制度，实施培训，配合合作企业对学生进行招聘，协助学生签订实习协议或聘用协议，及时做好学生实习与就业的跟进。

其中授课团队由具有多年集成电路产业经验的企业高级工程师、领域专家、国家精品课程老师组成。课程大纲、培训资料和上机测试案例全部精心设计，紧密结合市场上最抢手的人才需求和学生的真实需求。加速科技针对“芯星计划”项目的定制课程，使用的是自主研发并在产业中得到广泛使用的国内首台 250Mbit/s 高性能数模混合信号测试系统以及能够进行主流芯片测试的半导体测试工程师实训平台，及加速科技组织编导的集成电路测试教材——《集成电路测试指南》，如图 2 所示。另外，加速科技还为参加培训的学生提供讲师授课使用的“芯星计划讲义”，助力集成电路人才培养。

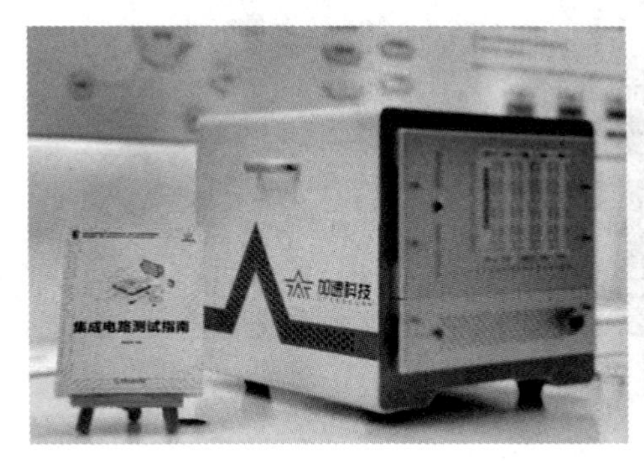

图 2　培训设备与教材

“芯星计划”项目启动之际，中国集成电路行业协会封测分会、工业和信息化部人才交流中心产才融合项目办公室、杭州加速科技有限公司等行业、企业、高校等专家和领导纷纷送来祝福，预祝“芯星计划”项目取得圆满成功。

2022 年 3 月 13 日，“芯星计划”工作组进行了“芯星计划”项目的第一场宣讲会——杭州电子科技大学线上宣讲会，在线人数 150 人，成功转化多名意向学员。会后，很多同学都纷纷提问，对较为关心的校企后续的合作方式、培养过程以及对接企业等方面与学院和公司代表进行了线上交流。后面陆续进行了成都信息工程大学和南京工业职业技术大学的线上宣讲，几场宣讲会取得了很好的宣传效果与意向学员的转化。

2022 年 3 月 31 日，“芯星计划”一期班正式开班。杭州电子科技大学、成都信息工程大学、南京工业职业技术大学三所高校近百名学生，成为“芯星计划”首批学员。中国半导体行业协会、教育部学生服务与素质发展中心、工业和信息化部人才交流中心等相关单位领导在开班会上做了精彩发言，并给积极参与到项目中的学员们送上了鼓励和祝福。

参加开班仪式的除了一期班的学员们，还有报名参加二期、三期班的辅导老师和学员（见图 3），在线高达 200 多人，最终一期学员中有 88 人顺利通过考核。

图 3 “芯星计划”一期班开班合影

经过为期一个月的学习，“芯星计划”一期班圆满结束，在加速科技举办了毕业典礼（见图 4）。来自杭州电子科技大学、成都信息工程大学、南京工业职业技术大学全体学员、讲师参加了本次毕业典礼活动。

活动当天，加速科技还安排了首期学员参观游学，以帮助学员提升实践能力，了解集成电路测试行业发展最新动态及研究方向。参观结束后，学员们接受了采访（见图 5），讲述了参加此次培训的心路历程，也表达了对培训课程及讲师专业度的高度认可。

截至目前，“芯星计划”一期班已有 16 名学员成功入职集成电路产业链企业，其他学员还在陆续收到面试邀请。

一期班结束后，南京邮电大学、重庆邮电大学、西安邮电大学、上海电机学院等高校报名参加“芯星计划”二期班。2022 年 5 月 12 日，报名二期班的同学们进行了开班前摸底考试（见图 6）。

图 4 “芯星计划”一期班结业合影

图 5　首期学员参观游学与接受采访

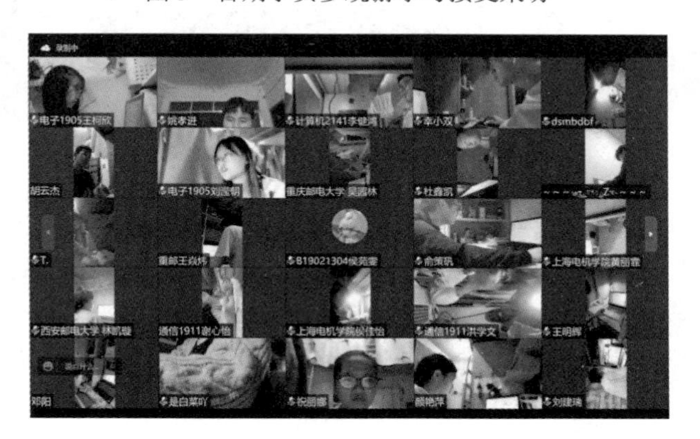

图 6 “芯星计划”二期班摸底考试

2022 年 5 月 13 日，“芯星计划”二期班正式开班（见图 7）。南京邮电大学、重庆邮电大学、西安邮电大学、上海电机学院等高校百余名学生成为了“芯星计划”第二批学员，最终有 97 人通过培训考核。

图 7 “芯星计划”二期班开班宣讲

二期班的课程内容一如既往的丰富包含了技术前置课程模电、数电、C++等，讲师阵容强大有企业高工、行业大咖和院校专家等如图 8 所示。

图 8 “芯星计划”二期班讲师阵容

2022 年 6 月 10 日，经过为期一个月的学习，“芯星计划”二期班线上课程圆满结束，6 月 13 日，“芯星计划”二期班线上、线下同步进行结业考核，其中线下结业考核在重庆邮电大学教室进行，如图 9 所示。

为了增加学生的实践动手能力，“芯星计划”工作组选择在重庆邮电大学给学生进行为期 1 周的线下实训课（见图 10），同学们动手实践后更加深了对知识的理解与运用能力。

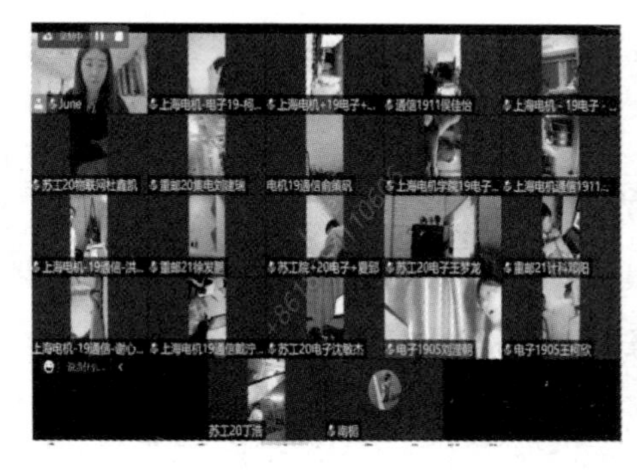

图 9 “芯星计划”二期班结业考核

图 10 “芯星计划”二期班线下实训课

在线下实训授课时，重庆邮电大学的郝宏刚教授对“芯星计划”项目给予高度评价。同学们通过“芯星计划”学习，进一步巩固了课本知识，增加了实操动手能力，开阔了视野，了解了集成电路对国家产业的重要性，坚定了从事相关行业的决心和动力，同学们在感谢“芯星计划”的同时也希望更多的学弟、学妹投身集成电路行业，加入“芯星计划”（见图 11）。

图 11 “芯星计划”二期班重庆邮电大学老师与学生寄语

随着“芯星计划”项目的火热开展，金华职业技术学院、陕西职业技术学院、北京电子科技职业学院、长沙民政职业技术学院、大连东软信息学院、扬州大学广陵学院、天津职业技术师范大学等高校的学员们纷纷报名参与三期班。2022 年 6 月 7 日，陕西职业技术学院线下举行了“芯星计划”宣讲会（见图 12），同学们纷纷踊跃报名。

图 12　陕西职业技术学院“芯星计划”宣讲会

三、成果成效

如今，“芯星计划”三期班的培训课程已开始，同学们正在努力学习相关课程，向心仪的岗位大步迈进。截至 2022 年 8 月 1 日，“芯星计划”已经完成培训高校大学生近 350 人（一期 88 人、二期 97 人、三期 165 人），有近 30 人完成了进入加速科技的合作企业就业，学生覆盖不同层次的高校共计 20 所，包括杭州电子科技大学、重庆邮电大学、南京邮电大学、西安邮电大学等本科院校，南京工业职业技术大学等职业本科，武汉职业技术学院、长沙民政职业技术学院等双高高职院校。已有 23 家企业半导体企业提出 110 个年度企业岗位需求；整个“芯星计划”讲师团队已有各类讲师达 50 人，每期课程不少于 10 名老师授课。其他学员还在陆续收到面试邀请。“芯星计划”项目获得学生及院校的一致好评，并得到协会和中心相关领导的肯定。

十年树木，百年树人，尤其是集成电路领域复合型人才的培养，更需要科学系统的培训。使用工业设备，提高岗位实战性，才不会与产业脱节。我国的芯片行业、教育起步相对较晚，奋起直追是必要的，但要明白这不是一蹴而就之事，当前要做的还是要补上长久以来芯片领域基础不牢的欠债。基础不牢，地动山摇，只有扎扎实实做好人才培养、提升师资力量、重视技术研发、完善产业链这些基础工作，才可能实现厚积薄发，在芯片领域取得突破性进展。

通过政府和部委的大力支持、多方媒体的宣传、校企间的多方面人才培养合作，“芯星计划”项目正在以超常规方式加快培养一批紧缺人才,为国家解决卡脖子问题和推进科技创新做出贡献。在促进高校毕业生高质量就业的同时，集成电路优秀产业人才队伍和院校的相关专业师资队伍在不断的成长与壮大，人才红利将会反哺整个产业生态链。